ISLAM UND MODERNE WIRTSCHAFT

ISLAM UND WESTLICHE WELT

Herausgegeben von

MICHAEL FITZGERALD
ADEL-TH. KHOURY
WERNER WANZURA

Band 6

Volker Nienhaus

ISLAM UND MODERNE WIRTSCHAFT

Einführung in Positionen, Probleme und Perspektiven

VERLAG STYRIA GRAZ WIEN KÖLN

ZUR PERSON DES AUTORS:

VOLKER NIENHAUS, geb. 1951, studierte Wirtschaftswissenschaft in Bochum und promovierte 1979 zum Dr. rer. oec.; derzeit Wissenschaftlicher Assistent am Seminar für Wirtschafts- und Finanzpolitik der Ruhr-Universität Bochum; Hauptarbeitsgebiete: Strukturpolitik, Politische Ökonomie, Ordnungspolitik; zur islamischen Ökonomik und insbesondere zum islamischen Bankwesen Vorträge und Veröffentlichungen im In- und Ausland.

CIP-Kurztitelaufnahme der Deutschen Bibliothek

Nienhaus, Volker:
Islam und moderne Wirtschaft: Einf. in Positionen, Probleme u. Perspektiven / Volker Nienhaus. – Graz, Wien, Köln: Verlag Styria, 1982.
(Islam und westliche Welt; Bd. 6)
ISBN 3-222-11429-3
NE: GT

Umschlaggestaltung: Christoph Albrecht
Gesamtherstellung:
Druck- und Verlagshaus Styria, Graz
ISBN 3-222-11429-3

INHALTSVERZEICHNIS

Zweites Kapitel:
Ethische und rechtliche Grundlagen islamischer Wirtschaft und Wirtschaftspolitik
49

Drittes Kapitel: Wirtschaftspolitische Gesamtkonzeptionen 97

Viertes Kapitel: Teilordnungen

VORWORT

Der Islam, wie jede andere Religion, beschränkt sich nicht auf die Beziehungen des Menschen zu Gott. Er will das gesamte alltägliche Leben „rechtleiten". Darum regelt er auch die gesellschaftlichen, politischen und wirtschaftlichen Beziehungen der Menschen untereinander.

Neben den politischen sind es heute auch die wirtschaftlichen Beziehungen zwischen der westlichen Welt und den weithin vom Islam geprägten Völkern des Nahen Ostens, die immer wieder unsere Aufmerksamkeit fordern. Deshalb darf in der Reihe „Islam und Westliche Welt" eine Abhandlung über die islamische Sicht wirtschaftlicher Sachverhalte und Probleme nicht fehlen. Das Werk beleuchtet die Prinzipien, gemäß derer der Islam im nationalen und weltweiten Rahmen wirtschaftliches Handeln beeinflußt hat und künftig noch stärker prägen wird.

Auf moslemischer Seite gibt es unseres Wissens kein „Standardwerk" zur islamischen Wirtschaft, das diese zeitnah sowohl in Theorie und Ideologie als auch praxisorientiert darstellt. Dem Text dieser Studie liegen zahlreiche – im wesentlichen englischsprachige – Artikel, Aufsätze, Broschüren und Bücher moslemischer Autoren zugrunde, von denen aber nur die wichtigsten in den Anmerkungen angegeben sind.

Der Verfasser und die Herausgeber danken allen, die bei der Beschaffung von Material, insbesondere von aktuellen Konferenzbeschlüssen, Gutachten, Vorträgen, Tätigkeits- und Geschäftsberichten, geholfen haben.

Die Herausgeber

UMSCHRIFT ARABISCHER BUCHSTABEN

’ = Explosionslaut – vor jedem anlautenden Vokal gesprochen
th = stimmloses englisches th (thing)
(d)j = stimmhaftes dsch
ḥ = scharfes, ganz hinten in der Kehle gesprochenes h
kh = ch
dh = stimmhaftes englisches th
z = französisches z
sh = sch
ṣ = dumpfes stimmloses s
ḍ = dumpfes stimmloses d
ṭ = dumpfes stimmloses t
ẓ = dumpfes stimmloses z
‘ = gepreßter, in der Kehle gebildeter, stimmhafter Reibelaut
gh = Gaumen-r
w = englisches w
y = englisches y
Lange Vokale = ā, ī, ū

Koranzitation: S = Sure

Bei wörtlichen Zitaten wird die in der Vorlage verwendete Umschrift übernommen.

Die Schreibweise der Ländernamen folgt den offiziellen deutschen Bezeichnungen; Städtenamen u. ä. sind überwiegend in eingedeutschter Fassung angegeben (wichtige Ausnahmen: Jeddah statt Dschidda, Karachi statt Karatschi, Sharjah statt Schardschah).

ERSTES KAPITEL

Zerrbilder und Daten

1 DIE ÖFFENTLICHE MEINUNG IN DEUTSCHLAND

Heute ist in der westlichen Welt die Trennung von Kirche und Staat, von Religion und Politik, von Glaube und Wirtschaft nahezu eine Selbstverständlichkeit. Die Grundlagen dazu wurden im europäischen Mittelalter während des um 1100 ausgetragenen Investiturstreits zwischen Kirche und Staat gelegt, in dem erstmals der Gedanke einer Trennung von geistlichem Amt und weltlicher Herrschaft aufkam und weitgehende Anerkennung fand. Heute spricht man bei uns darüber nur noch im Geschichtsunterricht, und so ist es durchaus verständlich, wenn die Ausrufung einer „islamischen Republik" in Iran vielfach als ein „Rückfall ins Mittelalter" aufgefaßt wurde. Zunächst wurde oft der in der neuen iranischen Verfassung vorgesehene „Rat der Rechtsgelehrten" als Beleg für die Mittelalterlichkeit der islamischen Staatsidee herangezogen, weil dieser Rat die Vereinbarkeit aller Gesetze mit den Grundsätzen des Islam prüfen und im Falle von Widersprüchen ein Vetorecht haben sollte. Später dann kam uns (und kommt uns noch immer) vor allem die Ausübung der Staatsgewalt in der Islamischen Republik Iran mittelalterlich vor, und all jene sahen sich in ihren Warnungen, Mutmaßungen und Prophezeiungen bestätigt, für die von Anfang an feststand, daß „Islamische Republik" nur bedeuten konnte, daß „fanatische schiitische

Geistliche“ mit einem „großen Sprung zurück ins Mittelalter“ einen „Pfaffenstaat der Mullahs“ errichten wollten.
Daß die iranische Revolution vielfach entartet ist und zu Auswüchsen führte, die man nicht widerspruchslos hinnehmen kann, wird heute kaum jemand bestreiten wollen. Aber gerade deshalb ist sehr nachdrücklich vor vorschnellen und pauschalen Negativurteilen über „islamische Politik“ zu warnen. Zu groß ist die Gefahr, daß man sich mit der Bestätigung der eigenen Vorurteile – an deren Bildung die Berichterstattung in unseren Medien nicht unbeteiligt ist – durch die Beobachtung von augenfälligen Fehlentwicklungen begnügt und auf eine weitere sachbezogene Beschäftigung mit islamischer Politik verzichtet. Wer das Beispiel Iran nicht nur als orientalisch-makabres Schauspiel in einem weit entfernten Land betrachten, sondern wirklich verstehen will, was die Menschen in den immerhin gut ein Fünftel der Weltbevölkerung beheimatenden Staaten der moslemischen Welt bewegt, wenn es um Religion, Politik und Wirtschaft geht – sei es aus reinem Interesse an den inneren Entwicklungen dieser Staaten, sei es, um die mittel- bis längerfristigen Auswirkungen auf unsere außenpolitischen und wirtschaftlichen Beziehungen zu diesem Teil der (Dritten) Welt abzuschätzen –, der muß sich bemühen, Vorurteile zu erkennen und kritisch zu überprüfen.
Dazu dürfte es sinnvoll sein, sich zunächst abstrakt den Unterschied zwischen schlechten und besseren Prognosen einerseits und zwischen Prognosen und Prophezeiungen andererseits klarzumachen, um dann konkret zu demonstrieren, wie stark unsere spontane Urteilsbildung von vorgefaßten Meinungen geprägt wird, was leicht dazu führen kann, daß wir bereit sind, schlechten Prognosen oder Prophezeiungen Glauben zu schenken, ohne auf die Idee zu kommen, uns von deren Qualität und Glaubwürdigkeit zu überzeugen. Um zu einer fundierten eigenen Urteilsbildung zu gelangen, sind Informationen und Fakten zu sammeln und aufzubereiten. Dazu wird man auf Vorarbeiten anderer Personen zurück-

greifen müssen, wobei man aber auf ein weiteres Problem stößt: In Veröffentlichungen mit wissenschaftlichem Anspruch werden Fakten kaum je um ihrer selbst willen präsentiert, sondern um eine bestimmte These zu stützen oder zu widerlegen. Das bedeutet eine bestimmte Art der Auswahl und Aufbereitung des Materials nach Kriterien, die oftmals sehr fragwürdig erscheinen. Gerade im Hinblick auf das Thema „Islam und Wirtschaftsordnung“ sind unzureichende und verzerrte Darstellungen keineswegs selten, was u.a. daran liegen mag, daß die Autoren oft keine ausgebildeten Wirtschaftler sind und daher an das ihnen vorliegende Material bei der Auswertung sachfremde Kriterien anlegen oder überzogene Anforderungen etwa hinsichtlich der Originalität stellen, was an Beispielen zu belegen sein wird.

1.1 *Prognosen und Prophezeiungen*

Um den Unterschied zwischen schlechten und besseren Prognosen und zwischen Prognosen und Prophezeiungen zu verdeutlichen, sei zunächst ein einfaches ökonomisches Beispiel konstruiert, um dann die daran veranschaulichten Kriterien und Maßstäbe auf die Vorgänge in Iran und ihre Interpretation bei uns anzuwenden.
Die Leistungsbilanz der Bundesrepublik Deutschland wies am 31. 12. 1980 ein Defizit von ca. 30 Mrd. DM auf, d. h. die Einfuhren, Ausgaben für Dienstleistungen und geleisteten Übertragungen an das Ausland überstiegen um diesen Betrag die Ausfuhren, Einnahmen aus Dienstleistungen und empfangenen Übertragungen aus dem Ausland. Herr A behauptet am 31. 12. 1980, bis zum Ende des kommenden Jahres werde dieses Defizit ausgeglichen sein, weil infolge der relativ stabilen Preise im Inland unsere Exporte stark ansteigen würden. Am 31. 12. 1981 – so sei angenommen – wäre die Leistungsbilanz tatsächlich ausgeglichen. Also hat Herr A eine richtige Prognose gestellt? Man könnte dieses vermuten, weil das vorausgesagte Ergebnis – ausgeglichene Leistungsbilanz – tatsächlich eingetreten ist. Eine solche

Beurteilung wäre aber voreilig, denn wenn man die Entwicklung genauer betrachtet, dann – so sei unterstellt – stellt man fest, daß der Leistungsbilanzausgleich keineswegs auf gestiegene Exporte, sondern auf zurückgegangene Importe zurückzuführen ist. Was bedeutet das für die Prognose von Herrn A? Sie führte *aus falschen Gründen zum richtigen Ergebnis;* nicht weil Herr A „recht hatte", sondern obwohl er sich irrte – er gab als Ursache für den Abbau des Leistungsbilanzdefizits steigende Exporte an, nicht sinkende Importe –, stimmte sein Prognoseergebnis mit dem tatsächlich zu beobachtenden Resultat überein. Eine Prognose, bei der sich das „richtige" Ergebnis nur deshalb ergibt, weil unvorhergesehene Ursachen *zufällig* gleiche Wirkungen zeigen wie die angenommenen, aber nicht eingetretenen Ursachen oder weil sich *Fehler* in der Rechnung zufällig gegenseitig *aufheben,* wird man wohl als eine schlechte Prognose bezeichnen können.
Herr B mag am 31. 12. 1980 einen leichten Leistungsbilanzüberschuß als Folge rückläufiger Einfuhren prognostiziert haben. Zwar ist dieses Ergebnis nicht eingetroffen, aber Herr B ist immerhin von grundlegenden Veränderungen ausgegangen, die tatsächlich eingetreten sind, und hat dabei „nur" die Größenordnungen unzutreffend vorhergesehen. Im Vergleich zu Herrn A könnte man daher sagen, daß die Prognose von B besser war.
Schließlich sei noch Herr C erwähnt, der auch für den 31. 12. 1981 eine ausgeglichene Leistungsbilanz vorhersagt, dafür aber keine weiteren (ökonomischen) Gründe angibt und sich insbesondere nicht festlegen will, ob es zum Ausgleich wegen steigender Exporte oder sinkender Importe oder einer bestimmten Kombination von beiden kommen würde. Eine solche „Voraussage" entzieht sich der *Nachprüfbarkeit,* die unabdingbare Voraussetzung für wissenschaftliche Aussagen ist. Der Prognosebegriff wird gemeinhin wissenschaftlichen, nachprüfbaren Aussagen vorbehalten; nicht nachprüfbare Voraussagen sind demgegenüber als unwissen-

schaftliche Prophezeiungen zu bezeichnen. Man kann an sie glauben, aber man kann sie weder beweisen noch widerlegen, gleichgültig, ob das vorausgesagte Ereignis tatsächlich eingetreten ist oder nicht.
Es sollte Einigkeit darüber bestehen, daß ernstzunehmende Analysen von Ereignissen und Entwicklungen in der moslemischen Welt *wissenschaftlich* sein und Prophezeiungen ohne nachprüfbare Grundlagen als solche identifiziert und zurückgewiesen werden sollten. Als diskussionswürdig blieben somit die schlechten und die besseren Prognosen übrig. Wie sich am Beispiel Iran leicht zeigen läßt, können schlechte Prognosen die öffentliche Meinung stark prägen, ohne daß jedoch ihre Fehlerhaftigkeit erkannt oder auch nur für möglich gehalten wird. Das liegt daran, daß allgemein in methodisch unzulässiger Weise vom „Ergebnis“ auf die Prognosequalität geschlossen wird. Das Leistungsbilanzbeispiel zeigte aber, daß man

- einerseits aus falschen Gründen zum richtigen Ergebnis gelangen kann und insofern eine auf den ersten Blick „gute“ Prognose tatsächlich schlecht ist,
- andererseits trotz richtiger Gründe nicht zum richtigen Ergebnis gelangt, aber dennoch eine solche auf den ersten Blick falsche Prognose tatsächlich besser sein kann als die, die aus falschen Gründen zum richtigen Ergebnis führt.

Anfang 1979 wurde der *Entwurf der Verfassung* der *Islamischen Republik Iran* bekannt, in dem ein Rat von islamischen Rechtsgelehrten vorgesehen war, der darüber wachen sollte, daß alle Gesetze mit den Grundsätzen des Islam in Einklang stehen, und der im Konfliktfalle gegen „unislamische“ Gesetze ein Veto einlegen könnte. Für viele Kommentatoren war das der Aufhänger, um dem Land einen Rückfall ins Mittelalter und ein Abgleiten ins wirtschaftliche und politische Chaos vorherzusagen. Die Nachrichten, die uns dann in der Folgezeit aus Iran erreichten, verdichteten sich zu einem Bild, das dem vorausgesagten sehr nahe kommt. Waren also die Prognosen richtig? – Sie waren es nicht!

Die Gesetzgebung des Parlaments darf „zu keiner Zeit in Widerspruch treten zu den geheiligten Vorschriften des Islam ... Zu jeder Zeit soll ein Kollegium von nicht weniger als fünf Personen aus Schriftgelehrten und gläubigen Rechtsgelehrten ... alle Gesetzesvorlagen sorgfältig besprechen und ernstlich prüfen und jede Materie, die im Widerspruch zu den heiligen Vorschriften des Islam steht, verwerfen."
Prognostiker, die in dem Rat der Rechtsgelehrten und damit in einer Verfassungsvorschrift wie der zitierten die zentrale Ursache für die kritikwürdigen iranischen Verhältnisse von heute sehen, irren, und zwar aus einem ganz einfachen Grunde: Die zitierte Vorschrift findet sich sinngemäß zwar auch im Entwurf und später weiter ausgestaltet im verabschiedeten Text der neuen iranischen Verfassung, aber das Zitat selbst ist der bereits 1906 in Kraft getretenen, 1907 um die zitierte Vorschrift ergänzten und formal bis 1979 geltenden alten iranischen Verfassung entnommen. Es gab den kritisierten Rat der Rechtsgelehrten formal also schon seit über 70 Jahren.

Daß der Rat unter dem Schah keine faktische Bedeutung hatte, kann man nicht zugunsten der Fehlprognosen anführen, sondern muß daraus genau umgekehrt ein Argument gegen sie ableiten: Die Bedeutungslosigkeit des Rates in der Schahzeit zeigt gerade, daß die Zustände in diesem Land letztlich nicht durch Verfassungsvorschriften oder die Legislative geprägt wurden, sondern durch die Machtausübung der Exekutive. Die Ursachen für chaotische Verhältnisse heute wären folglich viel eher in einem Zugriff der Mullahs auf die Organe der exekutiven Staatsgewalt zu suchen, und tatsächlich hat auch ein solcher Zugriff stattgefunden. Zum Zeitpunkt der düsteren Prognosen vom Sprung zurück ins Mittelalter aber – daran sei noch erinnert, ohne das Thema weiter zu vertiefen – wurde die Regierung noch keineswegs von „fanatischen schiitischen Geistlichen" gebildet, sondern von dem allgemein als technokratisch charakterisierten Kabinett unter Ministerpräsident Bazargan.

Es geht hier nicht um eine Analyse der iranischen Revolution; es soll lediglich darauf hingewiesen werden, daß die heute zu beobachtenden Zustände in Iran keineswegs all jenen recht geben, die sie in der Vergangenheit prognostiziert haben. Viele Prognosen kamen trotz „falscher Gründe zum richtigen Ergebnis", was aber nicht als Beweis für die besondere Weitsichtigkeit der Prognostiker gewertet werden kann.

Allerdings sträubt sich etwas in uns, die Konsequenz anzuerkennen, daß nämlich nicht nur ohnehin nicht nachprüfbare Prophezeiungen, sondern auch zahlreiche Prognosen das öffentliche Meinungsbild über die Zukunft der Islamischen Republik Iran prägten, die falsch waren, denn sind nicht die Fehlentwicklungen zu offensichtlich . . .?

Was sich da in uns sträubt, sind unsere *Vorurteile,* die in den beobachtbaren Zuständen ihre *Bestätigung* zu finden scheinen. Wir sollten zunächst versuchen, uns dieser Vorurteile bewußt zu werden.

1.2 *Vorurteile*

In einem säkularisierten Staat, in dem Religion einerseits und Politik und Wirtschaft andererseits sowohl im privaten wie im öffentlichen Leben voneinander getrennte Bereiche sind, werden Formulierungen und Handlungen, die auf deren Zusammenführung und Verzahnung hinauslaufen, Befremden hervorrufen. Wenn sich dies zudem in einem „rückständigen" orientalischen Land abspielt, ist es vielleicht gar nicht so abwegig, an Zustände wie im „finsteren (europäischen) Mittelalter" zu denken.

Die folgenden drei Zitate, die von Grundüberzeugungen, Verfassungsgebung und parlamentarischem Alltag handeln, sollen helfen, das Problem zu verdeutlichen.

- „Uns hat die Grundüberzeugung zusammengeführt, daß menschliches Zusammenleben auf dieser Erde nicht möglich ist ohne gemeinsame Bindung an letzte Normen, an göttliche Gebote . . . Es gibt eben eine letzte Wahrheit, die über dem Staat steht, es gibt Recht und Gerechtigkeit, denen auch der Staat unterworfen ist ... Das ist die Grundhaltung, aus der wir uns zum Neubau unserer politischen und sozialen Ordnung zusammengefunden haben."

- „Im Namen Gottes des Allmächtigen! Im Willen, den Bund ... zu erneuern; gewiß, daß frei nur bleibt, wer seine Freiheit gebraucht, und daß die Stärke des Volkes sich mißt am Wohl der Schwachen; eingedenk der Grenzen aller staatlichen Macht und der Pflicht, mitzuwirken am Frieden der Welt, haben wir die folgende Verfassung beschlossen ..."
- „Passender Korantext vor jeder Sitzung ... An jedem Tag, an dem eine Plenarsitzung des Parlaments stattfindet, wird ... eine ‚islamische Morgenfeier' abgehalten ... Eingeleitet wird die islamische Morgenfeier um 8.32 Uhr mit einem dreiminütigen Ruf des Muezzin, der per Tondbandaufnahme in sämtliche Räume und Räumlichkeiten des Parlamentsgebäudes und auch in alle Nebengebäude übertragen wird. Es handelt sich hierbei um den Ruf der Muezzine vom Minarett der Moscheen in Ghom, Meshed und Nadjaf (Irak), die sich im Abstand von einem halben Jahr abwechseln. Um 8.35 Uhr treffen die interessierten Gläubigen – dies können neben den Abgeordneten auch Mitarbeiter des Parlaments sein – ein ... Bei ihrem Eintreten befragt sie Ayatollah Mohammed Farsi, Platzmeister der Verwaltung des Parlaments und unter anderem auch für den Ablauf der Morgenfeier verantwortlich, ob sie eine Sure des Koran vorlesen und im Anschluß daran eine kleine Textbesprechung vornehmen wollen ... Die Interpretationen zu den einzelnen Koransuren haben einen durchaus der Umgebung angepaßten Inhalt. Sie beziehen sich fast immer auf die Tätigkeit der Abgeordneten und damit auch auf ihre Verantwortung für das öffentliche Wohl. So kann beispielsweise der Abschlußsatz eines Gebetes lauten: ‚Wir bitten um die Kraft, die wir benötigen, um die Erwartungen, die die Menschen in

persönlichen und öffentlichen Belangen in uns gesetzt haben, zu erfüllen!'"

Wie wirken solche Zitate auf uns, in denen sich Politiker auf letzte Normen und göttliche Gebote beziehen, im Namen Gottes des Allmächtigen eine Verfassung beschließen und vor Sitzungen des Parlaments heilige Schriften zitieren und mit Blick auf ihre Arbeit zu deuten versuchen? Sind das nicht genau jene Vorstellungen und Praktiken, die in den Medien als „mittelalterlich" bezeichnet wurden? Viele würden, wenn sie spontan und ohne langes Überlegen eine Antwort geben müßten, sicherlich dieser Bezeichnung zustimmen. Und daß die Zitate sich auf ein von Mullahs regiertes Land im rückständigen Orient beziehen – wer würde das auf Anhieb bezweifeln wollen?

Aber genau an solchen Einschätzungen kann man sich klarmachen, wie sehr die eigene Urteilsbildung von *Vorurteilen* geprägt ist, die uns dazu verleiten, mit bestimmter Intention gegebene „Informationen" kritiklos in ein schon vorhandenes Bild einzupassen, ohne zu prüfen, ob die Informationen tatsächlich zu diesem Bild gehören oder ob nicht das Bild selbst sogar verzerrt oder falsch ist: Keines der Zitate bezog sich nämlich auf den iranischen „Pfaffenstaat der Mullahs" auf dem „großen Sprung zurück ins Mittelalter", sondern sie alle stammen aus dem „modernen", „aufgeklärten", „säkularisierten" Mitteleuropa des 20. Jahrhunderts: Das erste Zitat ist einer Rede entnommen, die auf dem Bundesparteitag der CDU 1951 in Karlsruhe gehalten wurde, das zweite der Präambel eines im Spätherbst 1977 vorgelegten Entwurfs für eine neue Bundesverfassung der Schweiz (wobei allerdings an zwei Stellen zu deutliche Hinweise auf dieses Land neutralisiert wurden). Das dritte Zitat schließlich schildert nicht etwa die permanente Indoktrination der Abgeordneten des iranischen Parlaments durch die Ayatollahs, sondern – wenn man Koran durch Bibel, Muezzin durch Kirchenglocken usw. ersetzt – den Alltag des Deutschen Bundestages 1981![1]

Was mit diesen Zitaten gezeigt werden sollte, ist, daß Vorurteile sehr leicht zu Fehlschlüssen führen können; deshalb sollten wir uns zunächst ihrer Existenz bewußt werden, wenn wir wirklich verstehen wollen, was heute in den Ländern der moslemischen Welt vorgeht, und uns um ein eigenes Urteil bemühen.
Ein eigenes Urteil setzt natürlich *Informationen* voraus, und hier stößt man dann sehr rasch auf das Problem, daß Informationen oft nur punktuell vorliegen und Querverbindungen für Außenstehende kaum erkennbar sind. Darum wird man nach Interpretationen und Überblicken von „Insidern" suchen, um sich nicht in der Vielzahl der Einzelheiten zu verlieren. Aber gerade was das Thema „Islam und Wirtschaft heute" oder spezieller „islamische Wirtschaftslehre" bzw. „islamische Wirtschaftsordnung" angeht, sind größte Vorbehalte nicht nur gegenüber den Ansichten vieler Journalisten, sondern auch von Experten aus Wissenschaft und Politik zu machen. Drei Beispiele sollen belegen, wie fragwürdig hier manche Ansätze sind, die von überzogenen Originalitätsansprüchen ausgehen und mit fast erschreckender Großzügigkeit über die Entwicklungen in der theoretischen Literatur sowie in der Praxis von Wirtschaft und Politik der moslemischen Länder hinwegsehen und sich bei ihren Urteilen entweder auf fragwürdige Eigeninterpretation des Islam stützen oder auf „Klassiker" der modernen Orientforschung berufen, die zweifellos ihre Verdienste haben, aber inzwischen nicht mehr auf dem neuesten Stand sein dürften.

1.3 *Überzogene Ansprüche und oberflächliche Beurteilungen*

1.3.1 Einer ersten Meinung zufolge gibt es überhaupt keine eigenständige islamische Wirtschaftslehre oder -ordnung, weil für die bekannten ökonomischen Probleme der Verwendung knapper Produktionsfaktoren usw. *keine originären neuen „islamischen" Lösungen* vorgeschlagen werden.

So liest man etwa in einer vielbeachteten Schrift über „Die politische Rolle des Islam im Vorderen Orient“ 1978 folgendes: „Das ethische Prinzip der Fürsorge aus dem Koran kann mühelos in Form eines Vorwortes jedem Fünfjahresplan vorausgesetzt werden, doch läßt sich damit keine muslimische Identität veranschaulichen. Der moderne Wohlfahrtsstaat schwedischen Musters, der überall gepriesen wird, läßt sich kaum als islamische Erfindung glaubhaft machen, obwohl das ... versucht wird. Da das ganze Streben darauf ausgerichtet ist, die Individualität des Islam herauszustellen, ergibt sich die Frage: ‚Warum nicht Neuschöpfungen?‘ Tatsächlich hat ein hoher Beamter und führender Gelehrter eine recht originelle Theorie von einer zinslosen Wirtschaft entworfen ... Der islamische Charakter besteht darin, daß der Verfasser von der Grundforderung des Koran, der Ablehnung des Wucherzinses, ausgeht. Jüdische, christliche und andere Theologen könnten ... auf die Parallelen zu ihrer eigenen Ethik hinweisen. So bleibt als Spezifität eigentlich nur, daß der Autor eben Muslim ist. Sein System ... (könnte) ebensogut aus einem anderen Kulturkreis stammen.“[2] „Die Vorstellung von einer spezifisch islamischen Ordnung hat ... kaum eine Basis in den eigentlichen religiösen Quellen. Ein ‚Islamisches Wirtschaftssystem‘ läßt sich nur aus historischen Vorlagen rekonstruieren, die wiederum als nicht notwendigerweise religiöse Beispiele die unterschiedlichsten Varianten kennen.“[3]

Ein ähnliches Ergebnis findet man auch in einer Dissertation, deren Verfasser glaubt, gezeigt zu haben, „daß der Begriff ‚Islamische Wirtschaftsordnung‘ weder soziologisch noch ökonomisch relevant ist. Es gibt keine Lösungen für die Probleme der Allokation, Koordination und Subordination. Er stellt nur den Versuch von Apologeten dar, eine der in islamischen Entwicklungsländern konkurrierenden Ideologien zu fördern.“[4]

Es ist nicht zu bestreiten, daß man auf moslemischer Seite bei der Suche nach „islamischen“ Lösungen manchen überzogenen Urheberrechtsanspruch erhoben hat oder daß sich in der politischen Auseinandersetzung Apologeten inhaltsleerer Schlagworte bedienten. Aber das Bild wird schon fragwürdig, wenn man das Bemühen um eine Theorie der zinslosen Wirtschaft lediglich einem einzelnen Mann (dessen Name nicht genannt wird) zuschreibt oder den Begriff der islamischen Wirtschaftsordnung generell nur als inhaltsleere Parole darstellt. Beides ist falsch, kann aber relativ einfach durch einen Blick auf die Fakten widerlegt werden. Weniger offenkundig ist dagegen, daß mangelnde Originalität keine überzeugende Begründung für die Behauptung sein kann, es gebe keine islamische Wirtschaftsordnung bzw. – schärfer formuliert – daß der an die islamische Wirtschaftslehre gestellte *Originalitätsanspruch* aus ökonomischer Sicht stark *überzogen* ist. Das zu beurteilen setzt nämlich gewisse Kenntnisse der Wirtschaftsordnungstheorie bzw. der Theorie des Wirtschaftssystemvergleichs voraus.

Dort ist die herrschende Meinung etwa wie folgt zusammenzufassen: „Unter ordnungstheoretischem . . . Gesichtspunkt sind Wirtschaftsordnungen die Kombination einer begrenzten Zahl von Ordnungsformen. Als Klassifikationskriterien von Wirtschaftsordnungen werden z.B. Formen der Planung und Lenkung, Eigentums-, Markt-, Preisbildungs- und Unternehmensformen sowie Formen der Geld- und Finanzwirtschaft angesehen. Jede Ordnungsform hat verschiedene Ausprägungen. Der Wirtschaftsprozeß kann zentral oder dezentral gelenkt werden; Produktionsmittel können Privat-, Staats- oder Gesellschaftseigentum sein; der Güteraustausch auf Märkten kann durch Leistungswettbewerb, aber auch durch Monopole geprägt sein; Willensbildung und -durchsetzung sowie Erfolgsrechnungen von Unternehmen können verschiedenen Organisationsprinzipien folgen usw.“[5] Es ist die jeweils spezifische Kombination dieser Ausprägungen von Ordnungsformen (aus der jeweils spezifische, in der Wirtschaftswissenschaft diskutierte Probleme resultieren), die uns veranlaßt, realisierten oder geforderten Wirtschaftsordnungen charakterisierende Adjektive beizugeben. In diesem Sinne ist es durchaus üblich, etwa von einer besonderen „deutschen“, „französischen“ oder „jugoslawischen“ Wirtschaftsordnung zu sprechen oder, wenn man auf die hinter den realisierten Ordnungen stehenden Leitbilder abstellt, von sozialer Marktwirtschaft, indikativer Planung oder dem System der Arbeiterselbstverwaltung. In keiner dieser Wirtschaftsordnungen wird der Gesamtheit der bereits bekannten Ausprägungen von Ordnungsformen eine völlig neue, originelle, bislang unbekannte hinzugefügt. Daher ist es wirtschaftswissenschaftlich keineswegs unsinnig, auch dann von einer „islamischen Wirtschaftsordnung“ zu sprechen, wenn diese nicht durch eine völlig neue, sondern nur durch eine spezifische Kombination von bekannten Ausprägungen der Ordnungsformen charakterisiert ist. Nebenbei bemerkt wäre eine Geldwirtschaft, in der konsequent der Zins etwa durch Gewinnbeteiligungen ersetzt würde (vgl. S. 216ff), eine Ausprägung, die sehr wohl Originalitätsansprüchen genügen könnte. Da es zahlreiche moslemische Autoren gibt, die von einer „islamischen Wirtschaftsordnung“ sprechen, sollte man diese folglich nicht von vornherein wegen mangelnder Originalität der einzelnen Ausprägungen von Ordnungsformen für nicht existent erklären. Vielmehr gilt es ernsthaft etwa zu prüfen, welche spezifische Kombination von Ausprägungen gefordert wird, ob und wo Unterschiede zu bekannten Kombinationen bestehen und woher ihre Befürworter die Berechtigung nehmen könnten, eine solche Wirtschaftsordnung „islamisch“ zu nennen. Letzteres wäre die Frage nach dem geeigneten Namen für eine zuvor untersuchte Sache, was etwas ganz anderes ist als das Vorgehen im Zusammenhang mit den überzogenen Originalitätsansprüchen: Dort wurde nämlich der Name als ungeeignet verworfen, ohne zuvor überhaupt die mit diesem Namen bezeichnete Sache angemessen darzustellen. Das ist aber eine abzulehnende Vorgehensweise.

1.3.2 „Der Islam, der in die persönliche Lebensführung seiner Anhänger so umfassend eingreift, begründet keine spezifische Gesellschafts- und Wirtschaftsform [Fußnote: Dies hat Maxime Rodinson in seinem Buch ‚Islam et Capitalisme' überzeugend nachgewiesen], hat keine spezifischen ordnungspolitischen Konsequenzen, die es etwa gestatten würden, eine ‚islamische' Wirtschaftsordnung in einer Typologie der derzeit auf der Welt existierenden Wirtschaftsordnungen unterzubringen."[6]

An dieser Aussage ist die in der Fußnote gegebene Begründung, warum es keine islamische Wirtschaftsordnung geben könne, bemerkenswert: Dies hätte schon Rodinson überzeugend nachgewiesen. Nun muß man aber wissen, daß einerseits das erwähnte Buch von ihm schon 1966 erschienen ist[7] und andererseits Rodinsons Arbeit sozio-historisch angelegt war und deshalb die darin enthaltenen Nachweise zunächst nur für die *Vergangenheit* Gültigkeit beanspruchen können. Gerade in den siebziger Jahren, also *nach* der Veröffentlichung von Rodinsons Buch, sind Beiträge moslemischer Autoren zu Fragen der Wirtschaftsordnung und -politik erschienen, deren Zahl wohl in die Hunderte gehen dürfte und von denen ein nennenswerter Teil auch in europäischen Sprachen geschrieben wurde. Die Diskussion ist in den 15 Jahren seit Rodinsons Buch nicht zum Stillstand gekommen, sondern hat sich im Gegenteil sogar seit Mitte der siebziger Jahre intensiviert und ist auch in den Argumenten fundierter geworden. Sich auf Ergebnisse von 1966 zu berufen heißt, entweder alle späteren Argumente zu ignorieren oder sie für falsch zu halten, ohne jedoch dem Leser den Grund dafür mitzuteilen. Einer sachgerechten Auseinandersetzung mit der islamischen Wirtschaftslehre dienlich ist dies nicht.

Was man bei einer Berufung auf Rodinson ferner beachten sollte, ist, daß er selbst seine *methodologische* Position als „erklärtermaßen marxistisch ausgerichtet" bezeichnet.[8] Das bedeutet für ihn u.a., sich „ausschließlich (oder fast ausschließlich) auf die von Marx entwickelten großen soziologischen und sozio-historischen Thesen" zu stützen.[9] Daß die sozio-ökonomische Praxis die Ideologie bestimmt und nicht umgekehrt, dürfte eine dieser Thesen sein. Wer sie akzeptiert, kann allerdings relativ einfach eine aus der Vergangenheitsbetrachtung gewonnene Aussage in die Zukunft fortschreiben und muß sich um theoretische Diskussionen und neue Argumente nicht mehr kümmern: In der Vergangenheit haben „die Vorschriften des Islam nirgendwo eine radikal neue Sozial- und Wirtschaftsstruktur geschaffen",[10] weshalb auch nicht anzunehmen ist, daß dies den gegenwärtigen Verfechtern einer islamischen Wirtschaftsordnung gelingen kann, solange kein grundlegender Wandel der sozio-ökonomischen Praxis stattfindet. Was daraus zumindest folgt, ist, daß jemand, der an sich nicht der marxistischen Methode zuneigt, sehr vorsichtig sein sollte, wenn er heutige Entwicklungen auf der Grundlage älterer historischer Arbeiten ohne weitere Erläuterungen kommentiert oder kritisiert, denn implizit wendet oder erkennt er damit doch die marxistische Methode an.

1.3.3 Das letzte Beispiel offenbart eine erschreckende *Oberflächlichkeit,* mit der ein Hochschullehrer für Internationale Politik, der es eigentlich besser wissen müßte, ein äußerst fragwürdiges *Zerrbild* von islamischer Wirtschaftslehre entwirft: Er bestreitet zunächst nicht, daß der Islam ordnungspolitische Konsequenzen haben könnte, meint aber, daß die „vagen islamischen Wirtschaftsvorstellungen den Anforderungen unseres wissenschaftlich-technischen Zeitalters und einer komplexen industriellen Gesellschaft nicht entsprechen" und es „evident (ist), daß weder ein komplexes Wirtschaftssystem auf diesen Grundsätzen aufgebaut werden noch eine sachbezogene Wirtschaftspolitik auf ihnen basieren kann".[11]
Dieses negative Urteil beruht keineswegs auf einer kritischen Würdigung der relevanten Literatur – die wird nicht einmal erwähnt –, sondern auf einer einseitigen und eigenwilligen

Auswahl und Interpretation von Koranstellen, die in folgendem gipfeln: „Die modernen ökonomischen Lehren gehen davon aus, daß die Güter knapp sind und jedes Wirtschaften auf diesen Tatsachen beruht ... Die ökonomische Lehre nach dem Koran bestreitet diesen Grundsatz. Der Islam ist ein theozentrisches Religionssystem: Gott herrscht über die Welt, seine Güter sind unbegrenzt ... Obwohl der Koran die Knappheit der Güter bestreitet, ermahnt er zum Wirtschaften."[12] Moslemische Autoren formulieren gelegentlich tatsächlich solchen Unsinn, aber die dies tun, vertreten im Hinblick auf die Mehrzahl zeitgenössischer Beiträge zur islamischen Ökonomik nur eine nicht ernst zu nehmende Außenseitermeinung. So weltfremd und dumm, wie sie offenbar dem uninformierten Leser vorgestellt werden sollten, sind selbst „konservative" oder „traditionalistische" Vertreter der islamischen Wirtschaftslehre nicht. Hatten auch die vorher zitierten Autoren in ihren Wertungen die einschlägige Literatur moslemischer Autoren weitgehend ignoriert, so geht dieses letzte Beispiel aber noch darüber hinaus, indem existierende, aber ignorierte Mehrheitsmeinungen zur islamischen Ökonomik ersetzt werden durch einen völlig mißlungenen Versuch einer eigenen freien Interpretation des Themas „Islam und Wirtschaft". So geht es einfach nicht.

1.3.4 Es ist in höchstem Maße bedauerlich, daß selbst in Publikationen mit (z.T. vom Verfasser unterstrichenem) wissenschaftlichem Anspruch nicht nur ein anscheinend völlig unzureichender Informationsstand des Autors erkennbar wird, sondern auch noch negative Pauschalurteile gefällt werden, die einerseits andere davon abhalten können, sich überhaupt mit dem Thema islamische Wirtschaftslehre zu beschäftigen, und andererseits auf moslemischer Seite als ignorant, überheblich oder verunglimpfend empfunden werden müßten. Wenngleich es sicher nicht falsch ist, mit einer durchaus kritischen Grundeinstellung an die islamische

Ökonomik heranzugehen, sollte man es aber doch möglichst vorurteilslos und fair tun. Es überhaupt zu tun, dafür gibt es zumindest zwei gute Gründe.

- Zum einen können Theorien und Theoreme der islamischen Ökonomik schon jetzt und gewiß auch noch (vermutlich sogar verstärkt) in der Zukunft für den Entwicklungsweg mancher moslemischer Länder mitbestimmend sein. Die Islamisierungspolitik Präsident Zia-ul-Haqs in Pakistan mag ein Beispiel auf nationaler Ebene sein; auf internationaler Ebene sei als Beispiel auf die Bemühungen um eine stärkere wirtschaftliche Kooperation zwischen den moslemischen Ländern im Interesse einer Strategie der gemeinsamen Entwicklung losgelöst von den großen Wirtschaftsblöcken verwiesen.
- Zum anderen stellen einige Beiträge moslemischer Autoren eine durchaus reizvolle geistige Herausforderung dar, die uns zwingt, über manche schon für abschließend geklärt gehaltene oder oft nur verdrängte oder übersehene Fragen und Probleme nachzudenken, so etwa über die Institution des vertraglich fest und erfolgsunabhängig vereinbarten Darlehenszinses oder über die Grundlagen unserer ordnungspolitischen Leitbilder.

Das bessere Verstehen einer anderen und dadurch letztlich der eigenen Weltsicht – das ist die Motivation, aus der heraus dieses Buch geschrieben wurde. Es geht hier gewiß nicht darum, eine bestimmte islamische Ideologie zu verbreiten. Aber da dieses Einführungskapitel wohl deutlich das Problem der Vorurteilsgeladenheit und des Informationsdefizits gezeigt hat, wird es sich im folgenden nicht vermeiden lassen, daß die Wiedergabe und Darstellung islamischer Ansichten quantitativ die kritischen Anmerkungen dazu übersteigen werden. Und auch qualitativ ist die Kritik nicht im Sinne abschließender Negativurteile zu verstehen – dazu sind die Anmerkungen viel zu knapp gehalten –, sondern gedacht als Anregung zu und Anstoß für künftige Diskussionen, denen die Vertiefung der angeschnittenen Probleme vorbehalten sein muß. Die Ausführungen in diesem Buch konzentrieren sich auf die moderne islamische Wirtschaftslehre und auf zeitgenössische Versuche, diese Lehre in die Praxis umzusetzen. Beschrieben werden also Ideen und Experimente, die – von vereinzelten Vorläufern abgesehen – zeitlich nicht weiter als bis in die sechziger Jahre zurückreichen, besondere Resonanz und Beachtung sogar erst ab etwa Mitte der siebziger Jahre fanden. Beschrieben werden somit keine historischen, abgeschlossenen, sondern gerade erst in Gang gekommene Entwicklungen. Darum will diese Einführung dem Leser Ausgangspositionen beschreiben und einige Markierungspunkte angeben, die ihm für künftige eigene Betrachtungen und Beurteilungen eine gewisse Orientierung in der zweifellos immer differenzierter werdenden „Szene" erleichtern sollen.

2 GRUPPIERUNGEN, ORGANISATIONEN UND INSTITUTIONEN IM ISLAM

Daß der Islam mit seiner gewaltigen Zahl von Anhängern – ca. 800 Millionen Menschen, d.h. rund ein Fünftel der Weltbevölkerung – und einer fast 1400jährigen Geschichte keine homogene, monolithische Einheit darstellt, ist eigentlich selbstverständlich. Man hört oft die These, daß es *den* Islam nicht gebe, sondern nur eine Vielzahl von unterschiedlichen Strömungen, Richtungen, Schulen, Sekten usw. So richtig ein Hinweis auf die zahlreichen Differenzierungen im Islam auch ist, man sollte darüber nicht übersehen, daß es sich durchwegs um Differenzierungen innerhalb *einer* Weltanschauung handelt, die insgesamt sehr wohl von *anderen* Weltanschauungen abzugrenzen ist. Wenn es z.B. Meinungsverschiedenheiten über die Interpretation von Koranstellen und deren Umsetzung bzw. Anwendung gibt, so zeigt das zwar die Differenzen, gleichzeitig aber auch eine entscheidende Gemeinsamkeit der divergierenden Ansichten, nämlich sich in dem umstrittenen Fall überhaupt auf den *Koran* zu berufen. Hierdurch unterscheiden sich die sonst in den konkreten Empfehlungen unter Umständen weit auseinandergehenden Ansichten von den Ansätzen anderer Weltanschauungen, die sich statt auf den Koran beispielsweise auf die Bibel oder allein auf den menschlichen Verstand berufen.

Darum besteht hier zunächst kein Anlaß, „Islam" in einer spezifischen, dem Verständnis einer bestimmten Gruppierung entsprechenden Weise zu interpretieren und von daher Beiträge von Autoren, die sich selbst dem islamischen Lager zurechnen, als „unislamisch" von vornherein aus der Betrachtung auszuklammern. Das kann zu einem Problem dann werden, wenn man bei einer Vollständigkeit anstrebenden Arbeit vor der Frage steht, wie man Beiträge aus Gruppen behandeln will, die von der absoluten Mehrheit der Moslems anerkannte Organisationen und Institutionen als häretische Sekten eingestuft haben und die von allen Gremien des „offiziellen" Islam ausgeschlossen sind.

Da hier jedoch keine vollständige Wiedergabe aller Meinungen angestrebt ist, sondern nur jene Ansätze skizziert werden sollen, die entweder das vorherrschende Bild der islamischen Wirtschaftslehre geprägt haben oder von der Gedankenführung her besonders interessant erscheinen, stellt sich dieses Problem der Einbeziehung im folgenden nicht. Nicht, daß es keine Äußerungen von Vertretern von als „häretisch" eingestuften Gruppierungen zu Wirtschaftsfragen gäbe – es liegt sogar in deutscher Sprache eine Schrift des zweiten Kalifen der „Ahmadiyya-Bewegung im Islam" vor[13] –, aber im Vergleich mit der übrigen islamischen Wirtschaftslehre finden sich darin keine ökonomisch überzeugenden zusätzlichen oder weiterführenden Gedanken.

Zweifellos mehr als nur eine kleine „Gruppierung" ist die *schiitische* Richtung des Islam, der ca. 85 Millionen Moslems, vor allem in Iran, angehören. Dennoch beschränkt sich dieses Buch auf die Beiträge *sunnitischer* Autoren zur

islamischen Wirtschaftslehre. Der Grund dafür ist, daß auf schiitischer Seite seit der iranischen Revolution dort zwar viel auch über Wirtschaftsfragen publiziert wird, aber abgesehen von einem insgesamt stärkeren Hang zu staatlicher Wirtschaftslenkung und von einigen Besonderheiten in der Eigentumslehre bislang wohl noch keine spezifisch schiitische Wirtschaftslehre in Abgrenzung zur allgemeinen bzw. sunnitischen islamischen Lehre entwickelt wurde. Es scheint so, daß man in Iran – im Gegensatz etwa zu sunnitischen Ländern wie Pakistan oder Ägypten – lange Zeit überhaupt nicht über die Fragen einer islamischen bzw. schiitischen Wirtschaftsordnung nachgedacht hat und man das Versäumte jetzt nach der islamischen Revolution relativ hektisch nachholen will.[14] Die Ergebnisse bleiben abzuwarten.
Das berücksichtigte Material zur heutigen islamischen Wirtschaftslehre soll nach *ökonomischen* Kriterien aufbereitet werden. Die in der öffentlichen Diskussion zur Bezeichnung verschiedener Richtungen im Islam verwendeten Begriffe – z.B. Fundamentalisten, Orthodoxe, Traditionalisten, Modernisten – sind dabei nicht hilfreich, weil sie nach nichtökonomischen, *politisch-ideologischen* Kriterien abgegrenzt wurden. Da sie aber weit verbreitet sind und in der politischen Diskussion ständig benutzt werden, muß wohl doch auch hier auf die gebräuchlichsten Unterscheidungen eingegangen werden – mit dem Ziel zu demonstrieren, warum sie im *ökonomischen* Zusammenhang *unbrauchbar* sind. Viel wichtiger als die Etikettierung verschiedener politischer (und weltanschaulicher) Strömungen und Richtungen im Islam ist es demgegenüber festzuhalten, welche Institutionen und Organisationen aus den politischen Prozessen hervorgegangen sind; die im Hinblick auf die islamische Wirtschaftslehre wichtigsten sollen in dem der „Etikettendiskussion“ folgenden Abschnitt kurz vorgestellt werden.

2.1 *Politische Gruppierungen: Sprachverwirrung durch Namensgebung*

Wenn man die Ansichten verschiedener Personen zusammenfaßt und dieser Gruppierung einen charakterisierenden oder klassifizierenden Namen gibt, dann kann daraus eine sehr sinnvolle Sprachverkürzung und Vereinfachung der Kommunikation resultieren. Wenn aber für eine Gruppierung unterschiedliche Namen oder ein Name für unterschiedliche Ansichten verwendet werden, dann ist das Ergebnis eher Sprachverwirrung und Behinderung der Kommunikation. Genau diesen Eindruck gewinnt man, wenn man die unterschiedlichen Begriffssysteme, die heute in der Literatur gebräuchlich sind, etwas genauer betrachtet und auf wirtschaftspolitische Positionen anzuwenden versucht. Am *Beispiel dreier Begriffssysteme* soll dies belegt werden.

2.1.1 Im *ersten* System[15] werden den *Integralisten* (oder *Islamisten*) die *Säkularisten* gegenübergestellt. Erstere betrachten den Islam als eine umfassende Weltanschauung, die nicht nur individuell-persönliche Konsequenzen, sondern auch gesellschaftlich-politische Implikationen hat; letztere dagegen „bekennen sich zum Islam, wollen ihn aber als Morallehre oder zumindest als kulturelles Erbe verstanden wissen, nicht als Staatsordnung. Beim Gegensatz zwischen ‚Integralisten' und ‚Säkularisten' geht es um die Frage, ob der Islam eine Ethik sei oder ein ‚System'."[16]
Bei den Integralisten sind zwei Untergruppen zu unterscheiden: Zum einen die *konservativen Schriftgelehrten* (Ulema), auch als *Orthodoxe* bezeichnet, zum anderen die *Fundamentalisten.* Es ist bemerkenswert, wie in diesem Begriffssystem die Definitionen unmittelbar mit einer Bewertung der jeweils bezeichneten Gruppe verquickt werden, was den Regeln der wissenschaftlichen Begriffsbestimmung zuwiderläuft: Von den Schriftgelehrten heißt es, ihnen „geht es im wesentlichen um die Aufrechterhaltung des status quo, d.h. ihrer privilegierten Stellung in der Gesellschaft, die aus der mittelalterli-

chen Ordnung herrührt ... Sie sehnen sich nach ihrer ‚guten alten Zeit', also der Epoche vor Einbruch der Verwestlichung, als sie die gesamte Intelligentsia ausmachten und noch nicht aus dem öffentlichen Leben verdrängt waren. Während ihre heutige gesellschaftliche Stellung der eines christlichen Klerus gleichkommt, waren sie ehedem eine Art Beamtenschicht, die in besonderer Weise eine Mittlerrolle zwischen den herrschenden Kondottieri und den Massen erfüllten ... Im Gegensatz zu den konservativen ‚Schriftgelehrten' haben die ‚Fundamentalisten' eine in sich geschlossene politische Theorie entwickelt, die sie konsequent verfechten."[17]
Dennoch besteht zwischen beiden Gruppen eine wichtige Gemeinsamkeit: „Wenngleich die ‚Schriftgelehrten' mit ihren konservativen politischen Organisationen im wesentlichen den Erhaltungstrieb einer abgewirtschafteten Klasse bzw. Kaste veranschaulichen, haben sie vordergründig mit den Fundamentalisten die Vorstellung vom Islam als einem religiös-politisch-ökonomischen System, also einer allumfassenden Weltanschauung und Lebensregel, gemein."[18]
Die Zitate zeigen wohl, daß hier mit Begriffen auch „Politik" betrieben werden sollte. Da es ein Unding wäre, zunächst gegen Vorurteile zu argumentieren, dann aber später in der eigenen Darstellung auf wertgeladene Begriffe zurückzugreifen, sollen im folgenden – mit Ausnahme der Bezeichnung Schriftgelehrte – die obigen Begriffe (oder ähnliche aus der allgemeinen Diskussion) nicht verwendet werden. Auf „Schriftgelehrte" (oder die ähnlich klingende Bezeichnung „Rechtsgelehrte") wäre dagegen nur schwer zu verzichten, weil damit recht treffend sachbezogen (und daher auch neutral interpretierbar) Männer mit einer bestimmten Ausbildung und typischen Denkweise, die sich auch in der Art der Behandlung wirtschaftlicher Themen niederschlägt, bezeichnet werden. Darum wird dieser Begriff auch weiterhin verwendet mit dem ausdrücklichen Hinweis, daß damit keine Wertung im obigen Sinne – deren faktische Grundlagen

(„Beamtenschicht" u.ä.) im übrigen so verallgemeinert etwas zweifelhaft erscheinen[19] – verbunden sein soll.
Ein *zweites* Begriffssystem[20] unterscheidet zwischen den *Traditionalisten* und den *Revivalisten.* Um diesen Unterschied zu verstehen, muß man sich zuvor die Bedeutung von *Modernisierung* und *Verwestlichung* in diesem System klarmachen: Modernisierung ist ein Stadium in der wirtschaftlichen Entwicklung, in dem jahrhundertealte Verhaltensmuster und Wirtschaftsstrukturen im Zuge einer fortschreitenden Industrialisierung umgewandelt werden (müssen). Verwestlichung ist dagegen ein kultureller Trend, bei dem die Menschen in der moslemischen Welt bewundernd auf die Errungenschaften des Westens blicken, diesen nachahmen wollen und kritiklos jede von dort kommende Neuerung für gut halten. Dieser Trend macht weder vor Verhaltensweisen noch Normen oder Wertsystemen halt und führt zu einem Bruch mit dem eigenen kulturellen Erbe.
Für die Traditionalisten ist der Islam ein beständiger, dauerhafter kultureller Bezugsrahmen und eine Quelle der kulturellen Identifikation. Daher ist Traditionalismus mit Verwestlichung unvereinbar – sie wird von den Traditionalisten z.T. scharf kritisiert –, dagegen besteht mit der Modernisierung kein unauflöslicher Konflikt. Die für die wirtschaftliche Entwicklung der moslemischen Länder unabdingbare Modernisierung wird von den Traditionalisten nicht grundsätzlich abgelehnt; der Traditionalismus kann jene modernisierenden Elemente in sein Konzept integrieren, die nicht im direkten Konflikt zu seinem kulturell-islamischen Bezugsrahmen stehen. Die Revivalisten dagegen lehnen auch die Modernisierung gänzlich ab; sie sperren sich jeglichem Kompromiß in Fragen der wirtschaftlichen, sozialen und politischen Ordnung und streben stets danach, die frühislamische Lebensweise und Gesellschaft wiederzubeleben.
Ein *drittes* Begriffssystem[21] schließlich – es existieren noch mehr, die aber hier nicht mehr behandelt werden – unter-

scheidet zwischen *Reformisten* und *Modernisten.* Zur ersten Gruppe werden vor allem traditionsbewußte Schriftgelehrte gezählt, die sich um eine Präzisierung des Islam bemüht haben, um damit den jeweiligen Herausforderungen ihrer Zeiten und Zivilisationen zu begegnen. Die Modernisten sind demgegenüber zwar ebenfalls im islamischen Glauben verwurzelt, identifizieren sich jedoch gleichzeitig auch mit Aspekten der ihnen vertrauten westlichen Kultur. Die Gruppe der Modernisten kann sehr weit ausgedehnt werden und auch Personen einschließen, die den Islam nicht als umfassende Weltanschauung ansehen, sondern sogar für eine strikte Trennung von Religion und Politik eintreten.

2.1.2 Warum solche Gruppenbildungen und Bezeichnungen zumindest bei einer Anwendung im Bereich der islamischen *Wirtschaftslehre* bzw. Wirtschaftspolitik mehr zur *Verwirrung* als zur Klärung beitragen, wird rasch erkennbar bei dem Versuch, zwei typische Positionen aus der ordnungspolitischen Diskussion nach diesen Begriffssystemen einzuordnen: Der Autor A mag für die Errichtung einer islamischen Wirtschaftsordnung eintreten, wobei er vor allem die Begründung seines Ordnungsentwurfs und die normative Basis aus der islamischen Weltanschauung ableitet, jedoch bei der konkreten Ausgestaltung von Teilordnungen auf westlichen Wirtschaftstheorien aufbaut; Autor B hält dagegen umfassende islamische Ordnungsentwürfe für irreal und schlägt statt dessen vor, mit realisierbaren Projekten schrittweise eine islamische Wirtschaftsreform zu beginnen, z.B. Banken zu gründen, die ohne die für verboten gehaltenen Zinsgeschäfte arbeiten. Welchen der obigen Gruppierungen wären A und B zuzuordnen?
Bei der Alternative „Reformisten“ oder „Modernisten“ würde man sich vermutlich sowohl bei A als auch bei B für „Modernisten“ entscheiden. Damit würde aber für zwei sehr unterschiedliche ordnungspolitische Positionen die gleiche Bezeichnung gewählt. Gleiches steht auch bei der Entschei-

dung für „Traditionalisten“ oder „Revivalisten“ zu erwarten, wenn A und B beide den „Traditionalisten“ zugerechnet würden. Das verwirrende Ergebnis aus der zweifachen Zuordnung wäre darüber hinaus, daß die Ansätze einerseits als „modernistisch“ und andererseits gleichzeitig als „traditionalistisch“ bezeichnet werden, was vom Sprachgefühl her wie ein Widerspruch erscheint.

Noch verwirrender wird das Bild, wenn auch noch auf das Begriffssystem zurückgegriffen wird, bei dem zur Etikettierung „Schriftgelehrte“, „Fundamentalisten“ und „Säkularisten“ zur Auswahl stehen. Unterstellt sei, daß weder A noch B von ihrer Ausbildung her Schriftgelehrte sind. Dann könnte man A, der für eine islamische Gesamtordnung eintritt, am ehesten den Fundamentalisten zurechnen. Für B, der eine Gesamtordnung für irreal hält und sich für islamische Reformen in kleinen Schritten ausspricht, bliebe nur die Gruppe der Säkularisten übrig – eine ziemlich unsinnige Bezeichnung für jemanden, der in einem säkularen Staat für islamische Reformen eintritt; oder man muß feststellen, daß seine Position sich in diesem Begriffssystem überhaupt nicht einordnen läßt.

Damit dürfte wohl hinlänglich gezeigt sein, daß man zur Bezeichnung bestimmter Positionen im Bereich der islamischen Wirtschaftslehre besser nicht auf Etiketten zurückgreift, die aus dem allgemeinpolitischen Bereich stammen und da oft nicht nur eine rein terminologische, sondern auch eine Funktion in einer ideologischen Auseinandersetzung haben.

2.2 *Gremien der internationalen Moslemgemeinschaft*

Mit der islamischen Wirtschaftslehre befassen sich in der moslemischen Welt nicht nur (weiter unten vorgestellte) spezielle Forschungsinstitute wie das Internationale Forschungszentrum für islamische Ökonomik in Jeddah oder das Internationale Institut für islamische Banken und Wirtschaft in Lefkosa (Zypern), sondern auch – zumindest mit

Teilbereichen – in Aufgabenstellung und Zielsetzung universeller ausgerichtete und politisch gewichtigere Organisationen und Institutionen der internationalen Moslemgemeinschaft.[22] Eine zentrale Position hat dabei die Islamische Konferenz inne, aus der andere Institutionen wie die Islamische Entwicklungsbank hervorgegangen sind bzw. der andere Organisationen wie der Islamische Weltkongreß zuarbeiten. Besondere Aktivitäten haben auch der Islamrat für Europa und die Islamische Stiftung in Leicester entwickelt.

2.2.1 *Die Islamische Konferenz (The Organisation of The Islamic Conference).* „Der konkrete Anlaß, die schon jahrzehntealten Bemühungen in Teilen der islamischen Welt um eine Manifestation der religiösen Solidarität endlich in politischer Form zu institutionalisieren, ergab sich durch den Brand der Aqsa-Moschee in Jerusalem im August 1969. Dieses Ereignis fiel mit einem Tiefpunkt des islamischen Selbstgefühls im Gefolge der Niederlage arabischer Länder im Sechstage-Krieg 1967 zusammen und veranlaßte die islamische Welt zur Rückbesinnung auf ihre Kräfte, um ihre Rolle als Machtfaktor im politischen Kräftespiel zu verstärken."[23] Die Könige und Staatsoberhäupter islamischer Staaten trafen sich erstmals zu einer Konferenz im September 1969 in Rabat, der zwei islamische Außenministerkonferenzen im März 1970 in Jeddah und im Dezember 1970 in Karachi folgten. Historisch bedeutsam wurde die dritte Außenministerkonferenz im März 1972 in Jeddah, bei der die *Islam-Charta* unterzeichnet und damit die Islamische Konferenz gegründet wurde. Heute gehören der Islamischen Konferenz über 40 Staaten in Afrika und Asien mit (fast) ausschließlich islamischer Bevölkerung oder erheblichen Anteilen der Moslems an der Gesamtbevölkerung an. Zu den 29 ursprünglichen Unterzeichnern der Islam-Charta gehören neben arabisch-nordafrikanischen und mittelöstlichen Staaten auch Staaten aus Schwarzafrika und Südostasien: Ägypten, Afghanistan, Algerien, Bahrein, Guinea, Indonesien,

Iran, Jemen, Jordanien, Kuweit, Libanon, Malaysia, Mali, Mauretanien, Marokko, Niger, Oman, Pakistan, Katar, Saudi-Arabien, Senegal, Sierra Leone, Somalia, Sudan, Syrien, Tschad, Tunesien, Türkei und Vereinigte Arabische Emirate.

Zu den in der Islam-Charta festgelegten *Zielen* zählen die Förderung der islamischen Solidarität in den Mitgliedstaaten, die Festigung der Zusammenarbeit der Mitgliedstaaten im ökonomischen, sozialen, kulturellen und wissenschaftlichen Bereich sowie die gegenseitige Information und Beratung bei der Mitarbeit in internationalen Organisationen.

Die *Organe* der Islamischen Konferenz sind

- die Konferenz der Könige, Staatsoberhäupter und Regierungschefs,
- die islamische Außenministerkonferenz,
- das Generalsekretariat der Islamischen Konferenz (Islamsekretariat).

Die *Konferenz der Könige, Staatsoberhäupter und Regierungschefs* tritt als höchstes Organ nicht regelmäßig, sondern immer dann zusammen, wenn dies erforderlich erscheint zur Beratung essentieller Fragen der moslemischen Welt und einer entsprechenden Koordination der erforderlichen Politik.

Die *islamische Außenministerkonferenz* soll regelmäßig mindestens einmal im Jahr zusammentreten; außerordentliche Konferenzen sind möglich. Die islamische Außenministerkonferenz soll vor allem Überlegungen zur Durchsetzung einer gemeinsamen Politik anstellen und die Durchführung früherer Beschlüsse prüfen; sie kann der Konferenz der Könige, Staatsoberhäupter und Regierungschefs Empfehlungen zuleiten. Die islamische Außenministerkonferenz beruft den Generalsekretär.

Das *Generalsekretariat* ist das eigentliche „Arbeitsorgan“ der Islamischen Konferenz. Innerhalb des Generalsekretariats wurde eine Hauptabteilung für Wirtschaft, Finanzen und Entwicklung eingerichtet, die der Idee islamischer

Banken erhebliches Interesse entgegenbrachte und die Gründung der Islamischen Entwicklungsbank vorbereitete.

2.2.2 *Die Islamische Entwicklungsbank (Islamic Development Bank).* Die vierte islamische Außenministerkonferenz im März 1973 in Bengasi beschloß, konkrete Schritte zur Gründung einer internationalen islamischen Bank für Handel und Entwicklung einzuleiten. Der Generalsekretär der Islamischen Konferenz, Tunku Abdul Rahman (ehemaliger Premierminister Malaysias), engagierte sich persönlich bei diesem Projekt und konnte die ideelle und materielle Unterstützung von König Faisal von Saudi-Arabien gewinnen; am 20. Oktober 1975 konnte die Islamische Entwicklungsbank in Jeddah offiziell eröffnet werden. Zur Islamischen Entwicklungsbank und auch zu dem von ihr zusammen mit dem Generalsekretariat der Islamischen Konferenz verwalteten *Islamischen Solidaritätsfonds* finden sich unten (S. 173ff, 241ff) weitere Informationen.

2.2.3 *Der Islamische Weltkongreß (World Muslim Congress).* Der Islamische Weltkongreß mit Sitz in Karachi entstand 1926 im Zusammenhang mit den (erfolglosen) Bemühungen, durch die Wahl eines neuen Kalifen das formell 1924 von der türkischen Nationalversammlung abgeschaffte Kalifat wiederzubeleben. Neben mehr religiös-theologischen Aktivitäten wie der Erforschung von kulturellen, religiösen und sozialen Strömungen in den islamischen Gesellschaften und der Beschäftigung mit den islamischen Diasporagemeinden in aller Welt sowie mit dem christlich-islamischen Dialog zählt der Islamische Weltkongreß auch die Beratung der islamischen Regierungen und die Erfassung und Analyse der sozio-ökonomischen und geopolitischen Situation der islamischen Welt zu seinen vorrangigen Aufgaben.

Ökonomischen Fragestellungen gilt dabei ein besonderes Interesse. Erwähnt seien als Beispiele die vom Islamischen

Weltkongreß in den frühen sechziger Jahren publizierten Beiträge über das wirtschaftliche Potential der islamischen Welt und über ein „Commonwealth islamischer Staaten", d. h. eine Kooperation zwischen islamischen Staaten im Handel und bei Währungsfragen. Später dann ist das Sekretariat des Islamischen Weltkongresses von der Islamischen Konferenz beauftragt worden, „den verschiedenen politischen, ökonomischen und religiösen Gremien, wie etwa der ‚Islamischen Außenministerkonferenz', jeweils Memoranden zu bestimmten Themen zuzuleiten, die in die Entscheidungsprozesse einfließen sollen".[24]

2.2.4 *Der Islamrat für Europa (Islamic Council of Europe).* Der Islamrat für Europa wurde im Mai 1973 in London gegründet als oberstes Koordinierungsorgan der islamischen Zentren und Organisationen in Europa. Diese selbstgestellte Aufgabe kann er allerdings nur teilweise erfüllen, weil die Mehrheit der Moslems in Europa, die Türken, sich dem Islamrat verschließen und eigene Organisationen unterhalten. Trotz dieser Probleme mit der „Basis" wird die „Spitze" bei internationalen islamischen Organisationen, Regierungen und anderen Institutionen als Interessenvertretung der europäischen Muslime akzeptiert. Im Hinblick auf das Thema „Islam und moderne Wirtschaft" bedeutsam sind einige Großveranstaltungen und Konferenzen, die der Islamrat durchgeführt hat, z.B. die große „Internationale Islamkonferenz" („International Islamic Conference") im April 1976 in London mit über 100 Wissenschaftlern, Beratern und Politikern aus rund 40 Ländern oder die Konferenz über „Die moslemische Welt und die künftige Wirtschaftsordnung" („The Muslim World and the Future Economic Order") im Juli 1977 in London mit rund 100 Teilnehmern aus fast 30 Ländern. Ausführlich zitiert wird im folgenden noch die „Politisch-religiöse islamische Grundsatzerklärung" („Universal Islamic Declaration"), die auf einer internationalen Konferenz über die Situation der moslemischen Minderheiten in der Welt, die der Islamrat für Europa im April 1980 in London veranstaltete, verabschiedet wurde.

2.2.5 *Die Islamische Stiftung (Islamic Foundation)*. Die in Leicester errichtete Islamische Stiftung versteht sich als Bildungs- und Forschungseinrichtung, die insbesondere durch die Publikation von Broschüren und Büchern einen Beitrag zum besseren Verständnis des Islam leisten will. In Verbindung mit dem Internationalen Forschungszentrum für Islamische Ökonomik (International Centre for Research in Islamic Economics) in Jeddah hat die Islamische Stiftung in den letzten Jahren eine Reihe von Büchern zur islamischen Wirtschaftslehre herausgebracht. Seit Herbst 1980 gibt sie auch eine vierteljährlich erscheinende Zeitschrift heraus, die neue Veröffentlichungen moslemischer und nicht-moslemischer Autoren über den Islam und islamische Länder anzeigt und bespricht (The Muslim World Book Review).

3 ETABLIERUNG UND VERBREITUNG DER ISLAMISCHEN ÖKONOMIK

Die islamische Ökonomik steht als wissenschaftliche Disziplin zweifellos erst am *Anfang* ihrer Entwicklung, in deren Verlauf sicherlich auch die Unterschiede zwischen einer kaum reflektierten Apologetik und Dogmatik einerseits und theoretisch fundierten Empfehlungen im Bereich der Wirtschaftspolitik andererseits deutlicher hervortreten werden, so daß sich Spreu vom Weizen besser trennen läßt, was wiederum die islamische Ökonomik nach den Kriterien der etablierten Wirtschaftswissenschaft hoffähig machen könnte. Unabhängig davon wurde aber bereits seit etwa Mitte der siebziger Jahre eine Reihe von Beiträgen vorgelegt, die durchaus das Interesse der professionellen „westlichen" Ökonomen hätten finden können; daß sie es tatsächlich nicht gefunden haben, liegt wohl daran, daß man über die in der moslemischen Welt z.T. breite Resonanz findenden großen Konferenzen und Seminare, auf denen wesentliche Beiträge vorgestellt wurden, bei uns praktisch nicht berichtet hat.

3.1 Entscheidende Impulse für die Etablierung und Verbreitung der islamischen Ökonomik als Lehrfach und Forschungsgebiet gingen von der *„Ersten internationalen Konferenz über islamische Ökonomik" („First International Conference on Islamic Economics")* aus, die im Februar 1976 in Mekka stattfand. Dies war die erste Konferenz, die sowohl vom Teilnehmerkreis her international als auch im Thema ausschließlich auf (islamische) Ökonomie ausgerichtet war. Bei früheren Konferenzen war demgegenüber entweder der Kreis der Teilnehmer regional begrenzt, wie z.B. bei der „Dritten Ostküsten-Regionalkonferenz der Vereinigung moslemischer Studenten in den Vereinigten Staaten und Kanada über zeitgenössische Aspekte des ökonomischen Denkens im Islam" („Third East Coast Regional Conference of the Muslim Students' Association of the United States and Canada on Contemporary Aspects of Economic Thinking in Islam") im April 1968 in Indianapolis (USA) oder beim „Ersten Symposium über die Wirtschaftslehre des Islam in Nordamerika" der Vereinigung moslemischer Sozialwissenschaftler (Association of Muslim Social Scientists: „First Symposium on Economics of Islam in North America") im März 1977 in Indianapolis; oder Wirtschaftsfragen wurden nur als einer von mehreren Themenkomplexen behandelt, so z.B. bei der „Internationalen islamischen Konferenz" des Islamischen Forschungsinstituts in Pakistan (Islamic Research Institute: „International Islamic Conference") 1968 in Rawalpindi oder bei der nur kurz nach der in Mekka im April 1976 in London stattfindenden „Internationalen Islamkonferenz" des Islamrates für Europa.
Die über 150 Teilnehmer der Konferenz in Mekka waren zum größten Teil Wissenschaftler, Politikberater und Regierungsbedienstete, die u.a. aus Ägypten, Bangladesch, In-

dien, Indonesien, Iran, Irak, Jordanien, Kuweit, Libyen, Malaysia, Marokko, Pakistan, Saudi-Arabien, Sudan und Türkei kamen. Die Konferenz wurde von der nach dem Gründer des saudiarabischen Königreichs benannten King Abdul Aziz University in Jeddah organisiert und sollte nach den Worten ihres Präsidenten, der gleichzeitig Vorsitzender des Organisationskomitees der Konferenz war, als eine Art Bestandsaufnahme und als erster Schritt gesehen werden, um die islamische Wirtschaftslehre zu einer streng akademischen Disziplin zu entwickeln.

Das Kommuniqué der Konferenz[25] nennt die thematischen *Schwerpunkte* der zur Konferenz vorgelegten Papiere, die auch künftigen Forschungen zur Orientierung dienen sollen:

- Konzept und Methodologie der islamischen Ökonomik,
- Theorien der Produktion und des Konsums in einer islamischen Gesellschaft,
- die Rolle des Staates in einer islamischen Wirtschaft,
- Versicherungen und islamisches Recht,
- zinsloses Bankwesen,
- „Almosensteuer" (Zakāt) und Finanzpolitik,
- wirtschaftliche Entwicklung in einem islamischen Ordnungsrahmen,
- wirtschaftliche Zusammenarbeit zwischen den islamischen Ländern.

Zur Präzisierung weiterer Forschungsvorhaben wurde nach der Konferenz von einem Komitee der Universität ein detaillierter Katalog von 20 zentralen Themen aus dem Bereich der „Geld- und Finanzwirtschaft des Islam" („Monetary and Fiscal Economics of Islam") formuliert und publiziert.

3.2 Für die Forschung wurde auch ein neuer institutioneller Rahmen geschaffen: das *Internationale Forschungszentrum für Islamische Ökonomik (International Centre for Research in Islamic Economics)* an der King Abdul Aziz University. Mit seiner Errichtung 1977 folgte man einer

Empfehlung, die im Kommuniqué der Konferenz von Mekka enthalten war. Aufgabe des Zentrums ist die Förderung von Forschung und Lehre im Bereich der islamischen Ökonomik durch die Organisation von Seminaren, Konferenzen usw. einerseits und durch die Erstellung und Publikation von Forschungsberichten und Lehrbüchern andererseits.

Im August 1981 hat das Zentrum seine dritte Liste mit Vorschlägen für *Forschungsarbeiten* herausgebracht. Die insgesamt rund 100 Themenvorschläge sind in 12 Gruppen zusammengefaßt:

- Konsumenten- und Unternehmerverhalten,
- Allokation und Wohlfahrt,
- Marktstruktur und Wettbewerb,
- Arbeit, Unternehmer und Gewerkschaften,
- monetäre Analyse und Kreditpolitik,
- „Almosensteuer" und Finanzpolitik,
- internationale Wirtschaftsbeziehungen,
- wirtschaftliche Entwicklung in einem islamischen Ordnungsrahmen,
- Wirtschafts- und Ideengeschichte,
- Wirtschaftsphilosophie, Methodologie und Systemvergleiche,
- Lehrmaterial zur islamischen Ökonomik,
- islamisches Recht für Wirtschaftler.

Insgesamt gefördert wurden vom Zentrum über 60 Forschungsarbeiten, wobei von gut 30 abgeschlossenen Vorhaben Manuskripte beim Zentrum eingegangen sind.

Organisiert vom Zentrum, fand im Oktober 1978 in Mekka ein im Kommuniqué der Konferenz von 1976 gefordertes erstes, im Januar 1981 in Islamabad ein zweites *internationales Seminar* über „Geld- und Finanzwirtschaft des Islam" („Monetary and Fiscal Economics of Islam") statt; beim zweiten Seminar war die Regierung von Pakistan Mitveranstalter. Zwar hatte das Konferenzkommuniqué von Mekka 1976 eine wesentlich raschere Abfolge solcher Seminare gefordert, aber diese ursprünglichen Terminvorstellungen mußten sich als viel zu optimistisch erweisen angesichts des relativ begrenzten Kreises ausgebildeter Ökonomen, die einerseits Forschung und Lehre in islamischer Ökonomik betreiben, andererseits aber auch das Fach bei zahlreichen anderen Gelegenheiten vertreten sollten.

3.3 Zu solchen „anderen Gelegenheiten" zählen etwa *Konferenzen* wie die vom Islamrat für Europa im Juli 1977 in London über „Die moslemische Welt und die künftige Wirtschaftsordnung" oder das Symposium des Internationalen Instituts für Arbeitsstudien (International Institute for Labour Studies) des Internationalen Arbeitsamtes (International Labour Office) im Januar 1980 in Genf mit dem verwandten Thema „Der Islam und eine neue Weltwirtschaftsordnung – Die soziale Dimension" („Islam and a New International Economic Order – The Social Dimension"). Bei beiden Veranstaltungen ging es um die Standortbestimmung der moslemischen Länder als Gruppe beim Nord-Süd-Gespräch und den Diskussionen um eine Neuordnung der Weltwirtschaft. Bei der Londoner Konferenz wurde dazu eine ganze Reihe von Vorschlägen unterbreitet, auf die noch (S. 156ff) zurückzukommen sein wird.

3.4 Konferenzen dieser Art stehen an der Grenze zwischen dem Verständnis der islamischen Ökonomik als akademischer Disziplin und als anwendungsorientierter Forschung und Politikberatung. Während das Akademische sowohl beim Internationalen Forschungszentrum in Jeddah als auch in den Universitäten, die islamische Ökonomik lehren – u.a. die Universitäten Al-Azhar in Kairo, King Abdul Aziz in Jeddah und Mekka, die Universität von Jordanien in Amman, die Um-Durman-Universität im Sudan, die pakistanischen Universitäten von Karachi und des Punjab in Lahore sowie die Islamische Universität von Bandung (Malaysia) –, im Vordergrund steht, ist das im

März 1981 gegründete *Internationale Institut für islamische Banken und Wirtschaft (International Institute of Islamic Banking and Economics)* auf anwendungsorientierte Forschung und Ausbildung von Bankpersonal ausgerichtet. An die Öffentlichkeit trat dieses Institut im August/September 1981 mit dem dreiwöchigen „Ersten fortgeschrittenen Kurs über islamische Banken" („First Advanced Course on Islamic Banks") in Kairo. Einzelheiten zu diesem Institut und über den 1977 gegründeten *Internationalen Verband islamischer Banken (International Association of Islamic Banks)*, der im Mai 1981 in Baden-Baden ein „I. internationales Symposium über islamische Banken und Strategien wirtschaftlicher Zusammenarbeit" („I. International Symposium on Islamic Banks and Strategies of Economic Cooperation") durchführte, folgen unten (S. 243ff); der Verband und das auf seine Initiative hin gegründete Institut leisten fraglos einen wesentlichen Beitrag zur Etablierung und Verbreitung anwendungsorientierter (bankbezogener) islamischer Ökonomik.

3.5 Alle diese Konferenzen, Gründungen von Institutionen usw. sind bei uns praktisch nicht zur Kenntnis genommen worden, obwohl in der moslemischen Welt das Echo teilweise beachtlich war. Was dagegen mit einiger Aufmerksamkeit verfolgt wurde, waren und sind die Versuche von General Zia-ul-Haq, Pakistan zu einem islamischen Staat umzuwandeln. Dabei ist das Interesse aber wohl vor allem oder fast ausschließlich politischer, weniger dagegen ökonomischer Art. Auch auf die Islamisierung in Pakistan wird später (S. 194ff, 266ff) zurückzukommen sein.
Diese mehr impressionistischen Stichworte mögen ausreichen, um einen Eindruck davon zu vermitteln, daß es doch einen erheblichen Bestand an Material über „Islam und moderne Wirtschaft" gibt,[26] das bislang nahezu unbeachtet geblieben ist und im folgenden etwas systematisiert vorgestellt werden soll.

ZWEITES KAPITEL

Ethische und rechtliche Grundlagen islamischer Wirtschaft und Wirtschaftspolitik

Auch wenn man einmal die Ausführungen apologetischer oder propagandistischer Natur ausklammert, findet man in der Literatur zur islamischen Wirtschaftslehre immer noch Beiträge sehr unterschiedlichen Inhalts und Charakters.

- Eine erste Gruppe von Beiträgen befaßt sich im Detail mit Fragen der Wirtschaftspraxis in bestimmten Zeitabschnitten und/oder Gebieten der moslemischen Welt – sei es mit den Handelsbräuchen der Araber in Mekka zu Zeiten des Propheten oder mit dem Steuerwesen im Osmanen-Reich des 17. Jahrhunderts. Solche *wirtschaftsgeschichtlichen* Beiträge insbesondere von Historikern und Orientalisten sind für das Thema „Islam und moderne Wirtschaft" in der Mehrzahl nur wenig ergiebig und können daher im folgenden vernachlässigt werden.
- Eine zweite Gruppe von Beiträgen insbesondere moslemischer Autoren beschäftigt sich mit Fragen des guten und des schlechten Verhaltens, wobei man nicht nur zur Lösung eines konkreten Problems nach anwendbaren Regeln im Koran sucht, sondern vor allem auch die vorbildlichen Taten, Anweisungen und Urteile des Propheten Mohammed diskutiert und auf die Gegenwart zu übertragen versucht. Nicht zuletzt geht es in diesen Beiträgen auch um Fragen der *Geschäftsmoral und Wirtschaftsethik;* das waren Themen, die das Bild der älteren Literatur zur islamischen Wirtschaftslehre stark geprägt haben.

- Eine dritte Gruppe von Beiträgen behandelt nicht die ethischen Probleme des „Sollens“, sondern die juristischen Fragen des „Dürfens“, die wirtschaftlich bedeutsamen Teile des islamischen Rechts bzw. das *„islamische Wirtschaftsrecht“*, wobei es nicht nur um konkrete Inhalte z.B. des Vertrags- oder Erbrechts geht, sondern auch um die Methoden der Rechtsfindung und -fortentwicklung. Ähnlich wie bei Fragen der Wirtschaftsethik wird auch hier beim Wirtschaftsrecht zumeist Bezug genommen auf die Frühzeit des Islam, d.h. auf den islamischen Staat unter Führung des Propheten Mohammed und der ersten vier Kalifen. In diesem Zusammenhang kann man auf wirtschaftshistorische Erkenntnisse zurückgreifen. Wirtschaftsrechtliche Erörterungen machten und machen noch einen Großteil der Literatur zur islamischen Wirtschaftslehre aus.
- Eine vierte Gruppe von Beiträgen schließlich – quantitativ noch nicht sehr bedeutend, aber stark expandierend – diskutiert wirtschaftliche Probleme in einer Art, die praktisch der unserer Wirtschaftswissenschaft entspricht, d.h. auf der Grundlage einer *Wirtschaftstheorie*. Dabei waren solche theoretisch (mehr oder weniger gut) fundierten Beiträge zunächst überwiegend politikorientiert, während heute auch schon rein theoretische, d.h. nicht auf die unmittelbare wirtschaftspolitische Umsetzung abstellende Beiträge erscheinen, die vor allem die noch lückenhaften Vorstellungen vom Funktionieren einer „islamischen Wirtschaft“ vervollständigen sollen.

Um Verwirrungen vorzubeugen und den Stellenwert einzelner Beiträge besser abschätzen zu können, ist es zweckmäßig, zunächst die generellen Zusammenhänge zwischen Wirtschaftsethik, -recht, -theorie und -politik zu skizzieren, bevor dann die wichtigsten konkreten Inhalte und Themen der islamischen Wirtschaftsethik und des islamischen Wirtschaftsrechts aufzuzeigen sind, die ihrerseits einen Teil jener Bedingungen ausmachen, unter denen eine (theoretisch fundierte) islamische Wirtschaftspolitik betrieben werden kann bzw. soll.

1 GLIEDERUNG DER WIRTSCHAFTSLEHRE

Zur *Wirtschaftslehre* (im engeren Sinne) rechnet man bei uns üblicherweise die folgenden Teilbereiche:

- die *Wirtschaftstheorie* (positive Ökonomik),
- die *Wirtschaftsethik* (normative Ökonomik),
- die *Wirtschaftspolitik* (angewandte Ökonomik).

Daneben gibt es noch eine Reihe von – aus der Sicht des Ökonomen – *„Hilfswissenschaften"*, wie z.B. Wirtschaftsgeschichte, -geographie, -statistik, -recht, in denen auch wirtschaftliche Sachverhalte und Fragestellungen behandelt werden, aber mit Methoden, die sich von denen der Wirtschaftswissenschaft recht deutlich unterscheiden. Die *Methoden* sind es vor allem, nach denen wir die verschiedenen Wissenschaften voneinander abgrenzen, und „wissenschaftlich" nennen wir z.B. eine Aussage dann, wenn sie unter Anwendung bestimmter allgemein oder zumindest innerhalb einer methodologischen (wissenschaftstheoretischen) Richtung anerkannter Methoden entwickelt worden ist.
In der Wirtschaftswissenschaft waren bis weit über die Mitte des 18. Jahrhunderts hinaus „die Methoden der Gelehrten so überaus einfach, daß man sie zumeist mit dem gesunden Menschenverstand erfassen konnte und Männer der Praxis ohne wissenschaftliche Schulung den Gelehrten den Rang ablaufen konnten".[1] Heute wird dies im allgemeinen nicht mehr gelten, denn im 19. und 20. Jahrhundert sind die Methoden der Wirtschaftswissenschaft – z.B. die Marginalanalyse, das Opportunitätskosten-Kalkül, die Kreislaufbetrachtung – erheblich ausgebaut und verfeinert worden (was nicht zuletzt auch Reflex der zunehmenden Komplexität moderner Industriewirtschaften ist). Das hat auch zu

einem wichtigen Wandel im Verständnis der Wirtschaftspolitik geführt.
Wirtschaftspolitik soll heute *wissenschaftlich fundierte* Politik sein, d.h. auf *Wirtschaftstheorien* gründen, die unter Anwendung zeitgenössischer Methoden entwickelt wurden und sich nicht mehr allein durch Intuition und gesunden Menschenverstand erschließen lassen. In dieser Hinsicht unterscheidet sich Wirtschaftspolitik heute wesentlich von der Wirtschaftspolitik früherer Epochen, die in der Regel entweder unmittelbare Umsetzung der herrschenden Wirtschaftsethik oder situationsabhängiges, von Plausibilitätsüberlegungen geleitetes Handeln war. Beispiele dafür finden sich im Altertum und im Mittelalter in großer Zahl: „Das alte Ägypten kannte eine Art von Planwirtschaft, die sich um sein Bewässerungssystem herum aufbaute; die assyrischen und babylonischen Theokratien hatten gewaltige militärische und bürokratische Apparate und komplizierte Rechtssysteme ... Jene Theokratien ... entwickelten monetäre Institutionen bis zu einem hohen Grade der Vollkommenheit und kannten Kredit- und Bankwesen. Die Heiligen Bücher Israels zeugen, besonders in ihrem gesetzgeberischen Teil, von einem gründlichen Erfassen der praktischen Wirtschaftsprobleme des Hebräerstaates. Doch finden wir keine Spuren analytischer Bemühungen."[2] Und die Vertreter frühchristlichen Denkens der ersten sechs Jahrhunderte befaßten sich „mit den ethischen Aspekten des Wirtschaftsgeschehens ihrer Zeit ... Sie eiferten gegen ausschweifenden Luxus und verantwortungslosen Reichtum, sie mahnten zur Mildtätigkeit und zur Enthaltsamkeit im Genuß irdischer Güter, aber von einer Analyse finden wir keine Spur."[3]
Es ist bemerkenswert, daß sich jene älteren und zum Teil auch neueren Beiträge zur islamischen Wirtschaftslehre, die nicht von Ökonomen, sondern von islamischen Rechtsgelehrten verfaßt wurden, nahtlos in diese Reihe von Beispielen einfügen ließen. Bemerkenswert aber auch, daß sich das, was über die Entwicklung wirtschaftswissenschaftlichen Den-

kens im christlichen Mittelalter gesagt wurde, ebenfalls auf wichtige Strömungen innerhalb der islamischen Wirtschaftslehre übertragen läßt: „Das Motiv der scholastischen Analyse war ... nicht reine wissenschaftliche Neugier, sondern der Wunsch, zu verstehen, was sie [die Scholastiker] vom moralischen Standpunkt zu beurteilen berufen waren ... Das normative Motiv, so oft der Feind geduldiger analytischer Arbeit, stellte somit in diesem Falle die Aufgabe und lieferte gleichzeitig die Methode für den scholastischen Analytiker. Einmal gestellt, war die Aufgabe strikt wissenschaftlich und logisch von der Moraltheologie unabhängig, deren Zwecke verfolgt werden sollten."[4]

1.1 *Zusammenhänge zwischen Wirtschaftsethik, Wirtschaftstheorie, Wirtschaftsrecht und Wirtschaftspolitik*

Die nun schon mehrfach angeklungenen Beziehungen zwischen Wirtschaftsethik, -theorie und -politik sowie Wirtschaftsrecht lassen sich schematisch wie in Abb. 1 darstellen.

Abb. 1

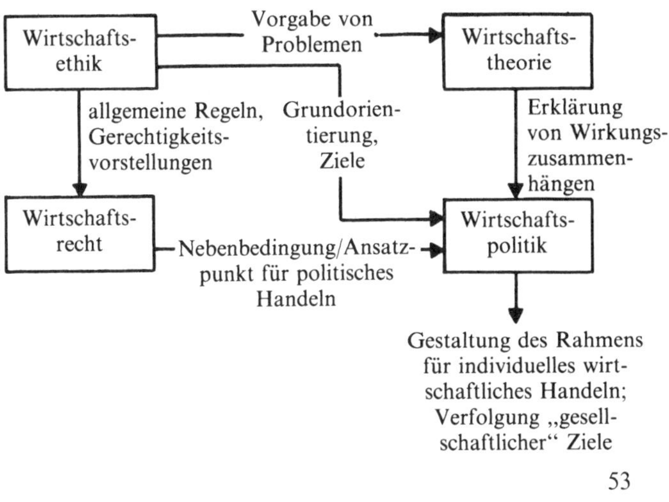

Die *Wirtschaftsethik* beschäftigt sich einerseits mit normativen Aspekten des wirtschaftlichen Handelns des einzelnen; sie gibt z.B. Urteile darüber ab, welche Zwecke oder Handlungsweisen gut und erstrebenswert und welche schlecht und verwerflich sind. Aber die Wirtschaftsethik ist nicht nur auf die Erörterung von Verhaltensnormen für den einzelnen beschränkt, sondern äußert sich andererseits auch z.B. zu gesellschaftlichen Grundwerten wie Freiheit, Sicherheit oder Gerechtigkeit, die für das Handeln des Staates mitbestimmend sind. Die Wirtschaftsethik erlangt Bedeutung für die Wirtschaftspolitik, indem sie dieser zunächst eine gewisse Grundorientierung gibt. Nach bestimmten wirtschaftspolitischen Konzeptionen – etwa dem Konzept der „rationalen Wirtschaftspolitik" – soll die Wirtschaftsethik als normative Ökonomik darüber hinaus der angewandten Ökonomik die erstrebenswerten wirtschaftspolitischen Ziele vorgeben.
Die Wirtschaftsethik findet ihren Niederschlag auch im *Wirtschaftsrecht*. Ungeachtet der heute dominierenden Maßnahme- und Einzelfallgesetze finden in der grundlegenden Gesetzgebung der Parlamente zentrale, dem Bereich der Wirtschaftsethik zuzuordnende normative Positionen und Gerechtigkeitsvorstellungen in kodifizierter Form ihren Niederschlag – so z.B. in den Grundlagen des Eigentums-, Vertrags- oder Gesellschaftsrechts. Solche in Gesetzen ausgedrückte allgemeine Regeln kann die Wirtschaftspolitik bei ihren Aktionen nicht ignorieren – rein formalistisch kann die Politik nicht gegen bestehendes Recht verstoßen; stärker inhaltlich folgt daraus für die Politik das Problem, u.U. mit bestimmten Maßnahmen in Konflikt zu herrschenden und in die Gesetze eingegangenen Gerechtigkeitsvorstellungen zu geraten, wenn etwa durch umfassende staatliche Lenkungseingriffe das in unserer Rechtsordnung noch allgemein anerkannte Privateigentum an Produktionsmitteln inhaltlich entleert werden sollte. Über das Wirtschaftsrecht wirkt somit auch die Wirtschaftsethik auf die Wirtschaftspolitik,

für deren Aktionen das Wirtschaftsrecht den Rahmen vorgibt und die Grenzen abstecken kann.
Aus der *Wirtschaftstheorie* erhält die Wirtschaftspolitik schließlich Kenntnis darüber, wie bestimmte Veränderungen der Rahmenbedingungen für das individuelle Wirtschaften der einzelnen wirken können oder welche Instrumente für die Erreichung bestimmter konkreter Ziele geeignet sein könnten. Für die bei uns herrschende Konzeption der *„rationalen Wirtschaftspolitik“* werden von der Theorie relativ „präzise“ im Sinne von quantitativ bestimmbaren Angaben über Ursache-Wirkungs- bzw. (aus politischer Sichtweise) Mittel-Ziel-Beziehungen erwartet, da die Politik selbst auf die Verfolgung konkreter Ziele ausgerichtet ist. Manche Ökonomen lehnen jedoch diese herrschende Konzeption ab. Sie sprechen sich gegen eine interventionistische und für eine *Ordnungspolitik* aus, die lediglich den Rahmen setzen soll für die eigenverantwortliche wirtschaftliche Betätigung des einzelnen. Ihm soll nicht vorgeschrieben oder nahegelegt werden, was er zu tun hat bzw. welches Tun „gesellschaftlich“ erwünscht wäre, sondern es wird nur in allgemeinen, d.h. für jeden gleichermaßen geltenden Regeln vorgeschrieben, was er nicht tun darf. Diese Verbote oder Begrenzungen der wirtschaftlichen Betätigung des einzelnen dienen nach ordnungspolitischem Verständnis nicht der Verfolgung konkreter wirtschaftspolitischer Ziele, sondern der allgemeinen Sicherung der Funktionsbedingungen einer Wettbewerbswirtschaft.
Die Ablehnung der „rationalen Wirtschaftspolitik“ und das Eintreten für eine marktwirtschaftliche Ordnungspolitik ist vielfach Ausfluß erheblicher prinzipieller Vorbehalte gegenüber den Möglichkeiten einer quantitativ präzisen, deterministischen Wirtschaftstheorie, wie sie von einer dem Ziel-Mittel-Ansatz verpflichteten Wirtschaftspolitik verlangt wird. Kritiker sprechen in diesem Zusammenhang auch von einer „Anmaßung von Wissen“.[5]
Es ist zwar nicht möglich, hier diese in der Wirtschaftswissen-

schaft schon seit Jahrzehnten geführte Diskussion nachzuzeichnen, aber es erscheint immerhin nützlich, die wichtigsten rivalisierenden Positionen zu markieren, denn es scheint so, daß zahlreiche Mißverständnisse sowohl von unserer wie von moslemischer Seite daher rühren, daß man sich nicht genug Rechenschaft über das Grundverständnis von Wirtschaftstheorie (und -politik) gegeben hat. Außerdem sollten künftige Diskussionen die Frage des Grundverständnisses nicht ausklammern, denn es ist keine unbegründete Vermutung, daß in der theoretisch argumentierenden islamischen Wirtschaftslehre (unbewußt) nur eine Konzeption dominiert, nämlich die der „rationalen Wirtschaftspolitik" oder Wohlfahrtstheorie, und die Alternative unbeachtet bleibt, obwohl sie für das Anliegen, eine islamische Wirtschaftsordnung zu konzipieren, große Bedeutung haben kann.

1.2 *Rivalisierende Auffassungen von Wirtschaftstheorie*

Die Kontroversen in der westlichen Ökonomik drehen sich um die Kernfragen, was die Wirtschaftstheorie für die Politik leisten kann, wo in einer komplexen Welt die Grenzen der Prognose und der darauf aufbauenden Gestaltungsmöglichkeiten liegen und wie dementsprechend die Wirtschaftstheorie aufgefaßt werden sollte – als Fortführung der einzelwirtschaftlichen Entscheidungslogik zu einer gesamtwirtschaftlichen *Theorie der Wahlakte* oder als *Theorie der sozialen Ordnung,* in der es nicht um gesamtwirtschaftlich „optimale" politische Entscheidungen geht, sondern um die Erklärung der Entstehung, Funktionsweise und Entwicklung ungeplanter Ordnungen.

1.2.1 Die *gesamtwirtschaftliche Theorie der Wahlakte* ist Grundlage der sog. *„rationalen Wirtschaftspolitik".* „Rational nenne ich eine Politik, die planmäßig auf die Verwirklichung eines umfassenden, wohldurchdachten und in sich ausgewogenen Zielsystems gerichtet ist und dabei den höchsten Erfolgsgrad erreicht, der unter den jeweiligen Umständen möglich ist."[6] Die ursprünglich für Einzelwirtschaften wie Haushalte und Unternehmungen entwickelte Theorie der wirtschaftlichen Entscheidung analysiert Wahlakte, die rational, d.h. bewußt und überlegt erfolgen; „rational" war zunächst nur formal im Sinne bestmöglicher Nutzung knapper Mittel zur Erreichung beliebiger Ziele gemeint. Ob die verfolgten Ziele dabei egoistisch-materieller oder altruistisch-ideeller Art sind, ist für die formale Entscheidungstheorie (auch „Entscheidungslogik" genannt) unerheblich. Daher – das sei nebenbei bemerkt – befinden sich auch alle moslemischen Autoren in einem (zumindest teilweisen) Irrtum, die die westliche Wirtschaftswissenschaft als egoistisch-materialistische Profitmaximierungslehre verdammen und eine völlig neue Theorie fordern, die dem andersartigen Verhalten des (noch zu schaffenden) islamischen Menschen gerecht wird.

Zurück zur westlichen Ökonomik: „Wie lautet das Problem, das wir zu lösen haben, wenn wir versuchen, eine rationale Wirtschaftsordnung zu konstruieren? Unter bestimmten wohlbekannten Annahmen ist die Antwort recht einfach. *Wenn* wir alle erforderlichen Informationen besitzen, *wenn* wir über eine vollständige Kenntnis der verfügbaren Mittel gebieten, dann ist das Problem, das übrig bleibt, lediglich ein Problem der Logik. Das heißt, die Antwort auf die Frage, welche die beste Verwendung der verfügbaren Mittel ist, ist in unseren Annahmen bereits enthalten ... Das ist aber ganz entschieden *nicht* das wirtschaftliche Problem, dem die Gesellschaft gegenübersteht. Der wirtschaftliche Kalkül, den wir entwickelt haben, um dieses logische Problem zu lösen [d.h. insbesondere die Entscheidungslogik], ist zwar ein wichtiger Schritt auf dem Weg zur Lösung des wirtschaftlichen Problems der Gesellschaft, bietet aber an sich darauf noch keine Antwort. Der Grund dafür ist, daß die ‚Daten', von denen der wirtschaftliche Kalkül ausgeht, nie für die ganze Gesellschaft einem einzelnen ‚gegeben' sind, der das

weitere ausrechnen könnte, und auch nie so gegeben sein können.
Der eigentümliche Charakter des Problems einer rationalen Wirtschaftsordnung ist gerade durch die Tatsache bestimmt, daß die Kenntnis der Umstände, von der wir Gebrauch machen müssen, niemals zusammengefaßt oder als Ganzes existiert, sondern immer nur als zerstreute Stücke unvollkommener und häufig widersprechender Kenntnisse, welche all die verschiedenen Individuen gesondert besitzen. Das Wirtschaftsproblem der Gesellschaft ist daher nicht bloß das Problem, für welche Zwecke man die ‚gegebenen' Mittel verwenden soll – wenn mit ‚gegeben' verstanden sein soll, daß sie einem einzelnen gegeben sind, der das Problem, das durch diese ‚Daten' gesetzt ist, durch Überlegung löst. Das Problem ist vielmehr, wie man den besten Gebrauch aller Mittel sichern kann, die irgendeinem Mitglied der Gesellschaft bekannt sind, und zwar für Zwecke, deren relative Wichtigkeit nur diese Individuen kennen. Oder, um es kürzer auszudrücken, es ist das Problem der Verwertung von Wissen, das niemandem in seiner Gesamtheit gegeben ist."[7]
Eine gesamtwirtschaftliche Theorie der Wahlakte bzw. eine darauf aufbauende „rationale Wirtschaftspolitik" werden also abgelehnt, weil sie die Existenz von Informationen bei der Regierung voraussetzen, die in der erforderlichen Art in einer komplexen arbeitsteiligen Wirtschaft, in der jeder selbstgesteckte Ziele verfolgen und nur ihm bekannte Chancen nutzen kann, *prinzipiell* nicht zur Verfügung stehen.

1.2.2 Die Alternative ist, die Ökonomie als *Wissenschaft von der sozialen Ordnung und Interaktion* zu verstehen. Es geht darum, die Beziehungen zwischen Menschen (und Institutionen) in sozialwirtschaftlichen Prozessen, z.B. im Wettbewerb auf Güter- oder Arbeitsmärkten, zu untersuchen, wobei das Augenmerk gerichtet ist auf gewisse Strukturen und Muster menschlichen Verhaltens, die in diesen Prozessen sichtbar werden. Diese Strukturen und Muster können aber nicht als „Lösungen" einer entscheidungslogischen Maximierungsaufgabe angesehen werden. Nicht die konkreten Ergebnisse, sondern der Ablauf der Prozesse und die Strukturen, die sich bilden, sind dann der Gegenstand der Wirtschaftstheorie.[8] Eine so konzipierte Theorie beschäftigt sich vorrangig mit der Entstehung und Entwicklung spontan gebildeter (d.h. nicht von irgend jemandem entworfener oder konstruierter) sozialer Institutionen wie dem Markt bzw. dem Wettbewerb, und sie kann dabei zweifellos auch Fragen nach dem Einfluß z.B. von Moral und Ethik auf die Institutionen oder umgekehrt der Institutionen auf Moral und Ethik erörtern. Eine gesamtwirtschaftliche Theorie der Wahlakte kann solche für die Konzipierung einer islamischen Wirtschaftsordnung wesentliche Fragen nicht oder nur unvollkommen beantworten. Das wird später noch am (gescheiterten) Versuch eines moslemischen Autors demonstriert, der eine „islamische Synthese von Ethik und Ökonomik" vorlegen will und dabei dem entscheidungs- bzw. wohlfahrtstheoretischen Verständnis von Wirtschaftstheorie folgt (vgl. S. 125ff). Im wesentlichen beschränkt sich das „Islamische" darin auf die Formulierung bestimmter egalitärer Ziele der Wirtschaftspolitik. Das Problem, die zur Maximierung dieser „islamischen Zielfunktion" notwendigen Daten nicht beschaffen zu können und die Wirkungszusammenhänge nicht zu kennen, wird nicht gelöst.

2 WIRTSCHAFTSETHIK

Dieser Abschnitt über die islamische Wirtschaftsethik soll keine Ausführungen in der Art der bekannten Arbeit Max Webers zur protestantischen Ethik und dem „Geist des Kapitalismus" bieten, d.h. es soll hier nicht diskutiert werden, ob, wo und wie die islamische Ethik eine bestimmte Wirtschaftsform hervorgebracht hat. Vielmehr geht es allein um die ethischen *Grundsätze* als solche, losgelöst von bestimmten historischen Bindungen, im Sinne einer abstrakten normativen Ökonomik. Diese Grundsätze und Normen fließen – mehr oder minder ausdrücklich und ausgeprägt – in Vorschläge für eine moslemische Wirtschaftspolitik ein, sowohl bei den Konzeptionen einer islamischen Gesamtordnung als auch bei Teilordnungen.

Seit Generationen haben sich die islamischen Schriftgelehrten mit wirtschaftsethischen Fragen beschäftigt und dazu Abhandlungen vorgelegt. Um einerseits nicht in der Flut dieses aus allen Jahrhunderten stammenden Materials zu ertrinken, andererseits aber auch nicht zu sehr der individuellen Meinung eines Autors zu folgen, bietet es sich für den Überblick an, auf die Zusammenstellung von Grundsätzen in der *politisch-religiösen islamischen Grundsatzerklärung (Universal Islamic Declaration)* zurückzugreifen. Diese Erklärung geht auf einen Beschluß des ersten „Internationalen Seminars muslimischer Gemeinschaften in der nicht-islamischen Welt" im Juli 1978 zurück, in dem die Delegierten den Islamrat für Europa baten, eine klare Standortbestimmung des Islam in der heutigen Welt und eine Stellungnahme zu den Problemen der Gegenwart vorzubereiten. Der Islamrat beauftragte daraufhin eine Reihe führender islamischer Denker, eine entsprechende Erklärung zu entwerfen. Diese wurde am 12. April 1980 auf der „Internationalen islamischen Hidschra-Konferenz über die Situation der moslemischen Minderheiten in der Welt", die in London aus Anlaß des Beginns des 15. Jahrhunderts islamischer Zeitrechnung vom Islamrat für Europa veranstaltet wurde, vorgestellt und verabschiedet.[9] Die Grundsatzerklärung beansprucht „ihrem Ansatz und Stil nach innerhalb der islamischen Welt einen hohen Rang . . ., auch wenn sie nur die Meinung einer Richtung, nämlich des konservativen Islam, der heute das Bild des Islam prägt, widerspiegelt".[10]

Bei der Suche nach einer ökonomisch sinnvollen *Gliederung* der in der Grundsatzerklärung nach anderen Kriterien angeordneten Grundsätze bot sich aus der Literatur folgende Gliederung an:

- *Die Lehre vom Eigentum*
  - Wert des irdischen Besitzes
  - Wahrer und falscher Reichtum
- *Die Lehre vom Erwerb irdischer Güter*
  - Wert der Arbeit
  - Die weltlichen Berufe
  - Das Zinsgeschäft
- *Die Lehre vom Gebrauch irdischer Güter*
  - Verwendung zum eigenen Gebrauch
  - Das Almosen

Diese (unwesentlich veränderte) Gliederung entstammt aber nicht, wie man vielleicht glauben könnte, der Arbeit eines islamischen Rechtsgelehrten, sondern einem 1907 erschienenen Standardwerk über „Die wirtschaftsethischen Lehren der Kirchenväter".[11]
Es mag vielleicht zunächst überraschen, daß sich die *islamische* Wirtschaftsethik nicht nur formal in einer für eine Abhandlung über die (vorscholastische) *christliche* Wirtschaftsethik entwickelten Gliederung darstellen läßt, sondern sich auch (wie sich zeigen wird) zahlreiche inhaltliche Übereinstimmungen finden lassen, die in manchen wichtigen Grundsatzfragen auch noch heute im Vergleich zur christlichen (bzw. katholischen[12]) Soziallehre feststellbar sind. Eine teilweise Erklärung ergibt sich daraus, daß sowohl die christliche wie die islamische Lehre zweifellos auch Reflex auf die und Kritik der jeweils herrschenden wirtschaftlichen, sozialen und moralischen Verhältnisse waren, die sich aber kaum voneinander unterschieden haben dürften, denn beide Lehren entstanden und entfalteten sich in der gleichen geographischen Region – den östlichen Mittelmeerländern und Nordafrika – und in historisch nicht großem Zeitabstand; die Lehren der Kirchenväter erreichten ihren Höhepunkt um 400–450, der Beginn der islamischen Zeitrechnung fällt auf das Jahr 622, Mohammeds Tod auf 632, die Rechtsschulen des Islam formierten sich etwa ab 750–800.

2.1 *Islamische und christliche Wirtschaftsethik im Überblick*

Gleichgültig, ob man den Islam als umfassendes weltanschauliches System oder lediglich als Morallehre versteht, man wird in jedem Fall zugestehen müssen, daß sich die ethischen Grundsätze auch auf das Wirtschaftsleben erstrecken, ja erstrecken müssen, denn das folgende Argument eines Vertreters der christlichen Gesellschaftslehre läßt sich zweifellos auch auf den Islam übertragen: „Es gibt keine abstrakte, vom Menschen und seinem Gewissen losgelöste Wirtschaft. Alles Wirtschaften ist menschliche Entscheidung und damit dem Sittengesetz unterstellt. Die christliche Ethik ist zwar nicht das Gebiet, aber doch das Gebot der Wirtschaft.“ [13]

2.1.1 *Die Lehre vom Eigentum.* „Der Islam betont, daß der Mensch als Allahs Stellvertreter ... geschaffen worden ist und daß alles, was existiert, zu seinem Gebrauch da ist.“ [14] Das bedeutet aber nicht, daß der einzelne mit irdischen Gütern völlig nach eigenem Gutdünken umgehen kann, denn nicht er, sondern Allah ist der letzte, absolute Eigentümer der Güter, der Mensch als sein Stellvertreter hat nur das *Nutzungsrecht.* Das ist praktisch identisch mit der christlichen Auffassung. Die Kirchenväter lehrten: „Das Verfügungsrecht der Menschen über die zeitlichen Güter ist ... kein vollständiges. Das oberste Eigentumsrecht steht Gott zu. Der Mensch darf sich daher der irdischen Güter nicht nach Willkür bedienen, sondern muß in ihrem Gebrauche seinen Willen dem göttlichen unterordnen.“ [15] Auch die heutige christliche Soziallehre geht noch von diesem Grundsatz aus.

Hinsichtlich der Nutzung von Gütern ist im Islam unbestritten, daß der einzelne auf „zulässige“ Weise erworbenes Eigentum zur Befriedigung seiner „legitimen“ Bedürfnisse verwenden kann, umstritten dagegen, ob es auch an *Produktionsmitteln* einschließlich Boden sowie an *Bodenschätzen*

Eigentum mit voller Verfügungsgewalt bzw. unbeschränkte individuelle Nutzungsrechte geben sollte. Von Vertretern eines „islamischen Sozialismus“ wird Privateigentum an Produktionsmitteln abgelehnt, von der überwiegenden Mehrheit der Moslems jedoch anerkannt, wobei man allerdings zumeist auf die „Sozialverpflichtung“ des Eigentums verweist, die sehr deutlich in der Lehre vom Gebrauch des Eigentums hervortritt. Hinsichtlich der Bodenschätze formuliert die Grundsatzerklärung relativ nichtssagend: „Alle natürlichen Rohstoffe sind von Allah anvertrautes Gut . . ., und der Mensch ist persönlich und kollektiv der Hüter . . . dieser Rohstoffe. Des Menschen wirtschaftliche Leistung und ihre Belohnung ergeben sich aus der Natur dieses Sachverhaltes.“ [16] Die allgemeine Tendenz geht hier deutlicher in Richtung auf Kollektiv- bzw. Staatseigentum oder zumindest nennenswerte öffentliche Beteiligung an den Erträgen aus der Ausbeutung von Rohstoffen.

2.1.2 *Die Lehre vom Erwerb irdischer Güter.* Die Quelle persönlichen Reichtums muß primär die eigene *Leistung* (Arbeit) sein: „Reichtum muß durch Leistung und auf gesetzliche Weise erworben werden.“ [17] Gesetzlich ist zwar auch der Erwerb von Reichtum durch Vererbung, aber es wird stets betont, daß das im Koran festgelegte Erbrecht so konzipiert sei, daß es die ungeteilte Übertragung größerer Vermögen an eine Person verhindert; deshalb ist diese Quelle von Reichtum nur als zweitrangig anzusehen.
Der Erwerb irdischer Güter soll nicht (nur) um seiner selbst willen und zur maximalen Befriedigung individueller Bedürfnisse betrieben werden; vielmehr steht für den Moslem dahinter eine soziale Verpflichtung: „Entwicklung ist ein wesentlicher Bestandteil wirtschaftlicher Tätigkeit. Teilnahme an ihr ist für jeden Muslim verpflichtend. Er muß hart arbeiten und immer versuchen, mehr zu produzieren, als er für sich persönlich nötig hat, denn nur dann kann er seiner Verpflichtung zum Zakāt, dem Beitrag zum Wohl der

anderen, nachkommen.“[18] Auf christlicher Seite finden sich ähnliche Gedanken, die in der Idee der Arbeit als einer besonderen Art des Gottesdienstes gipfeln. Die Kirchenväter beschäftigten sich auch ausführlich mit einzelnen weltlichen Berufen, insbesondere solchen, die man dem „Staatsdienst“ zurechnen könnte, z.B. Lehrer, Professor, Richter, Soldat, Steuerpächter. Zur Zeit der Kirchenväter waren dies Tätigkeiten im Dienste des heidnischen (römischen) Staates, dessen Staatsreligion die Christen als Götzenanbetung ablehnten. Die Kirchenväter untersagten daher teilweise den Christen die Ausübung solcher Berufe. Eine vergleichbare Diskussion einzelner Berufe gibt es auf islamischer Seite nicht, insbesondere auch nicht mit ablehnender Grundhaltung hinsichtlich des Staatsdienstes, denn das von Mohammed gegründete und später expandierende Gemeinwesen war ja in seinem Ursprung kein heidnischer, sondern ein islamischer Staat.
Dennoch sind auch im Islam gewisse Arten der Erwerbstätigkeit und bestimmte Erwerbsquellen verboten: „Die Erwerbung von Reichtum und die Produktion von Gütern muß rechtens sein entsprechend den Vorschriften [des islamischen Rechts]... Geldverleihung gegen Zinsen..., Glücksspiel, Horten usw. sind als Erwerbsquellen nicht erlaubt.“[19] Auch den Christen war der Geldverleih gegen Zinsen untersagt. Über die Rechtfertigung des Zinsverbots, die divergierenden Interpretationen und die historische Entwicklung wird noch ausführlicher im Abschnitt über die Ordnung des Geld- und Kreditwesens zu sprechen sein (vgl. S. 204ff).

2.1.3 *Die Lehre vom Gebrauch irdischer Güter.* Allah hat den Menschen „mit großen Möglichkeiten ausgestattet und alles, was er benötigt, ihm in der Welt zur Verfügung gestellt. Der Mensch bedarf jedoch der göttlichen Leitung, um den besten Gebrauch von Allahs Gaben zu machen. Allah hat für diese Leitung in ihrer abschließenden Form durch den Koran

und die Tradition des Propheten Muḥammad (sunna) gesorgt. Diese Führung ist eine unfehlbare Anleitung zum Erfolg in dieser Welt und im Jenseits."[20] Diesem letzten Satz begegnet man bei ordnungspolitischen Empfehlungen in extremen Interpretationen wieder.
Etwas konkreter wird die „göttliche Leitung zum besten Gebrauch von Allahs Gaben" in folgenden Sätzen formuliert (obwohl auch sie noch einen erheblichen Interpretationsspielraum lassen): „Alle materiellen Güter ... müssen immer auf die beste Weise verwendet werden. Niemand hat das Recht, sie zu horten oder brachliegen zu lassen; oder sie zu vergeuden; oder sie in frivoler Weise zur Schau zu stellen, sei es als Person, Gemeinschaft oder als Staat."[21] Grundsätze dieser Art beziehen sich vornehmlich auf den Gebrauch der Güter zu eigenen Zwecken und lassen sich in der Ermahnung zur *Mäßigung* zusammenfassen. Eine gelegentlich zu hörende These von der dem Moslem innewohnenden „fundamentalen Bescheidenheit" ist jedoch entweder eine Fehlinterpretation solcher Aufrufe zur Mäßigung oder steht als faktische Behauptung in Konflikt zu der Tatsache, daß die sich offenbar nicht „bescheiden" verhaltenden Moslems öffentlich zur Mäßigung gemahnt werden müssen.
Neben den Normen für den richtigen Gebrauch irdischer Güter zu eigenen Zwecken gibt es auch eine Reihe von Regeln, die die Verwendung von Reichtum zu „sozialen" Zwecken betreffen (und aus gesamtwirtschaftlich-wirtschaftspolitischer Sicht wichtiger sind). „Die Herstellung von Gerechtigkeit auf Erden ist eines der grundlegenden Ziele, für die Allah Seine Propheten und Seine Leitung (Koran) sandte ... Alle menschlichen Wesen haben ein Recht auf alles, was Allah zur Verfügung gestellt hat; und deshalb sind Allahs Gaben gleichmäßig an alle zu verteilen. Die Armen und Bedürftigen haben das Recht, am Reichtum der Reichen teilzuhaben ... Es ist die religiöse Pflicht der Muslime, diese Reichtümer so zu gebrauchen, daß sie damit dem Ziel der Gerechtigkeit dienen, Güte und Tugend fördern

sowie Übel und Laster auslöschen ... Allahs Reichtümer müssen davor bewahrt werden, Instrumente der Unterdrückung und Ausbeutung in der Hand irgendeines einzelnen oder einer gesellschaftlichen Gruppe oder des Staates zu werden."[22]

Die Formulierung, daß „Allahs Gaben gleichmäßig an alle zu verteilen" sind, könnte im Sinne eines extremen Egalitarismus interpretiert werden. Wenn man allerdings die etwas konkreteren Handlungsprinzipien für den einzelnen und für den Staat betrachtet, die aus der Kombination der sich ergänzenden Prinzipien der Gerechtigkeit und des Anspruchs auf Teilhabe am Reichtum der Gemeinschaft abzuleiten sind, stellt man fest, daß die vorgeschlagenen Umverteilungsinstrumente bei weitem nicht ausreichen, um eine egalitäre Verteilung herbeizuführen:

- „Reichtum soll gerecht verteilt werden. Wenn persönlicher Reichtum die legitimen Bedürfnisse seines Besitzers befriedigt hat, sollte der Überschuß für die Befriedigung der Bedürfnisse anderer Menschen verwendet werden."[23] Bemerkenswert die starke Ähnlichkeit mit einer Formulierung von Papst Paul VI. in der Enzyklika „Populorum progressio" von 1967: „Niemand ist befugt, seinen Überfluß ausschließlich sich selbst vorzubehalten, wo anderen das Notwendigste fehlt."[24] Diese freiwillige Hingabe des selbst nicht benötigten Überflusses ist eine typische Verhaltensweise des idealisierten Moslems, von dem eine utopistische Richtung der islamischen Wirtschaftslehre in ihren Ableitungen ausgeht.[25]
- „Die Grundsätze von Gleichheit und Brüderlichkeit erfordern eine gerechte Teilung des vorhandenen Reichtums in guten wie in schlechten Zeiten."[26] Die Zahlung der „Almosensteuer" (Zakāt), freiwillige Spenden, die Hingabe überschüssigen Besitzes und die Vererbung gemäß der im Koran vorgeschriebenen Quoten „sind einige der Wege, die für ausgeglichene Verteilung von Reichtum und Besitz in der Gesellschaft in Frage kommen".[27] Auch die

Kirchenväter waren schon für die Weggabe von Besitz und vor allem für das freiwillige Almosengeben eingetreten (allerdings wohl nicht aus verteilungspolitischen, sondern aufgrund philosophisch-theologischer Überlegungen zum Wert und Unwert irdischer Reichtümer).

– „Personen, die infolge von dauernder oder zeitweiser Behinderung unfähig sind, für ihr eigenes Wohlergehen zu sorgen, haben gerechten Anspruch auf den Reichtum der Gesellschaft. Die Gesellschaft trägt für sie die Verantwortung und muß sich darum kümmern, daß die grundlegenden Notwendigkeiten des Lebens wie Nahrung, Kleidung, Wohnung, Erziehung und Gesundheitsfürsorge ohne Rücksicht auf ihr Alter, Geschlecht, ihre Hautfarbe oder Religion ausreichend zur Verfügung stehen."[28] Dieser Satz beschreibt ein Sozialversicherungssystem, wie es im Prinzip heute in jedem westlichen Staat existiert. Man darf einige Zweifel haben, daß man dies noch als originär „islamisch" darstellen kann.

Die bisher vorgestellten Grundsätze dürften die zentralen Normen der islamischen Wirtschaftsethik wiedergeben. Zusätzlich finden sich bei einigen Autoren Ausführungen über eine besondere „islamische Wirtschaftsmoral", die zumindest kurz erwähnt werden sollen, auch wenn sie nicht alle als „herrschende Meinung" angesehen werden können.

2.2 *Besondere Aspekte der islamischen Wirtschaftsmoral*

Die wichtigsten der verschiedenen in der Literatur diskutierten Einzelaspekte lassen sich unter zwei Prinzipien zusammenfassen, dem der Nicht-Schädigung und dem des altruistischen Verhaltens.[29]

2.2.1 *Das Prinzip der Nicht-Schädigung.* Ungerechtigkeiten und Schädigungen anderer sollen unterbleiben. Eine andere Formulierung besagt, daß Gewinne auf Kosten anderer oder der Gesellschaft unzulässig sind. Daß deshalb Betrug und Diebstahl, Nullsummen-Glücksspiele und bewußte Irreführrungen (etwa durch Fehlinformationen in der Werbung) verboten sind, bedarf wohl keines Kommentars. Moralisch abgelehnt werden auch Spekulationsgeschäfte, das Horten von Geld oder Gütern und die Monopolisierung von Märkten. Vor dem Hintergrund arbeitsteiliger moderner Marktwirtschaften mag man noch in der Monopolisierung von Märkten eine Schädigung der Allgemeinheit sehen, aber kaum im individuellen Horten oder gar in Spekulationsgeschäften, die gesamtwirtschaftlich durchaus positiv zu bewertende regulative Funktionen ausüben können. Was dagegen zunehmend an Bedeutung bei uns gewinnt, ist das Problem der Schädigung der Allgemeinheit durch Umweltbelastungen; dazu und zur Frage der Nutzung erschöpfbarer Rohstoffe nimmt man in jüngster Zeit auch auf moslemischer Seite Stellung.

Die neueren Diskussionen dazu machen u.a. deutlich, daß es kaum eine wirtschaftliche Betätigung gibt, die keine „externen Effekte“ (in weiter Definition) aufweist, d.h. andere nicht in irgendeiner Art beeinträchtigt. Als Problem der Wirtschaftsethik wurde darüber schon sehr lange diskutiert, wobei der Ausgangspunkt die Einsicht war, daß realistischerweise das Prinzip der Nicht-Schädigung niemals vollständig und ausnahmslos befolgt werden könne. Unter Rückgriff auf die Arbeiten eines islamischen Rechtsgelehrten aus dem 13. Jahrhundert stellte man die Implikationen des Prinzips der Nicht-Schädigung heraus und formulierte Bedingungen, nach denen eine Art Güterabwägung in den Fällen vorgenommen werden sollte, in denen individuelle Handlungen zu Schädigungen anderer führen. Die Fragen, die sich der Handelnde für die Abwägung vorlegen sollte, sind etwa, ob die Schädigung

- allgemein wäre oder nur eine kleine Gruppe beträfe,
- mit Sicherheit oder nur mit geringer Wahrscheinlichkeit zu erwarten wäre,
- groß und wesentlich oder vernachlässigbar sein würde,
- beabsichtigt sei oder nicht,

ferner, ob der Schädigung allgemeine Vorteile gegenüberstünden, wie wichtig die schädigende Handlung für den Handelnden wäre und ob es für ihn Handlungsalternativen gibt. Generell soll beachtet werden, daß das Gemeininteresse dem Individualinteresse vorgeht. Diese ethischen Überlegungen werden relativ direkt auf Beispiele aus der Wirtschaft angewandt, z.B. bei der Erörterung von zulässigen oder unzulässigen Wettbewerbsbeschränkungen und Monopolisierungen.

Häufig trifft man in der Literatur auch auf die folgenden, auf einen anderen Rechtsgelehrten zurückgehenden und als Konkretisierung des Nicht-Schädigungsprinzips interpretierbaren Regeln:

- Unbedingte Notwendigkeiten erlauben das Verbotene.
- Was wegen drückender Not (ausnahmsweise) erlaubt ist, muß sich strikt in dem durch diese Notlage gezogenen Rahmen halten.
- Eine Schädigung darf nicht durch eine andere beseitigt werden.
- Wenn nur die Wahl zwischen zwei unvermeidbaren Schädigungen besteht, ist die geringfügigere zu wählen.
- Die Beseitigung bzw. Vermeidung von Schädigungen hat Vorrang vor der Erzielung eines Nutzens.
- Die Befriedigung von individuellen und sozialen Bedürfnissen kann gelegentlich den Charakter einer unabweisbaren Notwendigkeit erlangen.

Die Befolgung solcher Regeln beim individuellen, aber wohl auch im staatlichen wirtschaftlichen Handeln soll die nie ganz zu vermeidenden Schädigungen auf ein unabweisbares Minimum reduzieren. Umgekehrt würde die Befolgung des Prinzips des Altruismus gewissermaßen ein Maximum an moralisch gutem, „islamischem" Verhalten hervorbringen.

2.2.2 *Das Prinzip des Altruismus.* „Wenn Gerechtigkeit das Fundament der Gesellschaft ist, ist Wohltätigkeit ihre Zierde und Vollendung."[30] Wohltätigkeit, Selbstlosigkeit, Brüder-

lichkeit, Altruismus, Gottgefälligkeit – das sind die Werte, die das Denken und Handeln des idealen Moslems bestimmen sollen. Als ökonomische Konsequenz wird Eigennutz etwa in Gestalt der Gewinnmaximierung abgelehnt und gefordert, daß sich statt dessen auch der einzelne am Gemeinwohl und am Interesse der Gesellschaft ausrichten sollte. Man tritt für eine *islamische Rationalität* ein.
Diese sollte sich z.B. in der Bereitschaft äußern, den zur Befriedigung legitimer eigener Bedürfnisse nicht benötigten Überschuß in altruistischer Gesinnung Bedürftigen zu überlassen. Moslemische Autoren behaupten gelegentlich, daß diese „soziale" Verwendung des Überschusses ein originär islamisches Konzept sei. Das muß man aber bezweifeln, denn das frühe Christentum formulierte ähnliche oder sogar noch weiterreichende Normen: „Unter allen Arten der Verwendung des irdischen Eigentums wird jene, die aus werktätiger Liebe zu den Nächsten hervorgeht, am höchsten eingeschätzt. Diese kann aber zweierlei sein, entweder die vollständige Hingabe des ganzen Besitzes oder Austeilung von dem, was von den eigenen Bedürfnissen nicht in Anspruch genommen wird, an die Armen, das Almosen."[31]
Ökonomisch interessanter sind allerdings Spekulationen, die darüber angestellt werden, wie sich die islamische Rationalität auf das Marktverhalten etwa von Unternehmern auswirken könnte bzw. sollte. Ausgangspunkt ist die Frage, wie sich ein Unternehmer verhalten würde, wenn sein Sinn für Gerechtigkeit und Wohltätigkeit ihm eine andere Geschäftspolitik nahelegte als die vom Markt vorgezeichnete. Weil (annahmegemäß) das unternehmerische Verhalten von einer „islamischen Gesinnung" bestimmt wird, wird der Unternehmer versuchen, seine Handlungen in den Dienst des Gemeinwohls zu stellen. Er würde sich damit gegen das „Diktat" der Nachfrage stellen und deren „Fehler" korrigieren. Er kann dies tun, weil er nicht der Maximierung seines Profits „hörig" ist. Innere Kräfte, die stärker sind als das Streben nach mehr Reichtum, beflügeln ihn, und er ist bereit,

auf einen Teil seiner Gewinne zugunsten des „Gemeinwohls" zu verzichten. Wenn eine ausreichende Zahl von Anbietern bereit ist, sich in ihrer Politik von den Zwängen der (fehlgeleiteten) Nachfrage freizumachen, könnten sie – so die Folgerung – erfolgreich einen Beitrag zur gerechteren und (normativ) „besseren" Befriedigung menschlicher Bedürfnisse leisten.[32]

Wenn von solchen Überlegungen ausgehend eine islamische Wirtschaftsordnung entworfen und als erstrebenswert präsentiert wird, dann ist das ein Musterbeispiel für die Konstruktion einer Utopie, welche eine durch wirtschaftliche und soziale Harmonie gekennzeichnete Idealwelt entwirft und sie der unzulänglichen und ungerechten Realwelt gegenüberstellt. Allerdings würden zahlreiche Moslems wohl zugestehen, daß die in dieser Utopie verwendete zentrale Verhaltensannahme „islamischer Rationalität" derzeit nicht für das tatsächliche Handeln der ganz überwiegenden Mehrheit der Moslems maßgeblich ist. Manche Autoren treten daher auch für die Erziehung zum „islamischen Menschen" ein. Entscheidender ist aber (aus methodischer Sicht), daß bei solchen utopischen Ansätzen über Funktionsprobleme überhaupt nicht diskutiert wird, also z.B. über die Frage, ob ein im Wettbewerb stehender Unternehmer auf mittlere Sicht tatsächlich beliebige eigene Ziele in seiner Geschäftspolitik ohne Rücksicht auf die Marktnachfrage verfolgen kann oder ihn nicht die Einbindung in den Wettbewerb zu Gewinnerzielung oder Geschäftsaufgabe zwingt. Das führt zu der zentralen Frage, wie methodisch befriedigend aus Sätzen und Normen der Wirtschaftsethik, die als allgemein akzeptiert angenommen seien, eine Soziallehre oder Empfehlungen für eine auf wissenschaftliche Fundierung bedachte Politik entwickelt werden können.

2.3 *Von der Wirtschaftsethik zur Soziallehre*

Ein Vergleich mit der christlichen Soziallehre, die sich seit dem 19. Jahrhundert entwickelt hat und zu einem nennenswerten Teil auf der Wirtschaftsethik der Kirchenväter aufbaut, offenbart bemerkenswerte Unterschiede in der Beurteilung und der Art des „Einbaus“ der Erkenntnisse der Wirtschafts- und Gesellschaftswissenschaft in das jeweilige Lehrgebäude.

2.3.1 Die Position der *katholischen Soziallehre* in dieser Frage läßt sich mit den Worten eines ihrer führenden Vertreter wie folgt skizzieren:[33]

- „Um die in der Wortoffenbarung enthaltenen Lehren, insbesondere ethische Weisungen, ... richtig zu verstehen, ist es unerläßlich, ... (sie) in den Kontext der Zeitgeschichte hineinzustellen ... Ein kirchliches Lehramt, das darauf beschränkt wäre, die der Wortoffenbarung entstammenden Wahrheiten zu verkünden, könnte nur die zur Zeit Christi und der Apostel gebräuchlichen Wortformeln wiederholen ... Um in der Welt seine Gebote zu halten, müssen wir wissen, was diese Gebote hier und jetzt von uns verlangen. Manchmal wird auch die lehrende Kirche darin überfragt sein.“
- Wenn der Papst zu konkreten wirtschaftstheoretischen oder -politischen Problemen Stellung bezieht, „so wird man unbedenklich sagen dürfen, daß die Kirche dafür keine Lehrautorität besitzt! Eine Kompetenzüberschreitung läge jedoch erst dann vor, wenn diese Äußerungen als verbindlich vorgetragene Lehre verstanden sein wollten. Das anzunehmen hieße aber wohl, ihren päpstlichen Urhebern Unrecht tun ..., der Papst nimmt für seine Meinung nicht einmal in Anspruch, daß sie hier und jetzt, geschweige denn, daß sie immer und überall zutreffe; noch viel weniger legt er irgend jemand die Verbindlichkeit auf, sie als zutreffend anzusehen oder anzunehmen.“
- „Wenn die Kirche an bestehenden Zuständen oder Verhältnissen Kritik übt, dann genügt es nicht, daß sie über sittliche oder andere Maßstäbe verfügt, um sie an die Dinge anzulegen, sondern sie muß dazu vor allem die

Dinge selbst erst einmal in den Griff bekommen ... Da entsprechende Kenntnisse dem Glaubensgut ... schlechterdings nicht zu entnehmen sind, muß die Kirche sich hier auf rein menschliche Erkenntnisquellen und Erkenntnismittel stützen."

- Die „Sätze der katholischen Soziallehre erheben nicht den Anspruch, den bislang vollzogenen Fortschritt der Erkenntnis abzuschließen und seine Ergebnisse zu ‚zementieren'." „Aussagen der katholischen Soziallehre, die immer und überall aktuell sind, gibt es wohl nur ganz wenige. Dieser Umstand verbietet es, den Wahrheitsanspruch allzuweit zu spannen, vielmehr ist diesbezüglich große Vorsicht geraten."

2.3.2 In klarem Kontrast oder Gegensatz dazu steht die Position der *islamischen Wirtschaftslehre* in der Ausrichtung, die sich in der „Politisch-religiösen islamischen Grundsatzerklärung" niedergeschlagen hat. Darin heißt es:[34]

- „Der Islam ist ein vollständiger und vollkommener Schlüssel zum Leben und gibt sich nicht mit Teilreformen oder Kompromißlösungen ab." „Der Mensch bedarf ... der göttlichen Leitung, um den besten Gebrauch von Allahs Gaben zu machen."
- „Allah hat für diese Leitung in ihrer abschließenden Form durch den Koran und die Tradition des Propheten Muḥammad (sunna) gesorgt. Diese Führung ist eine unfehlbare Anleitung zum Erfolg in dieser Welt und im Jenseits. Der Islam ist ein Glaube, eine Lebensweise und eine Bewegung zur Errichtung der islamischen Ordnung in der Welt."
- Der Koran „ist das letzte und abschließende Buch der Leitung; und der Prophet Muḥammad ... ist der letzte und abschließende Prophet." Der Koran „enthält ausdrückliche Maßstäbe zur Beurteilung von Richtig und Falsch sowie Prinzipien für das individuelle und gemeinschaftliche Verhalten von Männern und Frauen".

- Koran und Sunna liefern „in aller Klarheit die Ideale, Werte und Prinzipien, die der Mensch braucht, um sein individuelles und gemeinschaftliches Leben auf Wahrheit und Gerechtigkeit zu bauen. Diese Leitung Allahs entspricht jeweils den Erfordernissen der sich wandelnden Zeit und ermöglicht eine Entwicklung innerhalb dieses Rahmens."
- „Der Islam zielt darauf ab, eine vorbildliche Gesellschaft zu schaffen. Er ist dabei bestrebt, den einzelnen in Übereinstimmung mit den Grundsätzen des Islam zu formen; ihn innerhalb einer gesellschaftlichen Bewegung für Fortschritt und Entwicklung zu motivieren und zu organisieren; und eine Islamische Ordnung aufzurichten durch den Aufbau von Gesellschaft und Staat, ihrer Einrichtungen und ihrer Politik, auf nationaler und internationaler Ebene."
- „Das islamische ökonomische System ruht auf sozialer Gerechtigkeit, Gleichheit, Maßhalten und ausgewogenen Beziehungen. Es ist ein universelles System, das ewige Werte enthält, die des Menschen Rechte gewährleisten und ihn ständig an seine Verpflichtungen gegenüber sich selbst und der Gesellschaft erinnern. Es verbietet jede Form der Ausbeutung, ehrt die Arbeit und ermutigt den Menschen, seinen Lebensunterhalt auf ehrliche Weise zu verdienen und sein Einkommen auf vernünftige Art zu gebrauchen."

Mit Blick auf den analytisch-theoretischen Gehalt der frühchristlichen Lehre wurde kritisch angemerkt, es sei „abwegig, in den heiligen Schriften selbst nach einer Wirtschaftslehre zu suchen. Die darin zu findenden Ansichten über ökonomische Dinge ... sind ideale Gebote, die Teil einer allgemeinen Lebensordnung sind und diese und sonst nichts ausdrücken – am allerwenigsten wissenschaftliche Lehrsätze."[35] Auch wenn es manche moslemische Ideologen nicht gerne hören: Ein wesentlicher Unterschied zwischen grundlegenden christlichen und islamischen Schriften ist in diesem

Punkt wohl nicht zu erkennen. Das ist zunächst nur eine Feststellung und keine Wertung. Hier gibt es ein Problem, zu dem die moslemischen Ökonomen noch keine überzeugende Stellung bezogen haben, insbesondere jene nicht, die für eine islamische Ordnung eintreten.

Koran und Sunna sind für die Konzeption einer islamischen Wirtschaftsordnung zweifellos von grundlegender Bedeutung; aber weder Ansätze, die den Inhalt dieser weltanschaulichen Grundlagen relativ willkürlich auf ein paar abstrakte „Axiome" reduzieren, noch solche, die die analytisch unreflektierte Übernahme und Anwendung von Regelungen und Grundsätzen, die ihren Ursprung im Arabien des 7. Jahrhunderts haben, empfehlen, sind überzeugend. Eine Betrachtung der Methodik der christlichen Soziallehre könnte hier interessante Erkenntnisse bringen, denn die wirtschaftsethische Ausgangsposition ist ja in wesentlichen Fragen praktisch identisch; herrschende Meinung auf christlicher Seite ist aber wohl, daß „unmittelbar aus der Heiligen Schrift oder den Kirchenvätern geschöpfte Erkenntnisse ohne sozialphilosophische und überhaupt philosophische [d.h. wissenschaftlich-analytische] Verarbeitung nicht Bestandteil katholischer Gesellschaftslehre werden können und daß hier das Ergebnis von der Art der angewandten Philosophie abhängt".[36]

Bei solchen Betrachtungen und Vergleichen darf aber nicht übersehen werden, daß der Islam eine spezielle Methodik der Rechtsfindung entwickelt hat, die bei ordnungspolitischen Konzeptionen nicht außer acht gelassen werden dürfte, denn eine Ordnungspolitik ist ohne ein entsprechendes Rechtssystem nicht (sinnvoll) vorstellbar.

3 WIRTSCHAFTSRECHT

Unter dem Begriff „Wirtschaftsrecht" sollen jene Teile des islamischen Rechts verstanden werden, die im Wirtschaftsleben besondere Bedeutung haben, wie z.B. das Eigentums- und Erbrecht oder das Vertrags- und Gesellschaftsrecht. Vor der Darstellung einiger inhaltlicher Ausprägungen des Wirtschaftsrechts ist die generelle Methodik der Rechtsfindung zu skizzieren, die nicht nur für das Wirtschaftsrecht, sondern auch für andere Rechtsbereiche wie das Familienrecht oder das Völkerrecht gilt.

3.1 *Quellen und Methodik des islamischen Rechts*

Die Abb. 2 soll die formale Struktur des islamischen Rechts darstellen und insbesondere zeigen, auf welche Quellen ein islamischer Gesetzgeber bei der Kodifizierung des Rechts im Hinblick auf neue bzw. neu zu regelnde Sachverhalte (Fälle) zurückgreifen kann.[37]

3.1.1 *Primäre Rechtsquellen.* „Primär" sind jene Rechtsquellen, die ohne Rückgriff auf andere aus sich heraus Autorität und Gültigkeit besitzen.

a) *Der Koran.* Der Koran wurde dem Propheten Mohammed wörtlich in arabischer Sprache von Gott eingegeben. Seines göttlichen Ursprungs wegen genießt der Koran im Wortlaut des arabischen Originals unbestritten höchste Autorität. Schriftlich niedergelegt wurde der Koran allerdings erst nach Mohammeds Tod, als auch durch den Tod zahlreicher unmittelbarer Gefährten des Propheten bei kriegerischen Auseinandersetzungen die Gefahr bestand, daß der authentische Text verlorengehen könnte.
Bei der praktischen Anwendung des Koran ist zu beachten, daß keineswegs alle Koranverse so eindeutig sind, daß sie nur eine einzige Interpretation gestatten. Eindeutige Verse regeln z.B. die den verschiedenen Erben zustehenden Anteile an einer Hinterlassenschaft. Die meisten Verse sind jedoch interpretationsfähig, oft auch interpretationsbedürftig, wenn es um die praktische Anwendung in Rechtsfragen geht. Daher ist eine Exegese, d.h. Interpretation des Textes

Abb. 2: Struktur des islamischen Rechts

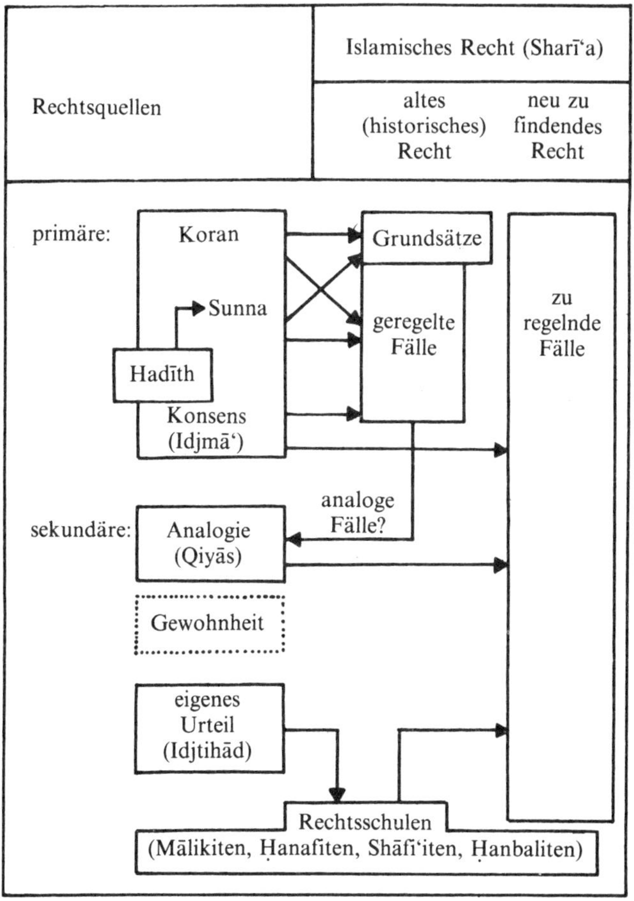

notwendig. „Diese muß auf die Tradition der früheren Kommentatoren achten und vor allem die Meinung derjenigen berücksichtigen, die mit Muḥammad lebten. Bei der Interpretation der dunklen, zweideutigen Stellen muß man die eindeutigen Koranstellen heranziehen, dann muß man

sich an die Tradition des Propheten Muḥammad selbst wenden. Einige Hilfe gibt auch die Berücksichtigung der Umstände und Gründe, die Herabsendung und Verkündigung dieser Stellen veranlaßt haben ... Die besondere Beachtung dieser Umstände der Offenbarung kann in vielen Fällen dazu führen, daß man die betreffenden Vorschriften für so zeitbedingt und auf die damalige Situation gemünzt hält, daß man sie stark relativiert, sie zwar weiterhin als Beispiel heranzieht, aber nicht mehr als absolut verbindlich betrachtet. Somit wäre der Weg für Anpassung und Ergänzung der gesetzlichen Bestimmungen frei.“[38] Ein Beispiel für die unterschiedlichen Interpretationen von Koranstellen – oder genauer: eines im Koran verwendeten Begriffs – wird weiter unten unter dem Stichwort „Zinsverbot“ ausführlicher besprochen (vgl. S. 205ff).
Es gibt aber auch eine zeitgemäßen Anpassungen und Ergänzungen tendenziell entgegengerichtete Position, auf die man ebenfalls in der islamischen Wirtschaftslehre treffen kann: „Der Koran sagt: ‚Wir haben in der Schrift nichts übergangen ...‘ (S 6,38). So neigen die Gelehrten dazu, sich mit dem Koran zu begnügen und allzu leicht Nichtkoranisches oder Nichtislamisches zu vernachlässigen oder gar zu ignorieren. Manche, vor allem in der modernen Zeit, wollten aus diesem Vers die Konsequenz ziehen, daß alle Ergebnisse der wissenschaftlichen Forschung und alle Errungenschaften der Technik schon im Koran enthalten oder wenigstens andeutungsweise verzeichnet sind.“[39]

b) *Die Sunna.* Die zweite primäre Rechtsquelle ist die Sunna, der Weg des Propheten, d.h. die Überlieferung der vorbildlichen Taten, Aussprüche und bewußten Duldungen Mohammeds, soweit sie sich auf die Führung der Moslemgemeinde und die Rechtssetzung beziehen, nicht aber auf seinen persönlichen Lebensstil.
Die Autorität der Sunna bzw. des Propheten ist an zahlreichen Stellen im Koran verankert, wo die Moslems aufgefor-

dert werden, den Weisungen Gottes und des Propheten zu folgen. Entscheidungen, die Mohammed einmal getroffen hat, sind für alle Moslems (nicht nur zu Zeiten des Propheten, sondern stets) bindend. Die Autorität des Propheten ist göttlichen Ursprungs und nicht etwa in der Anerkennung durch die Gemeinschaft begründet.

Die Überlieferungen über Mohammed sind in den Erzählungen von Gewährsleuten *(Ḥadīth)* festgehalten. Schriftlich gesammelt wurden diese Erzählungen erst relativ spät, nämlich etwa zu Beginn des 9. Jahrhunderts. Daher stellte sich das Problem, daß in der Zwischenzeit bei der mündlichen Überlieferung Fehler entstanden sind, Teile in Vergessenheit gerieten oder umgekehrt neue Überlieferungen erfunden wurden, was keineswegs selten geschah, so daß im Laufe der Jahre die Zahl der dem Propheten zugeschriebenen Aussprüche und Handlungen beständig und beachtlich anstieg. „Um die Flut erfundener Überlieferungen einzudämmen, war es notwendig, Grundsätze festzulegen und Methoden zu entwickeln, um die echten Traditionen von den falschen oder unzuverlässigen zu unterscheiden.“[40]

Abgelehnt wurden daher zunächst jene Überlieferungen, die z.B. nicht mit dem Inhalt des Koran übereinstimmten. Von den verbleibenden wurden aber längst nicht alle als authentisch akzeptiert, sondern ein Teil nur als „schön“, aber nicht einwandfrei zuverlässig und ein anderer Teil als „schwach“ angesehen, an deren Echtheit ernste Zweifel bestanden. Als echt und authentisch wurden nur solche Überlieferungen akzeptiert, deren Gewährsmänner und Inhalte bestimmten Anforderungen genügten. „Der Gewährsmann (1) muß in bezug auf seinen Glauben und sein religiöses Verhalten tadellos sein. (2) Er muß vertrauenswürdig sein und vorbehaltlos Annahme finden. (3) Er muß die Gewähr bringen, daß er die überlieferten Angaben richtig versteht und sie auch richtig weitergibt. (4) Er muß mehr als nur *einen* Ḥadīth überliefert haben. Die Überlieferung selbst (5) muß eine lückenlose Kette von Gewährsmännern aufweisen. (6) Sie muß ausdrücklich feststellen, daß der Gesandte Gottes, Mohammed, dies oder jenes getan oder gesagt hat. (7) Sie muß einen Inhalt haben, der in die Zeit der ersten Gemeinde um Mohammed hineinpaßt."[41] Es gibt heute sechs anerkannte Sammlungen von Überlieferungen, die etwa zwischen 850 und 900 entstanden. Daß ihre Urheber dabei recht strenge Kriterien anlegten, mag man daran sehen, daß von rund 500.000 Überlieferungen in eine Sammlung nicht einmal 1 Prozent als akzeptabel Eingang fanden und von 40.000 Gewährsmännern bei einer anderen Sammlung nur 2000 angenommen wurden.

Einen rechtlich bindenden Charakter haben nur jene Überlieferungen, die bereits seit der Zeit Mohammeds, seiner Begleiter oder der beiden darauffolgenden Generationen ununterbrochen berichtet wurden. Überlieferungen, die erst danach auftauchten, sind nicht mehr bindendes Recht oder verpflichtende Grundlage für die Rechtsfindung, sondern sie begründen nur eine „an Sicherheit grenzende Wahrscheinlichkeit" für eine bestimmte Handlungsweise, Aussage usw. des Propheten. Das ist aber eine durchaus zuverlässige Grundlage für Rechtsprechung und Gesetzgebung. Die „schönen" Überlieferungen, zu denen die meisten Ḥadīthe zu rechnen sind, verdienen immerhin in Rechtsfragen als Argument Beachtung und können für das praktische Handeln eine Orientierung geben.

c) *Der Konsens (Idjmā')*. Eine in der laufenden Rechtspraxis und Politik weniger wichtige, für den „westlichen" Betrachter aber methodologisch sehr interessante Rechtsquelle ist der Konsens, d.h. die Übereinstimmung aller Rechtsgelehrten einer Zeit nach Mohammeds Tod in einer Rechtsfrage. Wenn man die Entstehungsgeschichte der heute als verbindlich geltenden Fassungen von Koran und Sunna betrachtet, kann man in gewisser Weise den Konsens als vor- oder übergeordnete Erkenntnisregel bezeichnen. Am Beispiel der Sunna wird dies besonders deutlich: Es gibt eine anerkannte

Überlieferung, aber das Kriterium für die Anerkennung als echte Überlieferung kann nicht aus ihr selbst kommen. Es sind Kriterien wie die Glaubwürdigkeit der Gewährsmänner oder die ununterbrochene Kette der Wiedergabe, die darüber entscheiden und die ganz eindeutig außerhalb (des Inhalts) der Überlieferung selbst stehen. Die Frage ist nun, nach welchem Kriterium wiederum über die Kriterien der Anerkennung entschieden wird. Dieses Kriterium kann letztlich dort, wo man sich nicht mehr unmittelbar auf eine höhere Autorität, d.h. Allah, berufen kann, nur ein Konsens aller Beteiligten sein, d.h. eine allgemeine Einigung darüber, daß bestimmte Kriterien zur Feststellung der Authentizität von Überlieferungen angewandt werden sollen.

Nicht prinzipiell anders liegen die Dinge beim Koran selbst. Da nicht Mohammed, der sich auf die göttliche Eingebung direkt berufen konnte, sondern andere Menschen in einem deutlichen zeitlichen Abstand von mehreren Jahren den Koran aufgeschrieben haben, ist auch hier zu fragen, nach welchen Kriterien man entscheidet, ob das Aufgeschriebene tatsächlich den exakten Wortlaut der Verkündigung Mohammeds und damit der göttlichen Offenbarung wiedergibt. Das ist ein prinzipielles Problem, das nicht dadurch gelöst werden kann, daß man darauf hinweist, daß die Menschen in einer schriftarmen Kultur wie der arabischen zu Zeiten Mohammeds besondere Gedächtnisleistungen vollbrachten und eine erstaunliche Merkfähigkeit für das gesprochene Wort entwickelt hatten. Daß das keine Antwort auf die prinzipielle Frage sein kann, wird sofort klar, wenn man weiter fragt, was wäre, wenn z.B. zwanzig Ohrenzeugen der Verkündigungen Mohammeds sich alle an die gleichen Worte erinnern, aber ein einundzwanzigster eine abweichende Formulierung im Gedächtnis hat; schließlich kommt es ja nicht nur auf den Sinn der Koranverse an, sondern buchstäblich auf jedes Wort. Es muß betont werden, daß zumindest nach „westlichem“ Verständnis die Frage nach Erkenntnisregeln und übergeordneten Kriterien eine wissenschaftliche ist, die mit Vernunftargumenten zu beantworten ist. Demgegenüber wäre es eine Glaubensfrage, ob Mohammed Gesandter Gottes war; die Antwort darauf wäre nicht mehr mit den üblichen wissenschaftlichen Methoden zu überprüfen. Diese Problematik soll hier aber nicht weiter vertieft werden; es sei vielmehr unterstellt, daß über die Authentizität und Echtheit von Koran und Sunna Einigkeit, d.h. ein „Grundkonsens“, besteht. Dann richtet sich der Konsens *(Idjmā')* als Rechtsquelle im Gegensatz zum Grundkonsens auf die Regelung von Sachverhalten im konkreten wirtschaftlichen, gesellschaftlichen und politischen Leben der Moslemgemeinschaft.

Die Mehrheit der Rechtsgelehrten schreibt dem Konsens einen bindenden und verpflichtenden Charakter zu, wobei man sich auf Passagen aus dem Koran und auf überlieferte Aussprüche Mohammeds wie „Meine Gemeinschaft wird nicht in einer Irrlehre übereinstimmen“ stützt. Allerdings müssen sehr strenge Bedingungen erfüllt sein, damit von einem Konsens überhaupt gesprochen werden kann. Zwar geht es nur um die Übereinstimmung der Rechtsgelehrten, nicht um die der einfachen Gläubigen, aber diese Übereinstimmung muß einstimmig, ausdrücklich und unwiderruflich sein. Es müssen also alle Rechtsgelehrten der islamischen Welt in einer bestimmten Zeit in einer Rechtsfrage die gleiche Meinung haben, die sie auch äußern müssen, da Schweigen nicht eindeutige Zustimmung bedeutet, und sie dürfen diese einmal geäußerte Meinung zu Lebzeiten nicht widerrufen haben. Ein unter solchen Bedingungen zustande gekommener Konsens ist dann auf Dauer verpflichtend und ist auch in späteren Zeiten nicht mehr aufhebbar.

Für die praktische Politik und Rechtsfindung spielte der Konsens historisch allerdings keine Rolle. „Denn über die Möglichkeit, die Bedingungen, die Beweiskraft und den bindenden Charakter der Übereinstimmung herrschten unüberbrückbare Meinungsverschiedenheiten. Außerdem ist eine solche Übereinstimmung wenn überhaupt, dann nur äußerst schwer herbeizuführen. Sie ist nicht einmal für die Zeit der Begleiter Muḥammads einwandfrei feststellbar.“[42]

3.1.2 *Sekundäre Rechtsquellen.* Recht aus sekundären Quellen kann keinen dauerhaft bindenden Charakter erlangen, ist also insofern sekundär; rein quantitativ dürften jedoch in der Praxis der laufenden Rechtsfindung die aus diesen sekundären Rechtsquellen stammenden Regelungen bei weitem überwiegen.

a) *Die Analogie (Qiyās).* Die Rechtsfindung im Wege der Analogie geht so vor, daß sie im Hinblick auf einen zur Regelung anstehenden Sachverhalt im vorhandenen Recht nach Rechtsnormen sucht, die für ähnliche Sachverhalte formuliert wurden, wobei diese Rechtsnormen entweder aus Koran und Sunna abgeleitet oder durch Konsens zustande gekommen sein müssen. Die für die Analogie herangezogenen Normen dürfen nicht selbst durch Analogie gewonnen worden sein, sondern müssen den primären Rechtsquellen entstammen. Wenn solche Rechtsnormen gefunden sind, die ähnliche Sachverhalte regeln, ist zu prüfen, ob die aus den primären Rechtsquellen stammende Begründung für die Rechtsnorm im bereits geregelten Fall eine analoge Norm für den anstehenden Sachverhalt rechtfertigen kann. Das setzt u.a. voraus, daß die Begründung der für die Analogie herangezogenen ursprünglichen Rechtsnorm erkennbar, verstandesmäßig nachvollziehbar und eindeutig ist.

b) *Das eigene Urteil (Idjtihād).* Wenn weder die primären Quellen noch die Analogie zur Regelung eines anstehenden Sachverhaltes eine geeignete Norm hergeben und wenn auch das Gewohnheitsrecht (ʿUrf) der betreffenden Region bzw. Gruppe – das vom Islam als fortbestehendes Recht anerkannt wird, soweit nicht islamisches Recht in bestimmten Fragen etwas anderes vorschreibt – keinen anwendbaren Rechtssatz enthält, muß sich der islamische Rechtsgelehrte ein eigenes Urteil (Ra'y) bilden. Bei seinen *Bemühungen um ein eigenes Urteil (Idjtihād)* muß er einige Grundsätze beachten, die zum Teil aber umstritten sind. So sollte sich der Rechtsgelehrte bei seinen Bemühungen z.B. am richtigen Interesse der Gläubigen orientieren, auf Wahrung der Gerechtigkeit und auf Verwirklichung des Guten bedacht sein, ferner das Prinzip der Billigkeit (im Sinne von Angemessenheit) und schließlich den Grundsatz berücksichtigen, daß die Erfüllung von Pflichten dem Menschen möglichst leicht gemacht wird.

Während in der Frühphase der Entwicklung des islamischen Rechts die Rechtsgelehrten von dem Bemühen um ein eigenes Urteil relativ häufig Gebrauch machten (bzw. machen mußten, weil das Rechtssystem erst bruchstückhaft formuliert war), wuchs mit zunehmender Ausarbeitung und Differenzierung des Rechtssystems die Skepsis gegenüber der isoliert-eigenen Urteilsbildung der Rechtsgelehrten. Etwa um 900 war es herrschende Meinung geworden, daß alle wesentlichen Rechtsfragen in der Vergangenheit hinreichend diskutiert und abschließend (verbindlich) beantwortet worden seien, so daß in Zukunft darauf Bezug genommen werden sollte und eine isoliert-eigene Urteilsbildung einzelner Rechtsgelehrter nicht mehr notwendig sei. Man sprach davon, daß das „Tor des Idjtihād geschlossen" sei.[43] Heute sprechen sich manche Moslems dafür aus, dieses Tor wieder zu öffnen (oder argumentieren, daß dieses Tor formal eigentlich nie wirklich geschlossen war), weil sich die Welt erheblich gewandelt habe und das islamische Recht den neuen Gegebenheiten angepaßt, daß es neu interpretiert werden müsse. Damit kann zweierlei gemeint sein.

Erstens könnte gemeint sein, daß bei konkret zur Regelung anstehenden Rechtsproblemen künftig weniger auf die „traditionellen" Methoden, sondern verstärkt auf Idjtihād zurückgegriffen werden sollte. Ob dadurch allerdings etwas am Kern des islamischen Rechts geändert oder ihm hinzugefügt werden könnte, erscheint höchst zweifelhaft. Wenn das

durch eigene Urteilsbildung entschiedene Problem nicht grundsätzlich neu war, sondern in der Vergangenheit bereits eine Regelung erfahren hatte, dann kann die neue Regelung wegen der hierarchischen Struktur des islamischen Rechts allenfalls dann greifen, wenn die alte Regel ebenfalls auf der Basis von Idjtihād entwickelt worden war. Wäre die Regel Ergebnis einer Analogie oder gar aus Koran und Sunna direkt entnommen, hätte sie eine höhere „Wertigkeit“ und würde fortbestehen. Der Kern des islamischen Rechts bliebe unverändert; Idjtihād-Regeln können keine allgemeine Gültigkeit beanspruchen, denn – wie auch das Beispiel von neuer und alter Regel zeigt – verschiedene Rechtsgelehrte können beim gleichen Problem bei freier Urteilsbildung zu widersprüchlichen Ergebnissen gelangen. Weil diese Möglichkeit nie auszuschließen ist – sie mag in bestimmten Fällen wegen stillschweigender Einigung oder wegen des Fehlens einer zweiten Beurteilung des Sachverhalts aktuell nicht sichtbar sein –, kann man die nur durch eigenes Urteil von Rechtsgelehrten entwickelten Rechtsregeln wohl nicht zum dauerhaften und verbindlichen Kernbestand des islamischen Rechts zählen.
Zweitens könnte mit dem Ruf nach mehr Idjtihād aber auch gemeint sein, daß man die primären Quellen des islamischen Rechts unter Berücksichtigung neuerer Erkenntnisse einer kritischen Prüfung unterzieht und sich z.B. um eine Neuinterpretation des Koran bzw. einzelner Stellen (wie etwa jener, an denen „Zins“ verboten wird) bemühen will. Ob sich damit aber der Kern des islamischen Rechtssystems ändern müßte, ist nicht eindeutig zu beantworten. Von Autoren, die eine Neuinterpretation des Islam anstreben, wird zuweilen mit kritischem Unterton darauf hingewiesen, daß das islamische Recht in erster Linie wie ein System von Verhaltensmaßregeln der Art „Du sollst“ oder „Du sollst nicht“ wirkt. Dem kann man schwerlich widersprechen; fraglich ist nur, welche Konsequenzen man daraus zieht. Es wäre nicht unwahrscheinlich, daß islamisches Recht im wesentlichen nicht

„mehr“ ist als die Kodifizierung bestimmter Gerechtigkeitsvorstellungen, einer bestimmten Ethik. Wenn diese Gesetze als allgemeine Regeln gerechten Verhaltens in der Gesellschaft anerkannt sind, kann eine Neuinterpretation des Islam daran zunächst nichts ändern. Die Neuinterpretation kann im Ergebnis entweder (im wesentlichen) wieder auf dieselben Gerechtigkeitsregeln hinführen oder neue „entdecken“. Im ersten Fall könnte die Neuinterpretation zu einem besseren Verständnis dieser Regeln und ihrer Implikationen und zu einer entsprechend klareren Kodifizierung im islamischen Recht beitragen. Im zweiten Fall, der „Entdeckung“ einer neuen Ethik, könnte man versuchen, ein angepaßtes neues Rechtssystem zu konzipieren, stößt dann aber auf das Problem, daß dieses Recht eine „ideale“, aber von der Gesellschaft nicht befolgte Ethik ausdrücken würde; ob solch ein Rechtssystem auf Dauer Bestand haben kann, ist zweifelhaft.
Der Kern des islamischen Rechts hat die Reformversuche mehrerer Jahrhunderte überstanden; daß sich islamisches Recht zwar immer weiter verzweigt, aber kaum und nur langsam wandelt, findet einen Grund in der spezifischen Methodologie. So verwunderlich, wie es zunächst scheint, ist dieses Phänomen des langsamen Wandels aber nicht, wenn man islamisches Recht überwiegend als Kodifizierung von Gerechtigkeitsregeln verstehen kann. Für diese Version spricht, daß das konkrete islamische Recht zwar auch gewisse Fragen der Verwaltung und Kriegsführung behandelt, überwiegend aber – neben religiösen Pflichten – aus Familienrecht, Erb-, Eigentums- und Vertragsrecht sowie Straf- und Prozeßrecht besteht, also tatsächlich Bereichen, in denen Gerechtigkeitserwägungen eine wichtige Rolle spielen, im Gegensatz zum öffentlichen Recht, das nicht aus allgemeinen Regeln, sondern Anordnungen und Direktiven für besondere Fälle besteht. Dieses ist bei uns dominierend, und dieses öffentliche Recht wandelt sich rasch. Viel seltener sind dagegen Änderungen in unserem Privatrecht, bei dem

zahlreiche Gesetze in ihren älteren Teilen noch aus dem vorigen Jahrhundert stammen oder zumindest dort ihre Vorläufer und Vorbilder haben. Angesichts der Dynamik der Wirtschafts- und Gesellschaftsentwicklung in den Industrieländern in den letzten 100 Jahren ist die Veränderung des Privatrechts relativ langsam vonstatten gegangen. Das ist vielleicht viel erstaunlicher als die Konstanz des islamischen Rechts über Jahrhunderte in relativ statischen Gesellschaften.

3.2 *Rechtsschulen*

Nicht alle Moslems messen den verschiedenen Rechtsquellen die gleiche Bedeutung zu; die unterschiedlichen Auffassungen ließen im 8. und 9. Jahrhundert vier innerhalb des sunnitischen Islam anerkannte „orthodoxe" Rechtsschulen entstehen. Nachdem die Rechtsgelehrten in den verschiedenen Regionen des islamischen Reichs einen gewissen gemeinsamen Nenner oder Minimalkonsens in ihren Lehren erzielt hatten, verzichteten seit dem 8. Jahrhundert immer mehr Rechtsgelehrte darauf, eigene Doktrinen zu entwickeln; statt dessen folgten sie im Grundsatz den Lehren einer anerkannten Autorität, behielten sich aber das Recht vor, in den Einzelheiten von ihren Vorbildern abzuweichen.

Die so entstandene älteste Rechtsschule ist die der *Ḥanafiten,* benannt nach dem in Kufa lehrenden Perser Abū Ḥanīfa (699–766). Dies ist die „liberalste" der vier Rechtsschulen; sie betont die Rolle der Analogie und die Bedeutung des „gesunden Menschenverstands" für die Entwicklung des Rechtssystems. Heute folgt man dieser Schule im Osten bis nach Afghanistan, Pakistan, Indien, China und Zentralasien, ferner in der Türkei, in Syrien, Jordanien, dem Libanon und dem Irak (bei den Sunniten) sowie in Ägypten in Rechtsfragen außerhalb des religiösen Rechts (in dem man der shāfiʿitischen Rechtsschule folgt). Zahlenmäßig ist die ḥanafitische die größte Rechtsschule.

In Medina begründete Mālik ibn Anas (713–795) die Schule

der *Mālikiten.* Analogien unter Hinzuziehung von Verstandesargumenten wird wenig, der Tradition der ersten Moslemgemeinde in Medina dagegen sehr hohe Bedeutung beigemessen. Diese Schule ist heute vorherrschend in Mauretanien, Marokko, Algerien, Tunesien, Libyen, Nigeria und Schwarzafrika und hat Anhänger in Oberägypten, Sudan, Bahrein und Kuweit.

Der in Mekka wirkende al-Shāfi'ī (767–820) war Schüler Māliks und eines anderen Rechtsgelehrten, der seinerseits Schüler Abū Ḥanīfas war. Seine Rechtsschule der *Shāfi'iten* nimmt daher eine Art Mittelstellung zwischen Ḥanafiten und Mālikiten ein. Shāfi'ī gilt als einer der bedeutendsten moslemischen Juristen und Urheber der „Klassischen Theorie der islamischen Jurisprudenz". Er arbeitete stark fallbezogen und verband das unabhängige Rechtsdenken mit dem Traditionalismus seiner Zeit. Heute folgt man seinen Lehren in Fragen der religiösen Pflichten in Ägypten und Jordanien; Anhänger hat diese Schule auch in Syrien, dem Libanon, in Irak, in Teilen Westarabiens, in Pakistan, Indien, Indochina, im sowjetischen Zentralasien und bei den Sunniten in Iran und im Jemen. In Indonesien folgt man ihr im Vertragsrecht und in Fragen der religiösen Pflichten. Zahlenmäßig ist die shāfi'itische Rechtsschule die zweitgrößte.

Aḥmad ibn Ḥanbal (780–855) ist schließlich der Gründer der vierten Rechtsschule, der *Ḥanbaliten.* Er lehrte in Bagdad; er lehnte das Bemühen um ein eigenes Urteil in Rechtsfragen strikt ab, da dies Quelle von Willkür und Neuerungen sein könnte. Auch der Analogie steht er reserviert gegenüber. Er rückt den Koran im Wortlaut ohne exegetische Deutungen und Auslegungen als absolute Grundlage allen Rechts an die höchste Stelle, gefolgt von der Sunna und schließlich den Stellungnahmen der Begleiter des Propheten. Dem strengen ḥanbalitischen Traditionalismus folgt man heute vor allem in Saudi-Arabien (wo die wahhābitische Bewegung, der auch das saudische Herrscherhaus anhängt, seit dem 18. Jahrhundert für eine Belebung ḥanbalitischer Ideen gesorgt hat),

außerdem in einigen Staaten am Golf, in Bagdad und in Teilen Syriens und Palästinas.
Jeder Moslem hat die Wahl, welcher dieser Rechtsschulen er folgen will, um seine Handlungen sowohl in weltlichen Dingen wie auch bei der Erfüllung seiner religiösen Pflichten danach auszurichten. In Fragen der neueren Wirtschaftslehre hat die Zugehörigkeit der Autoren zu einzelnen Rechtsschulen explizit noch keine Rolle gespielt, dürfte aber zumindest den Hintergrund einer feststellbaren Polarisierung bei den Entwürfen von Gesamtordnungen – einerseits sehr „freie", deduktive Ansätze im Sinne des Bemühens um eigenes Urteil, andererseits Versuche, den Modellstaat von Medina in „zeitgemäßer" Form wiederzubeleben – verständlicher machen.

3.3 *Beispiele wirtschaftspolitisch bedeutsamen Rechts*

Da es ein anerkanntes systematisches Lehrbuch des „islamischen *Wirtschaftsrechts"* zumindest in einer europäischen Sprache noch nicht gibt, können im folgenden lediglich in *subjektiver* Auswahl Beispiele für Bereiche und Vorschriften des islamischen Rechts geboten werden, die für wirtschafts- und insbesondere ordnungspolitische Betrachtungen relevant erscheinen.

3.3.1 *Eigentumsrecht.* Eigentumsfragen spielten schon bei der Wirtschaftsethik eine Rolle, und Arbeiten zu Eigentumsfragen machen einen Großteil der Literatur zur islamischen Wirtschaftslehre aus. In der wirtschaftspolitischen Diskussion treten einige Verfechter eines „islamischen Sozialismus" für eine Dominanz des Kollektiveigentums insbesondere an Boden und natürlichen Ressourcen ein, während Privateigentum nur an den zur privaten Lebensführung benötigten Dingen (Konsumgüter, Wohnung usw.) zulässig sein soll. Dies ist allerdings eine Minderheits- oder sogar Außenseitermeinung, die insbesondere im „etablierten" islamischen Recht keine Stütze findet. Aus der historischen Entwicklung

verständlich ist, daß sich das islamische Recht vor allem mit Fragen des *Bodeneigentums* und daraus resultierenden Folgeproblemen, z.B. dem *Pachtrecht,* beschäftigt hat.
Daß Privateigentum an Boden zulässig ist, dürfte im islamischen Recht unbestritten sein. Wer herrenloses Land in Besitz nimmt und kultiviert, erwirbt daran Eigentum. Was diskutiert wurde und wird, ist der umgekehrte Fall, nämlich was mit landwirtschaftlich nutzbarem Land geschehen soll bzw. darf, wenn der Eigentümer es nicht selbst (bzw. mit von ihm angestellten und fest bezahlten Arbeitern) bebauen will. Eine Kernfrage ist, ob und in welcher Form dieses Land verpachtet werden darf. Eine starke Gruppe von Autoren hält eine Verpachtung für unzulässig, bei der der Pächter einen festen Pachtzins an den Landeigentümer bezahlen muß. Für zulässig halten sie dagegen Pachtverträge, nach denen die Ernte in einem festgelegten Verhältnis zwischen Landeigentümer und Pächter aufgeteilt wird. Als wirtschaftspolitische Konsequenz der Ablehnung des Systems fester, von der Ernte unabhängiger Pachtzins-Zahlungen wird oft herausgestellt, daß der Islam Feudalsysteme ablehne und da, wo sie sich in der Vergangenheit entwickelt haben, eine islamische Politik mit einer Agrarreform beginnen müsse.[44]

3.3.2 *Erbrecht.* Zum Erbrecht finden sich im Koran sehr präzise, verbindliche Angaben. Die Juristen haben dieses Erbrecht weiter ausgebaut und vervollständigt, indem z.B. den im Koran ausdrücklich genannten Erbberechtigten weitere Gruppen von (entfernteren) Erben hinzugefügt wurden oder die Erbteilung für besonders komplizierte Verwandtschaftsverhältnisse hergeleitet wurde. Die zentralen Koranstellen sind die Verse 11 und 12 der 4. Sure.[45]
Aus *gesellschaftspolitischer* Sicht wird oft betont, daß das koranische Erbrecht sich gegenüber der vorislamischen Praxis insbesondere dadurch auszeichnet, daß es *Frauen* in den Kreis der Erbberechtigten aufnahm. *Wirtschaftspolitisch*

stellt man heraus, daß die auch anteilsmäßig vorgeschriebene Aufteilung der Erbschaft auf zahlreiche Erben die ungeteilte Weitergabe großer Vermögen an Einzelpersonen unmöglich macht und daher der Islam eine ausgeglichenere *Vermögensverteilung* herstelle und für einen Abbau der Vermögenskonzentration sorge bzw. eine solche gar nicht erst entstehen lasse. Dieses beliebte Argument ist allerdings nicht ganz überzeugend, wenn man die Familienstrukturen der meisten islamischen Länder in die Betrachtung einbezieht. Verhindern kann das Erbrecht nämlich nur, daß in der ersten Stufe das gesamte Vermögen an eine Person übergeht, aber es sorgt gleichzeitig dafür, daß das Vermögen innerhalb der zusammenhaltenden Großfamilien und Sippen bleibt. Wenn man die Vermögenskonzentration nicht individuell, sondern auf Familienebene sieht, würde sich daran nichts ändern. Und selbst auf individueller Ebene ist in späteren Stufen eine weitere Konzentration vorstellbar, weil eine Person zwar nur einen relativ kleinen Anteil von einer einzelnen Erbschaft erhalten kann, diese Person aber am Vermögen zahlreicher anderer Familienmitglieder ebenfalls erbberechtigt ist.

3.3.3 *Vertragsrecht.*[46] Das ganze islamische Recht wird bestimmt von der Ablehnung von ungerechtfertigter Bereicherung und riskanten Wagnissen; das drückt sich am deutlichsten im Recht der Verbindlichkeiten aus, wozu insbesondere das Vertragsrecht zählt. Das islamische Recht kennt keine völlige Freiheit der Vertragsgestaltung, denn das wäre mit dem Grundsatz der Kontrolle von Rechtsbeziehungen durch die Ethik unvereinbar. Statt dessen bietet es gewisse Gestaltungsfreiräume innerhalb einer gegebenen Zahl von Vertragstypen.

a) *Ungerechtfertigte Bereicherung.* Ungerechtfertigte Bereicherungen, d.h. das Erlangen eines geldlichen Vorteils ohne Hingabe eines Gegenwertes, sind verboten. *Zinsen* sind das wichtigste Beispiel für solche ungerechtfertigten Bereicherungen. Darüber wird unten noch ausführlich im Kapitel über die islamische Ordnung des Geld- und Kreditwesens zu berichten sein (vgl. S. 204ff).

b) *Risiken und Wagnisse.* Ausgehend von einem im Koran verankerten Verbot von Glücksspielen, deren Ausgang vom Zufall bestimmt wird, folgert das islamische Recht, daß bei einem Vertrag die Verpflichtungen aller Vertragsparteien unzweifelhaft festgelegt sein müssen (bei Verträgen, die teilweise in der Zukunft zu erfüllen sind, möglichst in schriftlicher Form). Preise und Mengen müssen klar bestimmt sein. Der Verkauf von noch nicht existenten (oder im Eigentum des Verkäufers befindlichen) Gütern ist verboten, z.B. der Verkauf unreifer Datteln am Baum zur Lieferung nach Reifung, denn es ist ja nicht sicher, ob die Datteln überhaupt (bzw. in welcher Menge sie) reifen werden.
In zwei ökonomisch interessanten Fällen besteht über die Anwendung und Auslegung dieser Prinzipien noch keine endgültige Übereinstimmung unter moslemischen Autoren: bei Termingeschäften und bei Versicherungsverträgen.
Bei den *Termingeschäften* ist zu unterscheiden einerseits zwischen Waren- und Devisentermingeschäften, andererseits zwischen Geschäften mit vorgezogener oder hinausgeschobener Zahlung.

- Unproblematisch sind Warengeschäfte, bei denen die Übergabe der Ware jetzt und die Zahlung später in einem Betrag oder in Raten erfolgt. Solche Geschäfte werden für zulässig gehalten auch dann, wenn der später zu zahlende Preis höher liegt als der Barzahlungspreis. Darin wird keine ungerechtfertigte Bereicherung gesehen, da ja der Käufer selbst über Preis und Zahlungszeitpunkt entscheiden kann.
- Problematisch sind Warengeschäfte, bei denen die Zahlung vor der Lieferung erfolgt. Solche Termingeschäfte dienen vor allem der Finanzierung kleiner Händler und Handwerker. Sofern es sich bei den Waren um ersetzbare

Güter handelt (also eine Art „Gattungsschuld“ bei dem Verkäufer entsteht), wird diese Art von Termingeschäften wohl unter Beachtung zahlreicher Sonderregeln für zulässig gehalten.

- Devisentermingeschäfte müssen dagegen generell als verboten angesehen werden, da andernfalls eine Grenzziehung zur verbotenen ungerechtfertigten Bereicherung und zum verbotenen Zins nicht mehr möglich erscheint. Schon nach altem islamischen Recht waren aus diesem Grunde Warentermingeschäfte mit sofortiger Zahlung und späterer Lieferung u.a. nur dann zulässig, wenn es sich bei den Waren nicht um als Zahlungsmittel verwandte Edelmetalle (Gold und Silber) handelte.

Bei den *Versicherungsverträgen,* insbesondere bei Lebensversicherungen, ist sehr umstritten, ob und in welchem Maße sie als verbotenes Spiel mit zufallsabhängigem Ergebnis anzusehen sind. Trotz ernstzunehmender Bedenken scheint sich eine Mehrheitsmeinung dahingehend zu bilden, daß eine Versicherung, die auf dem Gegenseitigkeitsprinzip beruht und sich auf das „Gesetz der großen Zahl“ berufen kann, in einer islamisch zulässigen Weise konstruiert werden könnte. Eine islamische Investmentgesellschaft hat unlängst u.a. Verträge für eine Art Lebensversicherung in Übereinstimmung mit dem islamischen Recht angeboten, und nach ähnlichen Prinzipien sollen künftig „islamische Versicherungsunternehmen“ gegründet werden.

3.3.4 *Gesellschaftsrecht.* Dem islamischen Recht ist das Konzept einer selbständigen Körperschaft ebenso fremd wie das der juristischen Person. Es gibt keine freie Wahl beliebiger Formen für Zusammenschlüsse mehrerer Personen, sondern zulässig sind nur bestimmte Typen von Gesellschaften und Geschäftspartnerschaften, wobei man in den Rechtsbüchern üblicherweise von Zusammenschlüssen von nur zwei Personen ausging. Von den zulässigen sind folgende Partnerschaftsformen besonders wichtig:

a) *Unbeschränkte Handelspartnerschaft*. Jeder der Partner ist voll geschäftsführungsberechtigt und haftet unbeschränkt. Die Partner setzen ihr ganzes Vermögen (mit Ausnahme von Nahrungsmitteln und Kleidung für ihre Familien) ein, es gibt kein gesondertes Gesellschaftsvermögen.

b) *Gesellschaft mit begrenzter Haftung*. Die als Gesellschaften mit begrenzter Haftung konzipierten Partnerschaften kennen ein gesondertes Gesellschaftsvermögen, das die Partner (ggfs. in unterschiedlichen Anteilen) eingebracht haben. Nur dieses Vermögen soll in Geschäften eingesetzt werden, die u.U. auf bestimmte Arten von Transaktionen begrenzt werden können. Geschäftsführungsberechtigt sind alle Partner; jeder ist Dritten für seine Handlungen verantwortlich und hat in Höhe seines Kapitalanteils Ansprüche gegenüber den anderen Partnern. Wenn die Partner in unterschiedlichem Umfang für die Gesellschaft arbeiten, können die jeweiligen Gewinnanteile von den Kapitalanteilen abweichen. Verluste werden im Verhältnis der Kapitalanteile getragen; davon abweichende Vereinbarungen sind nicht möglich.

c) *Stille Partnerschaft*. Die stille Partnerschaft ist keine eigentliche Gesellschaft, sondern beruht auf einer treuhänderischen Beziehung und einem Geschäftsführungsauftrag. Eine Partnerschaft liegt nur im Hinblick auf die Gewinnverteilung vor. Verluste trägt der kapitalgebende stille Partner allein, der mit der Geschäftsführung, d.h. der Verwendung des überlassenen Kapitals beauftragte aktive Partner erhält für seine Tätigkeit einen Anteil am Gewinn, im Verlustfall geht er leer aus. Diese *muḍāraba* genannte stille Partnerschaft spielt bei den islamischen Banken eine besondere Rolle.

In der Praxis wurden diese „Grundmodelle“ auf Gesellschaften mit mehr als zwei Partnern ausgeweitet, was dann

Möglichkeiten bot, an sich „unislamische" Rechtsformen wie etwa die der Aktiengesellschaft in islamischem Sinne umzuinterpretieren. Neuerdings wurden Konstruktionen wie die der *Modaraba-Gesellschaft*[47] vorgestellt, die formal den Erfordernissen des islamischen Rechts genügen sollen und ökonomisch als Kapitalgesellschaften zu betrachten sind. Da auf solchen neuen Gesellschaftsformen ein angestrebter „islamischer Kapitalmarkt" gründen soll, ist darauf im Abschnitt über islamisches Bankwesen zurückzukommen (vgl. S. 254ff).

Diese Hinweise zur Methodik und die Beispiele zum Inhalt des islamischen Wirtschaftsrechts geben natürlich nur einen sehr vagen Überblick. Dieser reicht aber schon aus, um im folgenden zu erkennen, wie großzügig manche moslemische Autoren mit dem Adjektiv „islamisch" für ihre Ordnungsentwürfe umgehen. Daß das islamische Rechtssystem in der Form, wie es von den Gelehrten der vergangenen Jahrhunderte entwickelt wurde, nicht unmittelbar auf die Verhältnisse in sich modernisierenden und industrialisierenden Ländern angewandt oder unreflektiert zum ordnungspolitischen Leitbild erhoben werden kann, ist keine Frage. Das bedeutet aber andererseits nicht, daß man auf dieses Recht praktisch ganz verzichten und allein durch Rückgriff auf Wirtschaftstheorien eine überzeugende *islamische* Ordnungspolitik konzipieren könnte. Ein Ordnungsentwurf – sei es für eine Gesamt- oder eine Teilordnung – muß schon mehr als lediglich eine gewisse „altruistische Grundstimmung" aufweisen, um das Beiwort „islamisch" zu Recht für sich in Anspruch zu nehmen. Wie die folgenden Kapitel zeigen, liegt da noch vieles im argen.

DRITTES KAPITEL

Wirtschaftsordnungspolitische Gesamtkonzeptionen

In der Literatur zur islamischen Wirtschaftslehre kann man recht deutlich zwei Ansätze bei der Behandlung des Problems der Wirtschaftsordnung unterscheiden:

- Auf der einen Seite steht der *„ganzheitliche“* Ansatz, bei dem man in einer Art Gesamtschau *„von oben“* versucht, eine umfassende Lösung des Ordnungsproblems „in einem Wurf“ vorzulegen. Es geht vor allem um grundlegende Prinzipien, Methoden und Forderungen, während Detailfragen insbesondere der praktischen Anwendung und Umsetzung in Teilbereichen (z.B. im Bankensektor oder bei der Sozialversicherung) zwar auch angesprochen werden, aber gegenüber dem Bemühen, eine *Grundorientierung* bzw. ein Leitbild zu formulieren, in den Hintergrund treten.
- Auf der anderen Seite steht der *„partielle“* Ansatz, bei dem man sich bemüht, schrittweise durch Zusammenfügen von *konstitutiven Elementen* bzw. Teilordnungen *„von unten“* zu einem umfassenderen Ganzen zu gelangen. Ausgangspunkt sind dabei Überlegungen, wie bestimmte Bereiche des Wirtschaftslebens mit rechtlichen oder ethischen Vorschriften des Islam in Einklang gebracht werden können.

Ganzheitlicher und partieller Ansatz unterscheiden sich nicht unbedingt inhaltlich, und es ist weder vorstellbar, daß ein ganzheitlicher Ordnungsentwurf völlig ohne besondere Regelungen für Teilbereiche auskommt, noch daß man lediglich Teilordnungen und Elemente behandelt, ohne eine

gewisse Vorstellung von einem übergreifenden Leitbild zu haben. Aber es gibt doch wichtige Unterschiede in der Art, dem Stil und der Technik der Argumentation, aber auch hinsichtlich der (real-)politischen Umsetzung der Vorschläge: So bedeutsam und wertvoll die in einer Gesamtkonzeption enthaltene Grundorientierung als Leitbild der Wirtschaftspolitik sein mag, so unwahrscheinlich wäre eine direkte Anwendung in der politischen Praxis. Denn die konkrete Politik kann sich weder über gewisse Sachzwänge hinwegsetzen noch ignorieren, daß es auch bei den Gesamtkonzeptionen keine einhellig von allen akzeptierte Meinung gibt, sondern zum Teil erheblich auseinandergehende Ansichten; außerdem stellt sich oft das Problem des zu hohen Abstraktionsgrades, weswegen die Umsetzung „technisch" noch nicht unmittelbar möglich ist. Hier würde man dann auf Vorschläge zurückgreifen, die Vertreter des partiellen Ansatzes für Teilbereiche entwickelt haben.
Daraus folgt, daß es sinnvoll und notwendig ist, sowohl die aus dem ganzheitlichen Ansatz entwickelten wirtschaftsordnungspolitischen Gesamtkonzeptionen – mit besonderer Betonung der Grundorientierung und des Leitbildcharakters – als auch die im partiellen Ansatz dargestellten konstitutiven Elemente und Teilordnungen – mit besonderer Betonung der Praxisorientierung und Umsetzbarkeit in konkrete Politik – zu behandeln. Um den ganzheitlichen Ansatz geht es in diesem, um den partiellen Ansatz im folgenden Kapitel (S. 155ff).

1 KRITIK AN UND ABGRENZUNG VON EXISTIERENDEN ORDNUNGEN

Vor allem in älteren Arbeiten wurde die islamische Wirtschaftsordnung dadurch umrissen, daß man in grundsätzlichen Fragen tatsächliche oder vermeintliche Unterschiede gegenüber (aktuell oder historisch) existierenden Ordnungen herausstellte. Neuere Beiträge zum Problem der ordnungs-

politischen Gesamtkonzeption sind gegenüber dieser eher „negativen“ Definition (die zunächst nur sagt, was „islamische Ordnung“ *nicht* ist, aber noch zahlreiche Fragen offen läßt, was sie denn tatsächlich sein soll) stärker „konstruktivistisch“ und versuchen eine „positive“ Definition (die zur Begriffsbestimmung nicht das Gegenstück einer ganz oder teilweise abgelehnten anderen Ordnung benötigt).
Um Abgrenzung bemühte man sich gegenüber Faschismus und Sozialismus, besonders aber gegenüber Kommunismus und Kapitalismus.[1]

1.1 *Planung und Kriegswirtschaft im Faschismus*

Der der faschistischen Ideologie eigene aggressive *Nationalismus* bis hin zum Glauben an die Überlegenheit einiger Rassen gegenüber dem Rest der Menschheit ist mit dem islamischen „Internationalismus“ gänzlich unvereinbar. Danach sind alle Menschen als Geschöpfe Gottes gleich, und Diskriminierungen nach Rasse, Hautfarbe usw. werden abgelehnt. Es gibt nicht die Idee von verschiedenen „islamischen Nationalstaaten“, sondern die Gemeinschaft der Gläubigen (umma) wird als eine Einheit betrachtet, der die Welt der Nichtgläubigen gegenübersteht.
Im Ökonomischen betont man einerseits die faschistische Ablehnung sowohl des Laissez-faire-Kapitalismus wie des Marxismus, die auch islamische Ökonomen teilen könnten. Andererseits stellt man aber negativ heraus, daß sich der Faschismus *planwirtschaftlicher* Methoden bedient, um letztlich eine *Kriegswirtschaft* aufzubauen und zu lenken. Weder Zentralplanung noch Kriegswirtschaft erscheinen akzeptabel, weswegen man die faschistische Ideologie ablehnt.

1.2 *Kollektiveigentum im Sozialismus*

Was die wirtschaftspolitischen *Zielsetzungen* angeht, so bestehen zwischen islamischen und sozialistischen Autoren kaum Meinungsverschiedenheiten. Alle treten für *„soziale*

Gerechtigkeit" ein und meinen damit zumeist individuelle Chancengleichheit, Abbau von Macht- und Vermögenskonzentrationen, gleichmäßigere Einkommensverteilung usw. Beispiele dafür liefern auch die „konstruktivistischen" Ansätze zum Entwurf einer islamischen Gesamtordnung, die später besprochen werden (S. 116ff).
Differenzen ergeben sich aber bei der Frage nach den *Instrumenten* und *Strategien* zur Erreichung solcher Zielsetzungen. Gestritten wird vor allem über Art und Umfang der noch vertretbaren staatlichen Planung der Wirtschaft und über die Zulässigkeit von Privateigentum an Produktionsmitteln.

1.2.1 In der Frage der *Wirtschaftsplanung* scheint Einigkeit allenfalls darüber zu herrschen, daß eine imperative Totalplanung etwa nach sowjetischem Vorbild nicht erstrebenswert wäre. Daß diejenigen, die für Kollektiveigentum zumindest an den „Schlüsselindustrien" eintreten, auch dem Staat die Planung der Wirtschaftsstruktur und der Grundrichtung der Produktion überlassen müssen, liegt auf der Hand. Aber auch einige Verfechter des Privateigentums stimmen solchen Planungskonzepten zu, wobei sie zumeist die „Fürsorgepflicht" des islamischen Staates für seine Bürger als „Planungsauftrag" interpretieren. Andere hingegen betonen die Freiheit und Verantwortlichkeit der einzelnen – nur die einzelnen, nicht der Staat oder die Moslems als Gesamtheit sind vor Allah für ihr Tun verantwortlich –, woraus sie eine Empfehlung für ein eher marktwirtschaftliches System ableiten.
So wichtig die Planungsfrage für die praktische Wirtschaftspolitik auch sein mag – eine intensivere Auseinandersetzung mit theoretischer Kritik an und praktischer Erfahrung mit staatlicher Wirtschaftsplanung hat bei den moslemischen Ökonomen wohl noch nicht stattgefunden. Plädoyers für die eine oder die andere Planungskonzeption scheinen weniger auf theoretischer Analyse als vielmehr auf Argumenten zu

beruhen, die nur auf den ersten Blick einleuchtend erscheinen, bei genauerem Hinsehen aber doch falsch sind: So glaubt man z.B. irrigerweise, eine staatliche Planungsbehörde würde über größeres Wissen hinsichtlich der Angebots- und Nachfrageverhältnisse verfügen als einzelne Unternehmer, sie könne „Gleichgewichtspreise" besser ermitteln als diese, und sie könnte die einzelnen Wirtschaftsbereiche auf „harmonische" Weise entwickeln. Oben wurden bereits die unterschiedlichen Auffassungen von Wirtschaftstheorie erwähnt; hier in der Planungsfrage finden sie einen deutlichen Niederschlag. Die damit verbundenen Probleme sind allerdings keine spezifischen einer „islamischen" Wirtschaftsordnung, sondern allgemein wirtschaftswissenschaftliche Probleme. Darauf kann hier nicht weiter eingegangen werden, zumal auch die moslemischen Autoren für Umfang und Art der Wirtschaftsplanung keine besonderen „islamischen" Begründungen geben.

1.2.2 Das ist anders in der *Eigentumsfrage*. Man identifiziert Sozialismus generell mit Kollektiveigentum an Produktionsmitteln;

- während eine Gruppe, die die herrschende Mehrheitsmeinung sein dürfte, unter Hinweis auf das islamische Wirtschafts*recht* (und die Praxis zu Zeiten des Propheten) Privateigentum anerkennt,
- lehnt die Gruppe der „islamischen Sozialisten" dieses unter Hinweis auf die islamische Wirtschafts*ethik* ab und spricht sich für weitreichende Verstaatlichungen aus.

Diese Differenzen in der Eigentumsfrage gehen letztlich auf grundlegende Unterschiede im Verständnis des Islam – als umfassende Weltanschauung oder „nur" als Religion – zurück. Vertreter des *„islamischen Sozialismus"* neigen zumeist der bereits erwähnten *„modernistischen Islaminterpretation"* zu und betrachten als Abweichung von den eigentlichen, wahren Grundsätzen des Islam (als Religion oder Ethik) jenen Teil des traditionellen Rechts, der die Institutionen des Privateigentums und des freien Unternehmertums anerkennt.[2] Der wahre Islam verlange nach einer sozialistischen Ordnung, und zum Beleg für diese These zitiert man eine Reihe von Koran-Versen, wie beispielsweise:

- „Und daß dem Menschen nichts anderes zuteil wird als das, wonach er strebt" (S 53,39). „Streben" kann auch als „arbeiten" gedeutet werden, und dann folgert man aus diesem Vers, daß allein die menschliche Arbeit wirtschaftliche Werte schafft und dem investierten Kapital kein Anteil an der Wertschöpfung zustehe. Dadurch wird die sozialistische zur „islamischen" *Arbeitswertlehre* uminterpretiert. Alle Gesetze und Praktiken, die dem Kapital einen Gewinnanteil zusprechen, verstoßen gegen dieses Prinzip und seien daher unislamisch. Private Unternehmerwirtschaft ist folglich – da die Kapitaleigner einen Anteil der Wertschöpfung erhalten – auch unislamisch; der Sozialismus, der Privateigentum und privates Unternehmertum ablehnt, könne demgegenüber dem koranischen Grundsatz Geltung verschaffen.[3] Erwähnenswert auch, daß die islamischen Sozialisten das vom islamischen Recht anerkannte Zinsverbot damit begründen, daß der Zins als Vergütung für Kapitalbesitzer gegen die Arbeitswertlehre verstoße.
- „Die Erde gehört Gott (allein)." Aus dieser Stelle in S 7,128 wird gefolgert, daß, wenn die Erde Gott gehört, niemand an ihr Eigentum erwerben kann. Der Menschheit sei zwar von Gott das Nutzungsrecht eingeräumt worden, aber auch dieses begrenzte Recht ist nicht das von einzelnen, sondern ein kollektives Recht der Menschheit insgesamt. Nur der Staat als Vertreter der Gesamtheit der Menschen in einem Land könne rechtmäßig über die Nutzung des Bodens zum Wohle aller entscheiden, was Staatseigentum am Boden bzw. an allen natürlichen Ressourcen des Landes bedeutet.

Mit solchen Interpretationen des Koran begeben sich Vertreter des islamischen Sozialismus in klaren Gegensatz zum bestehenden islamischen Recht. Dies tun sie sehr bewußt, denn für sie sind islamische Religion und islamisches Recht zwei verschiedene Dinge. Die Religion enthält moralische, ethische und spirituelle Werte und ist (deshalb) von dauernder Gültigkeit. Das islamische Recht sieht man demgegenüber nur als eine Sammlung von Regeln für gesellschaftliches Verhalten an, die im wesentlichen von den Rechtsgelehrten des islamischen Mittelalters aufgestellt worden seien. Folglich sei dieses islamische Recht nur von zeitlich und räumlich begrenzter Gültigkeit und könne bzw. müsse heute den gewandelten Bedingungen angepaßt werden. Eine solche Anpassung wird als Wiederbelebung und „Rekonstruktion" empfunden, weil man durch sie zu den grundlegenden und unwandelbaren Lehren des Koran zurückkehre, die dann durch eigene Urteilsbildung (Idjtihād) in eine in der heutigen Zeit praktikable Gestalt gebracht werden sollen.

Es ist hier nicht möglich, diese grundlegenden Differenzen im Islamverständnis weiter darzustellen und zu diskutieren,[4] aber das ist an dieser Stelle auch nicht unbedingt notwendig: Es geht ja um Konzeptionen einer islamischen Wirtschaftsordnung, und es wurde geprüft, wie man in der (älteren) Literatur zu einer solchen Konzeption durch Abgrenzung von bekannten Ordnungen gelangen wollte. Vertretern des islamischen Sozialismus geht es jedoch – vereinfacht gesagt – gerade nicht um eine solche *Abgrenzung,* sondern möglichst um eine *Gleichsetzung* der islamischen mit einer *bekannten* Wirtschaftsordnung, nämlich der sozialistischen. Akzentuiert gesagt glauben islamische Sozialisten, daß die Ziele des Islam und des Sozialismus nahezu identisch sind und daß die sozialistische Wirtschaftsordnung am besten geeignet sei, diese Ziele zu erreichen. Darum versucht man im Koran Stellen zu finden, die eine Interpretation im Sinne einer Empfehlung des sozialistischen Systems gestatten. Der Islam wird von ihnen also nicht vom Sozialismus abgegrenzt, sondern geradezu damit im Wirtschaftspolitischen gleichgesetzt. Es geht ihnen nicht darum, eine eigene *islamische*

Ordnung zu entwerfen, sondern das *sozialistische* Konzept zu übernehmen. Für die Frage nach einer eigenständigen islamischen Ordnung gibt dieser islamische Sozialismus also nichts her und muß nicht im einzelnen weiter verfolgt werden.
Demgegenüber lehnt die Mehrheitsmeinung, die das traditionelle islamische Recht akzeptiert, diesen Sozialismus mit Staatsplanung und Kollektiveigentum ab. Daraus ergibt sich zwar noch keine eigenständige islamische Ordnung, nach der hier gefragt ist, aber sie ist auch nicht durch Festlegung auf ein bekanntes System ausgeschlossen. Durch weitere Abgrenzungen könnte das Konzept deutlicher werden.

1.3 *Gottloser Kommunismus*

Zwischen der auf Kollektiveigentum und Staatsplanung zumindest in Schlüsselbereichen basierenden sozialistischen und einer vielleicht im Planungssystem noch umfassenderen kommunistischen Wirtschaftsordnung besteht bei anwendungsorientierter Betrachtung kaum mehr als ein gradueller Unterschied. So beziehen sich die moslemischen Autoren bei ihren Abgrenzungen auch weniger darauf, sondern auf die dem Kommunismus zugrundeliegende materialistische Philosophie bzw. marxistische Ideologie. Man sieht in ihr die totale Negation der eigenen Weltanschauung, denn der Kommunismus leugnet Gott und bekämpft die Religion. Abgelehnt wird auch die Vorstellung des Klassenkampfes, die mit dem tendenziell auf Harmonie und Interessenausgleich statt auf Konflikt aufbauenden islamischen Weltverständnis unvereinbar scheint. Mit Blick auf die praktische Wirtschaftsordnungspolitik geben solche mehr philosophisch-abstrakten Abgrenzungen nicht mehr viel her (nachdem Planung und Kollektiveigentum bereits in der „Vorstufe" des Sozialismus – den manche moslemische Autoren übrigens mit Marxismus bzw. Kommunismus gleichsetzen – zurückgewiesen wurden).

1.4 *Egoistisch-materialistischer Kapitalismus*

So wie man beim Sozialismus die Bemühungen um mehr soziale Gerechtigkeit im Sinne einer Egalisierung der Einkommens- und Vermögensverteilung anerkennt, gesteht man dem „Kapitalismus" inzwischen durchaus Erfolge in der Produktion von Gütern und Dienstleistungen zu. Die in der älteren Literatur oft anzutreffende Kritik, der „Kapitalismus" müsse zwangsläufig zur Massenarbeitslosigkeit und Depression führen, hat sich durch die tatsächliche Entwicklung in den westlichen Marktwirtschaften als so offenkundig falsch erwiesen, daß sich weitere Kommentare erübrigen.[5] Auch die Tendenz zur Selbstaufhebung des Wettbewerbs ist heute keine überzeugende Kritik mehr an marktwirtschaftlichen („kapitalistischen") Ordnungen, denn dieses Problem wurde längst erkannt, und man bemüht sich insgesamt durchaus erfolgreich darum, mit wettbewerbspolitischen Mitteln Monopolisierungs- und Konzentrationstendenzen entgegenzuwirken und unlautere Wettbewerbsmethoden zu unterbinden. Dies wird inzwischen auch von moslemischen Ökonomen akzeptiert, was allerdings nicht ausschließt, daß man auch heute noch von manchen Autoren haarsträubende Vorstellungen präsentiert bekommt wie etwa die folgende:[6] Im kapitalistischen System bleibe der Staat ein Gefangener der beherrschenden wirtschaftlichen Realitäten und ein Werkzeug in der Hand von Monopolen, die ihn für ihre Zwecke und zur Absicherung ihrer Position benutzen. Aus dem Einfluß wirtschaftlicher Macht erwachse unausweichlich politisches Gewicht. Demokratie sei nichts weiter als eine Maske für die den Monopolen überlassene Freiheit, das wirtschaftliche, politische und soziale Leben in einem kapitalistischen Staat zu bestimmen.

Wenn auch Stamokap-Ideologen unserer Neuen Linken ähnliche Thesen propagieren – so sieht unsere Welt, d.h. die Welt der westlichen Marktwirtschaften heute, einfach nicht aus. Man wird wohl kaum annehmen können, daß sich moslemische Autoren mit ihren Auslassungen um den Beifall extremer sozialistischer Gruppierungen im Westen bemühen. Sollten sie dennoch mit „Kapitalismus“ die gegenwärtigen westlichen Wirtschaftsordnungen meinen – was für einen Sinn hätten ihre Streitreden wohl sonst, wenn sie zeitgenössische islamische Ordnungsvorstellungen von einem allenfalls im letzten Jahrhundert existierenden System abgrenzen wollen, für das heute kein Mensch mehr eintritt? –, dann kann hinter dem präsentierten Zerrbild einer Marktwirtschaft nur entweder Unkenntnis oder politisches Taktieren stehen. Manches spricht eher für Taktik als für (totale) Unkenntnis: Wer z.B. das – im Westen entwickelte – Wohlfahrtsstaatsmodell auch als geeignete „islamische“ Wirtschaftsordnung ansieht, gleichzeitig aber auf der „Einzigartigkeit“ der „islamischen Lösung“ beharrt, der kann wohl nicht anders, als die im Westen realisierten Wirtschaftsordnungen zerrbildartig darzustellen. Vor einer uninformierten Öffentlichkeit in moslemischen Ländern mag das noch taktisch sinnvoll sein, aber vor westlich-informiertem Publikum kann man mit solchen schlechten Tricks und Karikaturen keine „islamische Alternative“ aufzeigen und wird der islamischen Sache mehr schaden als nützen.

Glaubwürdiger und ernstzunehmender – obwohl vor allem in der Vergangenheit auch oft übertrieben – sind jene Abgrenzungsversuche vom Kapitalismus bzw. von westlichen Marktwirtschaften, die ausgehen

- zum einen von der Dominanz monetär-materieller Werte,
- zum anderen von der ungleichen Einkommens- und Vermögensverteilung.

Die Kritik wird oft in emotionalisierter Form vorgetragen und lautet dann, daß in einem kapitalistischen bzw. marktwirtschaftlichen System alles wirtschaftliche Handeln bestimmt und gelenkt sei vom Streben nach individuellem Profit und der Anhäufung von Reichtümern, die man in Geld mißt. Geld beherrsche den Menschen in all seinem Denken und Tun, Geld habe sich zum Herrn über den Menschen gemacht, sei zu einem Abgott geworden. Redu-

ziert auf den sachlichen Kern und der Emotionen entkleidet, lautet die Kritik an westlichen freiheitlichen Wirtschaftsordnungen, daß sie einen individualistischen Materialismus ohne Rücksicht auf höhere (Gemeinschafts-)Werte hervorbringen würden.
Es ist lohnend, diese Kritik einmal der Argumentation eines prominenten zeitgenössischen Verfechters einer freiheitlichen Wirtschafts- und Gesellschaftsordnung – Friedrich A. von Hayek – gegenüberzustellen. Dies verdeutlicht, daß einige zentrale Zusammenhänge in der Begründung einer marktwirtschaftlichen Ordnung nicht nur in der Kritik moslemischer Autoren (die häufig Argumente westlicher Kritiker übernehmen) verkannt werden, sondern auch in der wirtschaftsordnungspolitischen Diskussion bei uns oftmals übersehen oder vergessen wurden.[7]

1.4.1 *Freiheit und Moral.* Wenn kritisiert wird, daß in einem freiheitlichen System durch den individuellen Materialismus „höhere" Gemeinschaftswerte vernachlässigt würden, so ist damit eine Rangordnung von Werten impliziert, die von Befürwortern eines freiheitlichen Systems nicht akzeptiert werden kann. Sie verstehen unter Freiheit die Unabhängigkeit von der Willkür anderer (einschließlich des Staates); für sie ist *Freiheit unter dem Gesetz* ein Zustand, in dem der einzelne nur dann zu etwas gezwungen werden kann, wenn allgemeine gesetzliche Regeln, die für jedermann und den Staat in gleicher Weise gelten, diese Zwangsausübung vorschreiben, niemals aber aufgrund einer Ermessensentscheidung einer staatlichen Verwaltungsbehörde.[8]
Freiheit ist nicht ein Wert unter anderen, schon gar nicht einer, der „höheren" Werten unterzuordnen wäre, sondern vielmehr die Quelle aller anderen Werte: Nur wo der einzelne nicht unter Zwang steht, sondern sein Handeln auf freien Entscheidungen beruht, trägt er dafür die Verantwortung, kann er sich an bestimmten Werten orientieren und so moralische Verdienste erwerben. „Islam" bedeutet die Un-

terwerfung unter den Willen Gottes, aber dieser kann wie jeglicher Gehorsam einen moralischen Wert nur dann haben, wenn ihm eine freiwillige Entscheidung des einzelnen zugrunde liegt und nicht Zwang von außen.
In der Art und Weise, in der wir eine Ordnung in unser Handeln und unsere Ziele bringen, manifestiert sich unser moralisches Empfinden, und indem wir die allgemeinen Regeln der Moral ständig in besonderen Situationen anwenden, ist jeder einzelne auch ständig aufgerufen, die allgemeinen Prinzipien der Moral zu interpretieren und zu befolgen, woraus dann gesellschaftliche Werte und Normen erwachsen. Die Ergebnisse eines freiheitlichen Systems müssen von den Werten abhängen, die die freien Individuen verfolgen, und deswegen ist es unmöglich zu behaupten, daß eine freie Gesellschaft stets und notwendig Werte entwickeln würde, die wir bzw. bestimmte Gruppen von Personen subjektiv gutheißen würden. Das einzige, was man sagen kann, ist, daß in den westlichen Demokratien die (noch) vorherrschenden gesellschaftlich anerkannten Werte ein Produkt der Freiheit sind und daß zahlreiche institutionelle Sicherungen geschaffen wurden aus dem Wunsch heraus, ohne staatlichen Zwang den eigenen moralischen Überzeugungen folgen zu können. Aber wir können heute beobachten, daß sich solche ursprünglich zur Freiheitssicherung konzipierten Institutionen (wie die modernen Parlamente unter dem Einfluß der Parteienkonkurrenz) entscheidend wandeln und daß man nicht ohne weiteres erwarten darf, daß in einer freiheitlichen Gesellschaft jene Werte weiter vorherrschen werden, die den Fortbestand des freiheitlichen Systems selbst sichern würden. Daraus folgt, daß es von großer Wichtigkeit ist, daß eine freie Gesellschaft auf starken moralischen Überzeugungen und ganz sicher nicht auf vordergründig-wandelbarem Materialismus gründet und daß gerade diejenigen, die für eine freie Gesellschaft eintreten, auch nach Kräften dazu beitragen sollten, angemessene moralische Überzeugungen zu verbreiten.

Das darf aber keinesfalls dahingehend fehlinterpretiert werden, daß man erst den „guten Menschen“ schaffen müsse, um ihm danach dann die Freiheit zu geben. Zweifellos wäre eine freie, aber moralisch haltlose Gesellschaft eine höchst unangenehme Gesellschaft, um darin zu leben, aber sie wäre wohl immer noch einer unmoralischen und zugleich unfreien Gesellschaft vorzuziehen, denn in der freien Gesellschaft besteht noch immer die Hoffnung, daß sich die Moral bessert, was in einer unfreien Gesellschaft nicht zu erwarten ist.

1.4.2 *Leistung und Gerechtigkeit.* Für das Überleben einer freien Gesellschaft entscheidend sind der Glaube an die Verantwortlichkeit des einzelnen und die Anerkennung einer Regelung als gerecht, nach der materielle Vergütungen dem Wert entsprechen sollen, den die besonderen Leistungen einer Person für seine Mitmenschen haben, und nicht der Achtung oder Verachtung, die sie ihm als Person mit Blick auf seine moralischen Verdienste entgegenbringen.
Zweifellos ist es für eine freie Gesellschaft wichtig, daß die einer Person von den Mitmenschen entgegengebrachte Achtung davon abhängt, inwieweit diese Person in ihrem Denken und Handeln gesellschaftlich anerkannten moralischen Grundsätzen folgt. Wie sonst ließe sich die für eine freie Gesellschaft unentbehrliche Grundeinstellung bewahren und verbreiten? Weder dadurch, daß öffentliche Unmoral zu Ansehen und Geltung verhilft, noch dadurch, daß allein materiellen Reichtümern Achtung gezollt wird. Andererseits scheint es aber nicht minder wesentlich für den Fortbestand einer freien Gesellschaft, daß materielle Vergütungen für eine Person nicht bestimmt werden durch die Einschätzung seiner moralischen Verdienste durch seine Mitmenschen, sondern durch den Wert, den sie den besonderen Diensten beimessen, die er für sie erbringt. Wer für ein freiheitliches System eintritt, tut dies nicht zuletzt aus der Einsicht, daß der einzelne nur dann, wenn er selbst über seine

Handlungen frei entscheiden kann, die in ihm verkörperte einzigartige Kombination von Wissen, Fähigkeiten und Möglichkeiten, über die kein anderer in dieser Form verfügen kann, voll zur Entfaltung bringt und damit ein Maximum von verstreutem Wissen und individuellen Fähigkeiten von der Gesellschaft genutzt werden kann: Wer die Entfaltung der Potentiale eines jeden Menschen will, muß ihm Handlungsfreiheit geben; er muß die Möglichkeit haben, sein Wissen und seine Fähigkeiten für die Verfolgung selbstgesteckter Ziele einzusetzen. Daß diese Freiheit nicht in Schrankenlosigkeit ausarten darf, sondern da ihre Grenzen findet, wo die Handlungsfreiheit anderer willkürlich eingeschränkt würde, ist heute allgemein anerkannt.

Da niemand über das Wissen eines anderen verfügen kann, kann – von seltenen Ausnahmen vielleicht abgesehen – auch niemand „von außen" entscheiden, ob die Handlungen eines anderen „richtig" waren, denn das setzt die genaue Kenntnis der Handlungssituation des anderen voraus, die aber nicht nur durch „objektive" äußere Sachverhalte, sondern ebenso durch subjektives Wissen des Handelnden bestimmt ist und darum Außenstehenden nicht bekannt sein kann. Somit kann im allgemeinen auch niemand wissen, ob der Erfolg oder Mißerfolg einer individuellen Handlung den besonderen Fähigkeiten und der Voraussicht des Entscheidenden zuzuschreiben ist oder ob dieser einfach Glück gehabt hat. Das bedeutet, daß wir, wenn es um die Frage der Entlohnung von Handlungen bzw. Leistungen geht, nach den Ergebnissen sehen müssen, nicht aber nach Absichten oder Motiven des Handelnden, und daß es nur dann sinnvoll ist, dem einzelnen das Handeln nach seinem alleinigen Wissen zu erlauben, wenn ihm auch grundsätzlich erlaubt ist, jene Vergütung, die seine Mitmenschen ihm für seine Leistungen zu zahlen bereit sind, zu behalten – ohne Rücksicht darauf, ob wir diese Vergütung angesichts der moralischen Verdienste oder der dem Handelnden entgegengebrachten Achtung für angemessen halten oder nicht.

Solche Vergütungen, die dem Wert entsprechen, den andere erbrachten Leistungen beilegen, weichen zwangsläufig oftmals weit von unserer Einschätzung der moralischen Verdienste der Empfänger der Vergütung ab. Dies hält von Hayek für die wichtigste Ursache der häufig anzutreffenden Unzufriedenheit und des Unbehagens an einem freiheitlichen Wirtschaftssystem, das auf Eigeninitiative und privatem Unternehmertum gründet, und er hält es auch für den Ursprung der Forderung nach *„austeilender Gerechtigkeit"*, die heute oft verschleiernd als „distributive" oder „soziale" Gerechtigkeit bezeichnet wird.[9] Bei einer Würdigung des Unbehagens und der Forderung nach „sozialer" im Sinne von „distributiver Gerechtigkeit" wäre es weder aufrichtig noch sachlich zutreffend, wenn man leugnen wollte, daß es zum Teil erhebliche Diskrepanzen gibt zwischen einerseits moralischen Verdiensten und der Achtung, die eine Person durch ihre Handlungen erwerben kann, und andererseits dem (materiellen) Wert der Leistung, für den die Mitmenschen diese Person entlohnen.
Nach von Hayek ist es aber gerade eine der großen Errungenschaften einer freien Gesellschaft, daß die materiellen Vergütungen eines einzelnen nicht davon abhängen, ob die Mehrheit seiner Mitmenschen ihn persönlich mag oder achtet. Denn dadurch kann auf ihn, solange er *innerhalb der anerkannten Regeln des Rechts* bleibt, Druck nur durch diejenigen ausgeübt werden, die er selbst respektiert, aber nicht durch die Zuteilung oder Verweigerung materieller Vergütungen durch Dritte oder eine gesellschaftliche Autorität. Es gehört zu den Wesensmerkmalen einer freien Gesellschaft, daß wir nicht für das materiell entlohnt werden, was wir nach dem subjektiven moralischen Urteil anderer tun *sollten,* sondern dafür, daß wir für andere Leistungen erbringen, die diese *haben wollen.* Ohne Frage sollte unser Verhalten auch von dem Streben nach (immaterieller) Achtung und Anerkennung geleitet sein; aber frei sind wir auch bei diesem Streben erst, wenn der Erfolg unserer alltäglichen

Bemühungen letztlich nicht davon abhängt, ob bestimmte Menschen oder Behörden uns mögen, d.h. unsere Weltanschauung, unseren Lebensstil usw. akzeptieren oder für verwerflich halten.
Wir wissen selten, ob eine hervorragende Idee, mit der plötzlich jemand an die Öffentlichkeit tritt, das Ergebnis jahrelanger Bemühungen ist oder entstand aus einer unerwarteten Einsicht, die durch eine zufällige Kombination von Wissen und besonderen Umständen hervorgebracht wurde. Was wir allerdings wissen, ist, daß dann, wenn die Idee durch langwierige Arbeit entstanden ist, wohl niemand das Risiko der Suche danach auf sich genommen hätte, wenn es ihm nicht erlaubt wäre, auch den Erfolg dieser Idee für sich zu ernten. Und da wir nicht unterscheiden können, ob lange Arbeit oder Zufall hinter einer bestimmten Idee standen, müssen wir – wenn wir neue Ideen und den damit ermöglichten Fortschritt wollen – generell gestatten, die Erfolge einer Idee zu ernten, auch wenn wir damit die Möglichkeit zugestehen, daß jemand dank eines glücklichen Zufalls ein Vermögen erwerben kann.
Für eine „soziale, austeilende Gerechtigkeit" ist in diesem System kein Platz: „Es kann keine austeilende Gerechtigkeit geben, wo niemand etwas austeilt. Gerechtigkeit hat einen Sinn nur als eine Regel für menschliches Verhalten. Keine denkbaren Regeln für das Verhalten der einzelnen, die sich in einer Marktwirtschaft gegenseitig mit Gütern und Dienstleistungen versorgen, könnten eine Verteilung herstellen, von der es sinnvoll wäre zu sagen, sie sei gerecht oder ungerecht. Die einzelnen können sich so gerecht wie möglich verhalten; da aber das Ergebnis, das für jeden einzelnen dabei herauskommt, von anderen weder beabsichtigt noch vorauszusehen wäre, kann das Gesamtergebnis weder als gerecht noch als ungerecht bezeichnet werden ... Obwohl viele Leute mit dem derzeitigen System der Verteilung unzufrieden sind, hat niemand von ihnen ... eine wirklich klare Vorstellung davon, welches System der Verteilung als gerecht anzusehen

wäre. Alles, was wir finden können, sind individuelle Urteile über als ungerecht empfundene Einzelfälle. Niemand hat bis jetzt eine einzige allgemeine Regel herausgefunden, aus der wir für alle Einzelfälle, auf die sie anzuwenden wäre, ableiten könnten, was ‚sozial gerecht' ist – ausgenommen die Regel ‚gleicher Lohn für gleiche Arbeit'. Freier Wettbewerb, der jegliche Berücksichtigung von ‚Verdienst' oder ‚Bedürfnis' und ähnlichem ausschließt, worauf die Forderung nach sozialer Gerechtigkeit beruht, tendiert dazu, diese Regel zu erzwingen."[10]

1.4.3 *Marktwirtschaft und Materialismus.* Von Hayek betont, daß in der Realität westlicher Gesellschaften persönliche Wertschätzung und materielle Vergütung tatsächlich nicht so wie im Ideal der freien Gesellschaft voneinander getrennt, sondern zu eng miteinander verknüpft sind. Aber das ist keine notwendige Konsequenz des marktwirtschaftlichen Systems und bedeutet auch nicht, daß eine Marktwirtschaft „materialistischer" ist als andere Gesellschafts- und Wirtschaftsordnungen.

Eine freiheitliche Ordnung mit privater Unternehmerwirtschaft ist die einzige Wirtschafts- und Gesellschaftsform, die die Menschen nicht nur reichlich mit materiellen Gütern versorgt, sondern gleichzeitig auch dem einzelnen die Wahl zwischen materiellen und nicht-materiellen Vergütungen läßt. Im Gegensatz zu einer Gesellschaft, in der die Wirtschaft einem zentralen Plan unterstellt wird, der letztlich nur einen (materiellen) Maßstab kennt, kann eine freie Gesellschaft mit privater Unternehmerwirtschaft auch in dem Sinne eine pluralistische Gesellschaft sein, daß nicht nur *eine* Rangordnung und nur *ein* Maßstab das Verhalten beherrschen, sondern zahlreiche unterschiedliche Prinzipien die Wertschätzungen und Handlungen bestimmen, und wo materieller Erfolg weder der einzige noch ein sicherer „Beweis" für die Verdienste des einzelnen ist.

In der Tat findet man in der Geschichte Perioden, wo

materielle Werte das gesellschaftliche Leben dominierten, denen dann aber häufig Perioden großer kultureller und künstlerischer Kreativität folgten. Für von Hayek zeigt dies keineswegs, daß eine freie Gesellschaft stets von materiellen Interessen beherrscht sein muß, sondern daß es im Gegenteil in Freiheit die moralischen Grundeinstellungen im weitesten Sinne sind, d.h. die Werte, die die Menschen anerkennen, welche ihr Handeln grundsätzlich bestimmen: In freiheitlichen Ordnungen können sich die einzelnen und ganze Gesellschaften anderen Dingen als materiellen Gütern zuwenden, wenn diese für sie vorrangige Bedeutung erlangt haben, und dafür gibt es historische Beispiele. Der nicht zu leugnenden Gefahr, daß in manchen Zeiten die Menschen zu materialistisch werden und materielle Vergütungen als (einziges) Gegenstück persönlicher Verdienste ansehen, kann man wohl nur begegnen, indem man sie daran erinnert, daß es außer materiellem Erfolg auch noch andere und oft wesentlichere Werte und Ziele gibt. Was man aber nicht tun sollte, ist, es einer freiheitlichen Wirtschafts- und Gesellschaftsordnung anzulasten, daß sie dem einzelnen die Entscheidung überläßt, ob er materielle Vorteile anderen Formen der Anerkennung vorzieht, oder ihm wegen eines in bestimmten Phasen zu beobachtenden und subjektiv moralisch nicht gebilligten „Materialismus“ diese Entscheidung generell abnehmen zu wollen. Nur dann, wenn der einzelne nicht aufgrund einer Anordnung „von außen“, sondern aufgrund freiwilliger eigener Entscheidung auf materielle Vorteile zugunsten nicht-materieller Werte verzichtet, ist das eine verdienstvolle und anerkennenswerte Handlungsweise. Von daher hält von Hayek die Atmosphäre in fortgeschrittenen westlichen Wohlfahrtsstaaten in jeder Hinsicht für materialistischer als in freien Wettbewerbsgesellschaften. Letztere geben den einzelnen nicht nur viel mehr Spielraum, durch die Verfolgung rein eigennütziger materialistischer Zwecke für die Mitmenschen von diesen gewünschte Leistungen zu erbringen, sondern sie bieten ihnen auch die

Gelegenheit, jedes andere nicht-materielle Ziel zu verfolgen, das sie für wichtiger halten. Das Plädoyer für eine Wettbewerbswirtschaft ist ein Plädoyer für ein System, das dem einzelnen Wahlmöglichkeiten und Handlungsalternativen eröffnet. Wie er sie nutzt, ist seine Entscheidung. Das System selbst hat eine Reihe von Vorzügen im Vergleich zu anderen Wirtschaftssystemen, die sich die Menschen zunutze machen können. Wie und für welche letzten Ziele sie das aber tun, ist eine aus dem System selbst heraus nicht zu beantwortende Frage. Es liegt bei den Menschen, ob sie in einer freien Gesellschaft z.B. die größtmögliche Versorgung mit Gütern anstreben, um sie allein für sich zu nutzen oder sie in altruistischer Gesinnung anderen zu geben, oder ob sie möglichst viel Freizeit vorziehen, in der sie sich dem Nichtstun hingeben oder dem Studium heiliger Schriften widmen. Daraus folgt im Hinblick auf die islamischen Abgrenzungsapologeten, daß ihre Verurteilung des Materialismus im „kapitalistischen" System zwar moralisch und auch faktisch (mit Blick auf bestimmte Phasen in der Entwicklung westlicher und „verwestlichter" Gesellschaften) verständlich erscheint; aber soweit die Kritik in einer Ablehnung der Wettbewerbsordnung und Unternehmerwirtschaft generell gipfelt, ist sie nicht mehr überzeugend. Es bedürfte einer sehr differenzierten Analyse, ob und inwieweit islamische Vorstellungen mit der Idee einer freiheitlichen Gesellschaft in Übereinstimmung gebracht werden können und welche wirtschaftsordnungspolitischen Konsequenzen sich daraus ergäben. Als These sei in den Raum gestellt, daß eine „islamische Wirtschaftsordnung" viel eher mit einem freiheitlichen System, das gewisse konstitutive Elemente (z.B. Zinsverbot, Zakāt, Erbrecht) enthält, übereinstimmen könnte als mit jenen Wohlfahrtsstaatsmodellen, die Ergebnis der im folgenden zu besprechenden positiven Definitionsversuche einer islamischen Ordnung sind; in den Wohlfahrtsstaatskonzepten kann nämlich wegen der beherrschenden Stellung des Staates (im Extrem als „wohlmeinender Wohlfahrtsdiktator“) die islamische Wirtschaftsethik, die das Handeln der einzelnen leiten soll, keine zentrale Bedeutung mehr erlangen: Wo der Staat dem einzelnen die Entscheidungen vorzeichnet und plankonformes Verhalten belohnt und abweichende Entscheidungen mit Sanktionen belegt, bleibt für die individuelle Verantwortlichkeit wenig Raum und schwindet die Möglichkeit, durch das individuelle Handeln auch moralische Verdienste zu erwerben.

2 POSITIVE DEFINITIONSVERSUCHE DER ISLAMISCHEN ORDNUNG

Sieht man einmal von den theorielosen Versuchen verschiedener Rechtsgelehrter ab, das Wesen einer islamischen Ordnung durch einfaches Zusammentragen verschiedener Grundsätze und historischer Beispiele zu bestimmen, so kann man bei den analytischen Bemühungen um den Entwurf einer islamischen (wirtschafts)ordnungspolitischen Gesamtkonzeption zwei Ansätze unterscheiden:

- Der *retrospektive* Ansatz macht den Modellstaat von Medina zum Ausgangs- und Bezugspunkt aller Überlegungen, der mit Hilfe moderner wissenschaftlicher Methoden „modernisiert“ und unter heutigen Bedingungen „wiederbelebt“ werden soll.
- Der *deduktive* Ansatz orientiert sich dagegen an wirtschafts- und gesellschaftspolitischen Grundwerten und Oberzielen, aus denen dann Ordnungsentwürfe abgeleitet werden, bei denen z.T. moderne Wohlfahrtsstaatsmodelle Pate gestanden haben dürften.

Bei der Skizzierung der vier sunnitischen *Rechtsschulen* wurde oben darauf hingewiesen, daß

- der Tradition von den Mālikiten und Ḥanbaliten die höchste Bedeutung beigemessen wird, während
- die Analogie und Verstandesargumente vor allem bei den Ḥanafiten angewandt und anerkannt werden.

Daß die Konzipierung einer Wirtschaftsordnung heute keine Aufgabe allein des islamischen Wirtschaftsrechts sein kann, sondern wissenschaftliche Theorien dabei zu Rate gezogen werden sollen, dürfte hier keine weiteren Diskussionen mehr erfordern. Es dürfte auch klar sein, daß es genau aus diesem Grunde auch nicht sinnvoll wäre, etwa von einer mālikitischen oder ḥanafitischen Wirtschaftsordnung zu sprechen. Dennoch kann man bei einer Betrachtung der folgenden Ordnungsentwürfe eine gewisse Affinität mit bestimmten Rechtsschulen nicht übersehen: Beim *retrospektiven* Ansatz steht ganz eindeutig die Tradition im Vordergrund, und die verstandesmäßige Ausarbeitung zu einer den modernen Gegebenheiten angepaßten Wiederbelebung der Ordnung des Modellstaates von Medina ist stets darauf bezogen; das dürfte im Sinne der *mālikitischen* oder *ḥanbalitischen* Schule sein. Viel freier und von der Tradition fast völlig losgelöst sind die *deduktiven* Ansätze, deren Ergebnis als „islamische" Ordnungskonzeption am ehesten noch von der *ḥanafitischen* Schule akzeptiert werden könnten.
Den meisten Ordnungsentwürfen gemeinsam ist eine dominierende Rolle des *Staates*, der eine teilweise sehr umfassende und durchgreifende *Wirtschaftsplanung* betreiben soll. Damit geraten diese Ordnungsentwürfe in einen gewissen Gegensatz zu jenen Auffassungen, die die Freiheit und Verantwortlichkeit des einzelnen auch (und gerade) in einer „islamischen" Ordnung betonen.

2.1 *Retrospektiver Ansatz: Orientierung am Modellstaat von Medina*

Ausgangspunkt des retrospektiven Ansatzes[11] ist die Frage nach Alternativen für die Zukunft der moslemischen Zivilisation. Würden sich gegenwärtige Trends fortsetzen, wäre die Zukunft verheerend: Einige moslemische Staaten, z.B. die ölreichen arabischen, würden zu technokratischen Despotien, andere würden in Armut und Elend versinken. Die andere Möglichkeit wäre die vorausschauend *geplante Zu-*

kunft, die unter den gegebenen Bedingungen die bestmögliche Zukunft zu werden verspricht. Das Problem der Darstellung von und Auswahl aus alternativen Zukunftsentwicklungen soll mit Hilfe der *Futurologie* angegangen werden.

Beim retrospektiven Ansatz wird ein sehr großer verbaler Aufwand getrieben und werden in nicht selten pseudowissenschaftlich anmutender Weise einfache Sachverhalte kompliziert dargestellt, ohne daß all dies das Wirtschaftsordnungsproblem seiner Lösung einen substantiellen Schritt nähergebracht hätte. Wenn am Ende für den Bereich Wirtschaft lediglich die Forderung erhoben wird, daß ausformulierte Modelle einer islamischen Wirtschaftstheorie entwickelt werden sollen, die einerseits klar die Beziehungen zwischen Boden, Arbeit und Kapital, Einkommensverteilung und Konsum, Wirtschaftswachstum und Ressourcenverzehr definiert und andererseits beschreibt, wie eine Wirtschaft auf der Grundlage sozialer Gerechtigkeit und Brüderlichkeit operationalisiert werden könnte, dann kann das Vorausgegangene wohl keinen erwähnenswerten Erkenntnisfortschritt für die Lösung der ökonomischen Probleme gebracht haben.

Dennoch werden auf den folgenden Seiten einige Grundzüge und Einzelaspekte des in der vorliegenden Fassung nicht überzeugenden Ansatzes wiedergegeben, denn in seiner Rückwärtsorientierung bei der Suche nach der Lösung für Gegenwartsprobleme ist er typisch für zahlreiche Beiträge in der islamischen Wirtschaftslehre, hat aber gegenüber der Masse dieser Ausführungen den Vorteil, daß er in einer gewissen Systematik nicht nur umgreifend an das Ordnungsproblem herangeht, sondern auch durch eine „systemtheoretische" Betrachtungsweise auf *Interdependenzen* von Teilsystemen und auf Funktions- und Stabilitätsbedingungen für das Gesamtsystem aufmerksam macht.

2.1.1 *Wahrheit und Wandel.* Es wird betont, daß Koran und Sunna nicht nur die primären Rechts-, sondern auch die primären Erkenntnisquellen sind; sie bilden für alle Überlegungen den „absoluten Bezugsrahmen". In diesem absoluten Bezugsrahmen findet sich das unwandelbare Wertsystem; dieses entzieht sich Änderungen in der Zeit, weil auch die Natur des Menschen sich in der Zeit nicht wandelt. Das bedeutet natürlich nicht, daß sich die konkreten Lebensbedingungen der Menschen auch nicht wandeln könnten; im Gegenteil, dieser Wandel wird ausdrücklich anerkannt. Damit stellt sich das Problem, daß zwar die im Bezugsrahmen zu findenden Wahrheiten und Grundsätze des Islam ewig sind, nicht aber ihre raum-zeitlichen Operationalisierungen, die sich wandeln können und dies auch müssen: Veränderungen der Lebensbedingungen – technisch, wirtschaftlich, wissenschaftlich – erfordern auch eine Anpassung der organisatorischen und administrativen, sozialen und wirtschaftlichen, nationalen und internationalen Verhaltensstrukturen. Um die richtige Anpassung vollziehen zu können, müsse man die dem Islam innewohnenden dynamischen Kräfte neu verstehen.
Bis hierher ist die Argumentation mit der oben bereits erwähnten modernistischen Sichtweise vergleichbar. Unterschiede ergeben sich aber dann, wenn es darum geht, wie man die „ewigen Wahrheiten und dynamischen Kräfte des Islam" erkennen kann.

a) Die *Modernisten,* die herausfinden wollen, was der Islam den Moslems heute zu sagen hat, schlagen zur Vermeidung von subjektiven oder gar willkürlichen Interpretationen ein streng wissenschaftlich-methodisches Vorgehen vor, wobei (im akademischen Bereich) einige sich einer *historisch-soziologischen* Analyse bedienen wollen:[12] Die historische Betrachtung soll es ermöglichen, heute (wieder) den Koran so zu verstehen, wie er von den Arabern zu Zeiten des Propheten verstanden worden sein muß, um daraus eine

Grundlage für die Neuinterpretation aus heutiger Sicht zu gewinnen.
Letztlich will man erkennen, was eine ethische Vorschrift darstellt – an deren zeitloser Gültigkeit man nicht zweifelt – und was eine gesetzliche Regelung bedeutet, die in einer bestimmten historischen Situation formuliert wurde und in der Zeit wandelbar ist. Bei solchen gesetzlichen Regelungen soll jeweils geprüft werden, wie sie sich von der vorislamischen Praxis unterscheiden, warum der Prophet eine Reform der Zustände versucht hat und mit welchem Ergebnis, um dann nach einer Sichtung der Auslegungen dieser Vorschrift durch die islamischen Rechtsschulen die gegenwärtige Situation mit der Vorschrift des Koran zu vergleichen, um daraus schließlich die heute notwendigen Reformen zu erkennen. Höchste Autorität wird dabei nur dem Koran selbst zugemessen, während man insbesondere der Praxis der ersten moslemischen Gemeinde unter Führung des Propheten in Medina mit einem gewissen Abstand gegenübersteht, soweit diese Praxis nicht religiös-ethische Fragen, sondern die konkrete Regelung politischer, gesellschaftlicher und wirtschaftlicher Angelegenheiten betraf. In deutlichem Kontrast dazu steht die Verabsolutierung jeglicher, d.h. nicht nur religiöser, sondern auch „weltlicher" Praxis dieser Frühgemeinde im retrospektiven Ansatz.

b) Der *retrospektive Ansatz* lehnt modernistische Argumentationsweisen schroff ab[13] und erklärt unwiderlegbar den von Mohammed in Medina gegründeten Staat zum Ideal der moslemischen Gesellschaft schlechthin: Dieser Modellstaat kam einer perfekten Gesellschaft so nahe, wie es kein anderer jemals vermag, wonach aber die Moslems stets – auch heute – streben sollten. Dieser Staat von Medina ist das erstrebenswerte Modell und nachzuahmende Beispiel; jede Abweichung von diesem Modell kann nur Verschlechterung bedeuten.[14]
Allerdings kann die Konsequenz nicht einfach lauten: „Zu-

rück zum Modellstaat von Medina", denn das würde völlig die inzwischen grundlegend geänderten Lebensbedingungen außer acht lassen. Vielmehr wird so argumentiert: Die Verhaltensnormen, die die Begleiter des Propheten für sich aufgestellt hatten, waren die bestmöglichen Normen unter den damaligen Bedingungen. Jeder, der unter genau diesen Bedingungen leben würde, könnte keine besseren Normen ersinnen. In diesem Sinne ist eine Verbesserung der Normen (von Medina) unmöglich. Aber da sich die Bedingungen gewandelt haben, ist es möglich, daß heute der Verwirklichung der unveränderten islamischen Werte andere Verhaltensnormen dienlicher sind als die der Gefährten des Propheten, wenn sie unter den gewandelten Bedingungen gelten sollen.

Viele der in Koran und Sunna niedergelegten Grundsätze stecken nur den allgemeinen Rahmen für „islamische" Konzepte ab, die Einzelheiten müssen jeweils von den Gläubigen mit Rücksicht auf ihre besondere Situation neu bestimmt werden. Daher muß jede Gesellschaft innerhalb des gesteckten Rahmens nach eigenen „idealen" Verhaltensnormen suchen, und es kann in verschiedenen raum-zeitlichen Punkten unterschiedlich aussehende islamische Gesellschaften geben.

Mit anderen Worten kann man wohl sagen, daß der Modellstaat von Medina absolut, d.h. unabhängig von raum-zeitlichen Besonderheiten zeigt, welche Werte für das Leben in einer moslemischen Gesellschaft zu gelten haben und welche Ziele Moslems verfolgen sollten, aber noch nicht endgültig festlegt, wie dies zu geschehen hätte.

2.1.2 *Erneuerung des „moslemischen Systems"*. Es wird jedoch auch in der Frage des „Wie" eine Orientierung am Modellstaat von Medina vorgeschlagen: nicht an den „Fakten" (wie den unwandelbaren geistigen, moralischen und kulturellen Werten), sondern am „Stil" von Medina, d.h. der Art und Weise, wie man die Werte umsetzte und anwandte, wie sich die Mitglieder des Staates von Medina in bestimmten Situationen verhielten usw. Es gehe darum, diese Dynamik und den Stil von Medina wiederzubeleben. Sonderlich präzise ist der retrospektive Ansatz hier allerdings nicht; viele Begriffe (wie „Stil“ und „Dynamik“) bleiben schwammig. Wäre nun dieser „Stil“ erfaßt, sollte versucht werden, für die Moslemgemeinschaft alternative Zukunftsvisionen einschließlich einer konzeptionellen und operationalen Planung zu ihrer Verwirklichung zu präsentieren. Dazu bedürfe es aber noch intensiver und umfangreicher Vorarbeiten, beispielsweise

- der Entwicklung eines analytischen und umfassenden Modells des Modellstaates von Medina,
- der genaueren Bestimmung der islamischen „Zivilisationsparameter“, d.h. was in den verschiedenen Zivilisationsbereichen das spezifisch „Islamische“ ist,
- der Erarbeitung neuer Theorien, die empirisches Wissen mit normativem Wissen aus dem „absoluten Bezugsrahmen“ verknüpfen und daher auch wertend-normative Aussagen gestatten,
- der Formulierung von langfristigen Zielen für die Entwicklung der Moslemgemeinschaft und die Herbeiführung eines Konsenses über diese Zielsetzungen.

Aus all dem soll dann schließlich eine konsistente Zukunftsplanung auf der Basis eines Gesamtsystems mit einigen Subsystemen hervorgehen, die die moslemische Zivilisation in einen „dynamischen Endzustand“, der sich selbst ordnet und erhält, leiten soll.

Da es für weitere Betrachtungen des retrospektiven Ansatzes spätestens jetzt einer – hier nicht vorzulegenden – genaueren Analyse dessen bedarf, was eigentlich noch diskussionswürdige Gedanken sind und was lediglich leere Phrasen, kann das Modell nicht weiter verfolgt werden. Das ist hier aber auch nicht erforderlich, denn ein sehr bedenkliches, für den Ansatz in der vorliegenden systemtheoretisch-futurologischen Form jedoch zentrales Charakteristikum dürfte schon jetzt erkennbar geworden sein, nämlich der (ziemlich unreflektierte) *Konstruktivismus,* hinter dem ein fragwürdiger Glaube an die „Machbarkeit der Zukunft" stehen dürfte. In einer nicht-totalitären Welt ist es aber weder wünschbar noch machbar, hierarchisch geordnete Lang-, Mittel- und Kurzfristpläne für die Determination der Zukunft durchzusetzen oder Konsens über alternative Zukunftsvisionen herbeizuführen. Schon die Aufstellung eines konsistenten und konkretisierten wirtschaftspolitischen Zielsystems muß unter realistischen Bedingungen als nahezu unmöglich angesehen werden – an eine komplette Zukunftsplanung gar nicht zu denken. Die für eine solche Zukunftsplanung zu unterstellende gesellschaftliche Harmonie muß einfach als utopisch zurückgewiesen werden.

Im Vergleich zu diesem retrospektiven Ansatz sind die deduktiven Ansätze im Anspruch und im „Geltungsbereich" deutlich zurückhaltender: Sie konzentrieren sich auf das Wirtschaftsordnungsproblem, statt eine umgreifende Gesellschaftsplanung vorzuschlagen. Ob daraus allerdings hinsichtlich des Konstruktivismus und der Harmonievorstellungen mehr als nur ein gradueller Unterschied resultiert, ist für die unterschiedlichen Ausprägungen des deduktiven Ansatzes auch differenziert zu beantworten.

2.2 *Deduktiver Ansatz: Orientierung an Grundwerten und Oberzielen*

Die bei der deduktiven Herleitung einer islamischen Wirtschaftsordnungskonzeption angewandte Methodik dürfte aus der westlichen Ökonomik entlehnt sein. Abb. 3 soll die Vorgehensweise beim deduktiven Ansatz an einem Beispiel veranschaulichen.[15] Die im Koran enthaltenen ethischen Werte des Islam bilden die Grundlage für die Formulierung von Axiomen, Normen oder Oberzielen, die – einmal als solche (an)erkannt – außerhalb der Diskussion stehen. Man fragt dann, wie diese qualitativ-abstrakten Grundsätze in operationale Zielsetzungen für die Wirtschafts(ordnungs)-

Abb. 3: Deduktiver Ansatz zum Entwurf einer islamischen Wirtschaftsordnung (Beispiel)

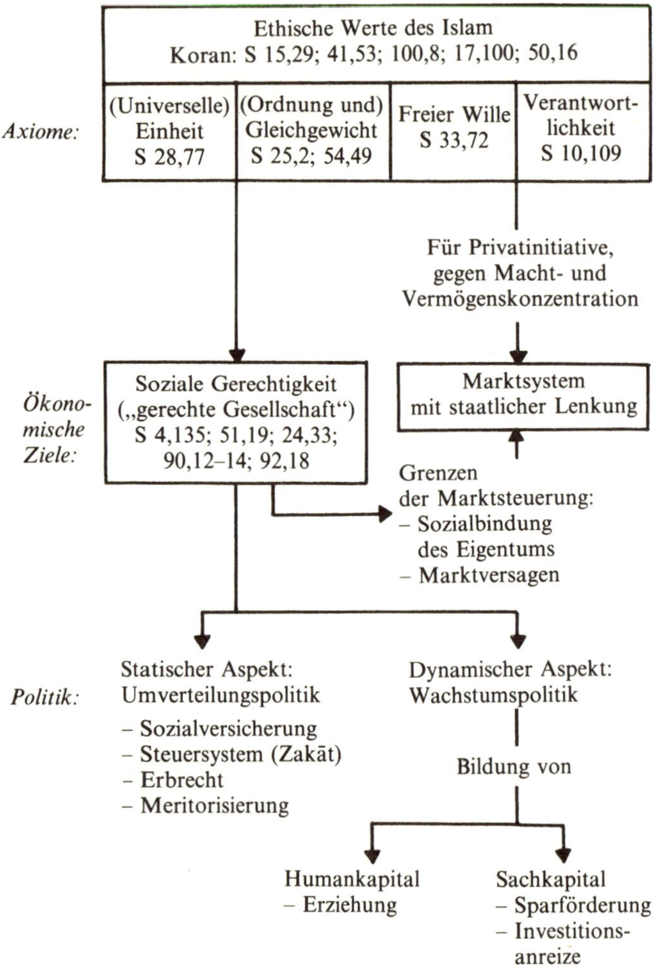

politik umgesetzt werden können; sind diese ökonomischen Ziele konkretisiert, müssen Instrumente gefunden und Strategien formuliert werden, die die Realisierung dieses Zielsystems ermöglichen sollen. Dabei sind allerdings gewisse Einschränkungen und Nebenbedingung bei der Auswahl der Mittel zu beachten, die aus Vorschriften von Koran und Sunna folgen (z.B. Abgabesätze bei der „Almosensteuer" Zakāt oder das Zinsverbot). Am Ende dieser Ableitungen stehen wirtschaftspolitische Programme etwa zur Umverteilung von Einkommen und Vermögen oder zur Förderung des Wirtschaftswachstums.
Im folgenden sollen zwei Beispiele aufgezeigt werden, wie man mit Hilfe deduktiver Methoden, d.h. verstandesmäßiger Ableitungen, von der koranischen Ethik bis etwa zum Sparförderungsprogramm bzw. zu anderen Politikempfehlungen zu gelangen glaubt. Dabei werden ausführlicher zwei im Ansatz und in der inneren Struktur sehr ähnliche, in den (ordnungs)politischen Konsequenzen aber recht unterschiedliche Konstruktionen dargestellt. Wenn sich dabei – besonders im Bereich der Grundwerte und Oberziele – Wiederholungen ergeben, so belegen diese recht deutlich die Gemeinsamkeiten der Konstruktionen einerseits, damit zugleich aber auch andererseits die erhebliche Variationsbreite in den Konsequenzen, die zu einer kritischen Stellungnahme zum deduktiven Ansatz veranlaßt.

2.2.1 *Egalitäre Wohlfahrtsdiktatur.* Syed Nawab Haider Naqvi ist Leiter des Pakistan Institute of Development Economics in Islamabad. Durch seine Studien-, Lehr- und politische Beratertätigkeit ist er nicht nur mit westlicher Ökonomik vertraut, sondern hat diese selbst auch in der Vergangenheit vertreten. Erst in den letzten Jahren wandte er sich der islamischen Wirtschaftslehre zu; 1981 erschien dann die Zusammenfassung und teilweise Revision seiner Gedanken dazu in einem Buch, das im Titel eine „islamische Synthese von Ethik und Ökonomik" verspricht[16] und bei moslemischen Ökonomen starke Beachtung fand. Mehr als einmal wurde dieses Buch als grundlegend und richtungweisend bezeichnet, auch wenn man in einzelnen Punkten Vorbehalte geltend machte oder Kritik anmeldete (so wurde auf den zu starken Hang zum Kollektivismus oder die nicht überzeugende negative Beurteilung der Funktionsfähigkeit eines zinslosen Banksystems hingewiesen). Die starke Beachtung auf moslemischer Seite rechtfertigt hier eine ausführliche Zusammenfassung des Buches.

a) *Ethische Axiome.* Aufgabe moslemischer Ökonomen heute sei es, die grundlegenden Wahrheiten des Islam wiederzuentdecken und in die heutige komplexe Welt zu übertragen. Dabei soll man allerdings nicht bei einem intellektuellen Nullpunkt beginnen, sondern es gehe vielmehr darum, bereits verfügbares relevantes Wissen zu nutzen und es in einen neuen Bezugsrahmen zu stellen. Ein wesentliches Problem sieht Naqvi darin, daß es nirgendwo ein voll funktionierendes Modell einer islamischen Wirtschaft gibt, das man als Grundlage für eine islamische Wirtschaftslehre verallgemeinern könnte. Das dürfte ein deutlicher Gegensatz zur retrospektiven Betrachtungsweise und der Verabsolutierung des Modellstaates von Medina sein, zumindest dann, wenn Naqvi seine Aussage nicht nur gegenwartsbezogen, sondern zeitlos verstanden wissen will (was wahrscheinlich erscheint).
Um entscheiden zu können, welches vorhandene Wissen bzw. welche Theorien in einem islamischen Bezugsrahmen akzeptabel wären, muß man zunächst einmal die grundlegenden ethischen Werte des Islam klar erkennen und verstehen, weil jede dazu im Widerspruch stehende Theorie abzulehnen sei. Kennt man diese ethischen Grundwerte, könne man über die islamische oder un-islamische Natur eines gegebenen ökonomischen Prinzips entscheiden. In einem nächsten Schritt sollten die ethischen Werte in operationale Axiome „übersetzt“ werden. Wenn einmal ein sol-

ches logisches System errichtet sei, könnten die Wesensmerkmale der islamischen Ökonomik in einer begrenzten Anzahl weiterer Schritte abgeleitet werden.
Den Axiomen kommt in diesem System ein besonderer Stellenwert zu, denn auf der einen Seite müssen alle weiteren Ableitungen am Axiomensystem, d.h. den ausdrücklich anerkannten Normen und Oberzielen, geprüft werden und alle Urteile über richtig und falsch auf den nachfolgenden Stufen darauf aufbauen. Auf der anderen Seite sind die Axiome selbst aber nicht mehr (wie die späteren Ableitungen) aus der Vernunft begründet, sondern als Werturteile gesetzt. Um von „islamischen" Axiomen sprechen zu können, liegen ihnen Aussagen und Werturteile zugrunde, die aus Koran und Sunna zu entnehmen sind, welche für den Moslem als Rechts- und Erkenntnisquellen höchste Autorität besitzen. Damit können allerdings die von Naqvi heraus- oder hineingelesenen Axiome keine ähnliche Autorität beanspruchen wie die Quellen (Koran und Sunna) selbst, d.h., es ist zu bestreiten, daß seine zwar auf allgemein anerkannten Grundlagen basierenden, aber dennoch nur subjektiven Werturteile mehr als nur persönliche Ansicht eines einzelnen sein können. Erhebliche Skepsis ist angebracht, wenn Naqvi nach generellen ethischen Prinzipien sucht, die „unzweifelhaft" islamisch sind, denn in der Form und Formulierung, in der er seine Axiome darstellt, findet sich kein einziges so im Koran oder in der Sunna. Naqvi geht von vier grundlegenden ethischen Axiomen aus:
- Einheit,
- Gleichgewicht,
- freier Wille,
- Verantwortlichkeit.

aa) *Einheit*. Das Axiom der Einheit soll ausdrücken, daß alles innerhalb dieser Welt und diese Welt mit dem Jenseits verbunden ist. Einheit sei die „vertikale" Dimension im Islam, sie integriert das politische, ökonomische, soziale und

religiöse Leben der Menschen zu einem homogenen Ganzen. Einheit als Axiom zeigt, daß alles mit jedem in einer Beziehung steht.
Es fällt schwer zu verstehen, was mit diesem Axiom wirklich gemeint ist und inwiefern es „operational" sein soll. Noch am konkretesten scheint folgende Vorstellung zu sein: Der Islam betrachtet den Menschen und die Welt als Schöpfungen Gottes, der den Menschen darüber im Koran unmittelbares Wissen gegeben hat. Dieses Wissen macht eine einheitliche Weltsicht erst möglich und bietet die Chance, den Traum von einer Menschheit zu realisieren, die sich geeint auf die letzten Wahrheiten zubewegt. Was damit das Einheits-Axiom positiv bedeuten soll, ist zwar immer noch nicht klar, aber man kann ahnen, daß ein Pluralismus von Werten, Weltanschauungen und Lebensweisen mit ihm unvereinbar sein dürfte.

bb) *Gleichgewicht*. Ist Einheit die vertikale, so ist Gleichgewicht die horizontale Dimension des Islam. Gleichgewicht im Sinne von Harmonie und Ordnung beherrsche die Schöpfung. Gleichgewicht im Sinne von Ausgewogenheit soll das bestimmende Prinzip für individuelles Verhalten sein (was an die oben, S. 65, zitierte Aufforderung zur Mäßigung und zum rechten Maß beim Genuß irdischer Güter erinnert). Dem Gleichgewichts-Axiom kommt nicht nur faktische, sondern vor allem auch normative Bedeutung zu. Ein Gleichgewicht in allen individuellen Lebensbereichen und soziale Harmonie sind erstrebenswerte Ziele einer islamischen Gesellschaft.

cc) *Freier Wille*. Naqvi hält das Konzept eines „freien" Menschen für einen der originärsten Beiträge des Islam zur Sozialphilosophie. Der Mensch ist frei, Gott anzuerkennen oder zu leugnen. Seine Freiheit ist gottgegeben.
Naqvi macht zu Recht auf grundlegende Unterschiede in seinem – „islamisch" genannten – und dem Freiheitsver-

ständnis westlicher Philosophien aufmerksam, wobei er allerdings letztere fehlinterpretiert. Für Naqvi muß Freiheit im Rahmen einer „islamischen" Philosophie *kollektiv* verstanden werden, was für Vertreter westlich-liberaler Philosophien ein völliges Unding ist. Zunächst darf die Freiheit niemals zur Mißachtung des göttlichen Willens mißbraucht werden (was auf individuell-moralischer Ebene akzeptabel, auf gesellschaftlich-politischer Ebene dagegen fragwürdig erscheint). Auch dürfen nicht jegliche Wünsche und Neigungen der Menschen zur „unfehlbaren" Richtschnur des sozialen Handelns gemacht werden. Insbesondere kann im Islam eine individuelle Freiheit, die die Axiome der Einheit und Gleichheit negieren würde, nicht anerkannt werden. Der einzelne müsse freiwillig seine eigene Freiheit beschneiden, damit die kollektive Freiheit maximiert wird. Das kann man zunächst durch Charakterbildung zu erreichen versuchen, aber zweifellos wären auch härtere Interventionen eines „islamischen" Staates „notfalls" zu vertreten.

Naqvis Fehlinterpretation westlicher Philosophie setzt das dort vorzufindende Freiheitskonzept mit dem nahezu unbeschränkten Recht auf Privateigentum und im ökonomischen Bereich mit atomistischer Konkurrenz gleich. Er kritisiert, daß dieses System Ergebnisse hervorbringen könnte, die nicht unbedingt eine soziale Wohlfahrtsfunktion maximieren würden. Daß es jedoch in einem freiheitlichen System überhaupt keine, z.B. von einem wohlwollenden Diktator aufgestellte, soziale Wohlfahrtsfunktion geben soll und kann, wird von Naqvi ebenso übersehen, wie sein Verständnis von Wirtschaftstheorie als Maximierungskalkül mit dem Wissenschaftsverständnis liberaler Autoren wie von Hayek (den er zitiert) unvereinbar ist.

Viel wichtiger als diese Kritik ist es jedoch festzuhalten, daß die „kollektive" Freiheitsauffassung, die Naqvi als „islamisch" darstellt, zunächst nur seine eigene Auffassung ist, der die Meinungen anderer moslemischer Ökonomen entgegenstehen. So findet man z.B. folgende Argumentation:

Wirtschaftliche Freiheit ist die erste Säule des islamischen Marktes. Grundlegend für die islamische Lehre ist das (von Naqvi als viertes Axiom aufgeführte) Prinzip der persönlichen Verantwortlichkeit. Verantwortlichkeit und Freiheit sind – ganz in dem oben (S. 107ff) bereits dargestellten Sinne – zwei Seiten einer Medaille, und je stärker man die Verantwortlichkeit betont, umso mehr muß man auch die (persönliche) Freiheit herausstellen. Entscheidend ist: Keine Gemeinschaft oder Nation ist als Gruppe vor Allah verantwortlich, sondern jedes einzelne Mitglied einer Gruppe ist individuell verantwortlich. Daraus folgt u.a., daß die letzte Rechtfertigung für ein soziales System nur das Wohlergehen und Glück des einzelnen und nicht der „Gesellschaft" sein kann.[17]

dd) *Verantwortlichkeit.* Verantwortlichkeit ist das Gegengewicht der Freiheit. Jeder einzelne ist zweifellos für seine Taten verantwortlich. Naqvi geht aber noch einen Schritt weiter; der einzelne sei auch verantwortlich für das Böse, das um ihn herum geschicht. Jeder einzelne – ausgenommen Kranke, Kinder und Frauen – müsse etwas gegen das Böse in der Gesellschaft unternehmen, und wenn er das nicht kann, sollte er die Gesellschaft verlassen. Fatalistische Hinnahme eines schlechten status quo wird abgelehnt, die Menschen sind (selbst) verantwortlich für die Schaffung einer besseren Zukunft. Die Verantwortlichkeit für eigene Taten wird ergänzt durch soziale Verantwortlichkeit, ein soziales Gewissen, was dann auch die Verbindung zwischen individueller und kollektiver Freiheit herstellen soll.

b) *Ökonomische Implikationen.* Die genannten Axiome haben für eine islamische Wirtschaftsordnung einige grundlegende Implikationen, die der Ziel- und Strategieformulierung noch vorangehen und dabei zu beachten sind.

aa) *Einheit und Handlungsweisen.* Zahlreiche moslemische Autoren, darunter auch Naqvi, haben den Eindruck gewon-

nen, daß im Westen Ethik und Wirtschaft zwei völlig getrennte Bereiche seien und der islamische Versuch, die Wirtschaft der Ethik unterzuordnen, eine wesentliche Innovation wäre. Dieser bei einmaligem Hinsehen durchaus naheliegende Eindruck ist jedoch letztlich nicht richtig. Es wurde bereits der Satz eines Vertreters der katholischen Soziallehre zitiert, wonach Wirtschaften als menschliches Handeln (notwendig) dem Sittengesetz, d.h. der Ethik, untersteht (vgl. S. 62), und man wird wohl kaum behaupten können, daß im individuellen wie im politischen Leben bei Wirtschaftsfragen die reine Unmoral herrsche. Dies bedenkend, verlieren doch manche Argumente viel an der ihnen von moslemischer Seite beigelegten Gewichtigkeit.
So dürfte die These, daß ein typisches nutzenmaximierendes Güterbündel eines Moslems anders zusammengesetzt ist als das eines „Westlers", kaum mehr als eine Marginalie sein. Auch daß es spezifisch „islamische" Entscheidungen sein sollten, die die soziale Wohlfahrtsfunktion für eine islamische Gesellschaft bestimmen, ist weniger bedeutsam als die Tatsache, daß überhaupt einer gesellschaftlichen Autorität die Aufstellung einer solchen Funktion übertragen wird.
Von besonderem wirtschaftstheoretischem Interesse ist die These, daß die Einheit von Ethik und Ökonomik die individuellen Verhaltens- und Handlungsweisen in Richtung „Altruismus" verändern würde. Zum Verständnis der Funktionsweise und des notwendigen Ordnungsrahmens einer altruistischen Wirtschaft fehlt jedoch uns und auch den moslemischen Autoren eine entsprechende Wirtschafts(ordnungs)theorie.

bb) *Gleichgewicht und Strukturen.* Gleichgewicht soll das Fehlen privater wirtschaftlicher Macht bedeuten, während staatliche Wirtschaftsmacht mit Blick auf die „soziale Wohlfahrt" ausgeklammert bleibt.
Gleichgewicht bedeutet auch bestimmte Verteilungsstrukturen. Da jeder Mensch als Geschöpf Gottes den gleichen Wert

haben und dem individuellen Glück jedes einzelnen die gleiche Bedeutung zugemessen werden muß, müsse zur Maximierung der gesamten Zufriedenheit in der Gesellschaft eine absolute Gleichheit der Einkommen angestrebt (und dazu aktive Verteilungspolitik betrieben) werden.
Naqvi spricht hier selbst von einer schweren egalitären „Schlagseite", die er aber offenbar nicht nur hinnimmt, sondern auch im Bereich des Eigentums konsequent absichern will: Für ein unbeschränktes Recht des einzelnen auf Privateigentum gebe es in einer islamischen Ordnung keine Rechtfertigung – umso weniger, als kein wirtschaftspolitisches Programm, das „soziale Gerechtigkeit" anstrebe, ohne wesentliche Einschnitte in die private Eigentumsordnung Erfolg haben könnte. Daß Naqvi seinen Egalitarismus verbergen wollte oder in den eigentumsfeindlichen Konsequenzen nicht durchdacht hätte, kann man angesichts solcher Passagen nicht behaupten. Was man dagegen stark bezweifeln muß, ist, daß er das ständig von ihm verwendete Etikett „islamisch" in einem Sinne versteht, der mit der „traditionellen" islamischen Rechtslehre und Wirtschaftsethik vereinbar wäre. Egalitäre Einkommensverteilung und totale Aushöhlung des Privateigentums passen absolut nicht zur Lehre vom Erwerb und Gebrauch irdischer Güter oder zum Eigentums-, Vertrags- und Erbrecht. Daß Naqvi allerdings wegen seines Egalitarismus und Kollektivismus kritisiert wird – sogar im Vorwort zu seinem eigenen Buch –, wurde bereits erwähnt.

cc) *Freier Wille und Institutionen.* Es steht für Naqvi wohl außer Frage, daß der freie Wille der einzelnen bzw. ihre Präferenzen so „konditioniert" werden sollen, daß sie nicht länger mit der öffentlichen Wohlfahrt in Konflikt stehen. Dazu soll das wirtschaftliche Handeln der Menschen „gewissenhaft reguliert" werden, und zwar sowohl hinsichtlich ihrer Bedürfnisse als auch im Hinblick auf die dafür einzusetzenden Mittel. Was hier so vorsichtig umschrieben wird, ist im Klartext das Plädoyer für einen „wohlwollenden Wohlfahrtsdiktator", der am besten und besser als alle „normalen" Menschen weiß, was ihre „wahren Bedürfnisse" sind. An anderer Stelle gibt Naqvi seine Zurückhaltung jedoch auf und stellt klar, daß die ausdrückliche staatliche Kontrolle des individuellen wirtschaftlichen Verhaltens, die den Konsum und die Produktionsstruktur mit dem für „sozial gerecht" gehaltenen in Einklang bringen soll, in einer „islamischen" Gesellschaft etwas ganz „Alltägliches" sein sollte.

dd) *Verantwortlichkeit und Verhalten.* Die soziale Verantwortlichkeit sollte altruistisches Verhalten des einzelnen bewirken. Der Staat sollte eine Mindestversorgung für jeden garantieren.

c) *Wirtschaftspolitische Ziele.* Die eigentlich entscheidende ordnungspolitische Weichenstellung wurde bereits bei der Ausarbeitung der Implikationen der Axiome vollzogen: Das System läuft auf eine egalitäre Wohlfahrtsdiktatur hinaus. Die Erwähnung von Zielen und Problemen der Instrumentenwahl kann das Bild lediglich etwas deutlicher werden lassen. Naqvi geht von vier wirtschaftspolitischen (Haupt-) Zielen aus, die alle in eine gewisse Beziehung zu den Axiomen der Einheit, des Gleichgewichts, des freien Willens und der Verantwortlichkeit gebracht werden können:

- *Soziale Gerechtigkeit* ist im Sinne „austeilender" Gerechtigkeit zu verstehen und bedeutet aktive (und massive) Umverteilungspolitik des Staates.
- *Bildung für alle* folgt einerseits aus der Gleichheit aller Menschen als Gottes Geschöpfe und ist – da sie die Einkommenschancen bislang Ungebildeter verbessert – zugleich der sozialen Gerechtigkeit förderlich.
- *Wirtschaftswachstum* soll soziale Gerechtigkeit im Zeitablauf und zwischen den Generationen sichern; es darf daher weder extensiv angelegt sein noch rein quantitativ verstan-

den werden. Anzustrebendes „optimales“ Wachstum muß auch in „islamischem“ Sinne geistig-geistliches Wohlergehen einschließen.

- *Schaffung von Arbeitsplätzen* ist eine wichtige Aufgabe eines islamischen Wirtschaftssystems; der Staat kann dabei durch die Festsetzung von Arbeitslöhnen eine wichtige Rolle spielen.

d) *Instrumentenwahl.* In einer islamischen Wirtschaftsordnung müssen nicht nur die Ziele, sondern auch die Instrumente „islamisch legitimiert“ sein, d.h., sie sollen den ethischen Axiomen genügen oder ihnen zumindest nicht widersprechen. Außerdem sollen sie einen Beitrag zum Ziel der sozialen Gerechtigkeit leisten. Mit dieser Orientierung diskutiert Naqvi instrumentelle Aspekte des Privateigentums, insbesondere des Eigentums an Produktionsmitteln, der Wachstumspolitik sowie der sozialen Sicherung (einschließlich der „Almosensteuer“ Zakāt).
Von seiner Systematik nicht richtig erfaßbar, aber als ein zentrales Thema der islamischen Ökonomik nicht zu übergehen ist das Problem des *Zinses.* Naqvi hält eine Wirtschaft, in der der Zins durch Erfolgsbeteiligungen ersetzt wird, für nicht überzeugend. Statt für die Errichtung zinsloser islamischer Banken tritt er für eine dominierende Rolle des Staates bei Kapitalbildung und -verwendung ein, für Zwangssparen und staatliche Planung des Investitionsgütersektors. Naqvis Kritik an einer „Erfolgsbeteiligungswirtschaft“ und seine Vorstellungen zur Abschaffung des Darlehenszinses sind nicht ohne Widerspruch geblieben.[18]
Die weiteren Erörterungen einzelner Instrumente – von Investitionskontrollen über die Geldpolitik bis zu den Staatsausgaben – bringen keine grundsätzlich neuen Erkenntnisse und bestätigen, was bereits herausgestellt worden ist, nämlich

- daß man davon auszugehen hätte, daß die Menschen nicht immer wissen, was für sie am besten ist,

- deswegen der Staat eine besondere Fürsorgepflicht wahrzunehmen habe und seine Politik auf die Maximierung der kollektiven Wohlfahrt ausrichten solle,
- wobei er wirtschaftlich eine dominante und durchgreifende Rolle zu spielen hätte.

Die von ihm propagierte egalitäre Wohlfahrtsdiktatur hält Naqvi für „islamisch“ oder „islamisch legitimiert“, aber es fällt auf, daß zu einzelnen Zielen und Instrumenten oft mehr und treffendere Belege aus dem Koran angeführt werden konnten als gerade bei den in diesem Ansatz so wichtigen (und kaum verständlich formulierten) Axiomen. Das bedeutet, daß Naqvi sich nicht nur in einem klaren Gegensatz zur „traditionellen“ Sicht von Wirtschaftsethik und -recht befindet, sondern auch keine überzeugenden Belege aus den höchsten Rechts- und Erkenntnisquellen vorweisen kann.[19]

2.2.2 *„Soziale Marktwirtschaft“.* Schon einige Jahre vor Naqvi hat M. 'Umar Chapra eine ebenfalls dem deduktiven Ansatz folgende Arbeit vorgelegt, die einen deutlich „gemäßigteren“ Eindruck macht.[20] Auch Chapra ist mit westlicher Ökonomik vertraut und hat an einer amerikanischen Universität gearbeitet, bevor er nach Tätigkeiten im Pakistan Institute of Development Economics und im pakistanischen Institute of Islamic Research Wirtschaftsberater der Saudi Monetary Agency in Riyad wurde.

a) *Wirtschaftsethische und -rechtliche Grundlagen.* Als Bezugspunkt für seine Diskussion der islamischen Wirtschaftsordnung nennt Chapra in erster Linie Koran und Sunna, nötigenfalls ergänzt durch islamische Rechtsliteratur. Aus diesen Quellen lassen sich Normen und Werte entnehmen, die bei zeitgemäßer Interpretation die Grundorientierung und (Ober-)Ziele der Wirtschaftsordnung bestimmen, aber auch wichtige Hinweise geben, mit welchen Instrumenten diese Ziele erreicht werden sollen (bzw. welche nicht eingesetzt werden dürfen).

aa) *Freiheit und Eigentum.* Chapra betont, daß der Islam der persönlichen Freiheit verpflichtet sei. Das findet seinen deutlichen Niederschlag im islamischen Recht. So stimmen beispielsweise alle islamischen Rechtsschulen darin überein, daß die freiwillige Einigung und Übereinkunft von Vertragsparteien, z.B. von Käufer und Verkäufer, eine notwendige Voraussetzung für jeden Geschäftsabschluß ist. Chapra zitiert S 4,29: „Ihr Gläubigen! Bringt euch nicht untereinander in betrügerischer Weise um euer Vermögen! – Anders ist es, wenn es sich um ein Geschäft handelt, das ihr nach gegenseitigem Übereinkommen abschließt."
Mit der freiheitlichen Grundeinstellung des Islam sei nur eine Wirtschaftsordnung vereinbar, die die Produktion und Verteilung von Gütern und Diensten weitgehend den einzelnen oder freiwillig gebildeten Gruppen überläßt und in der es jedem einzelnen erlaubt ist zu kaufen, von wem, und zu verkaufen, an wen er will, und das zu Preisen, denen beide, Käufer und Verkäufer, zustimmen. Eine solche wirtschaftliche Freiheit ist ohne die Institutionen des Privateigentums und des Marktes nicht möglich.
Bereits aus der Tatsache, daß zahlreiche Normen und Vorschriften von Koran, Sunna und islamischem Recht entweder direkt das *Privateigentum* betreffen oder ohne ein solches sinnlos wären (z.B. Erbrecht, Kaufrecht, Zakāt), kann man ersehen, daß Privateigentum (auch an Produktionsmitteln) im Islam anerkannt wird. Von der herrschenden Meinung sei dies auch nie bestritten worden.
Auch *Markt und Wettbewerb* (wörtlich: „Marktmechanismus") können als wesentlicher Bestandteil einer islamischen Wirtschaftsordnung gelten, denn ohne sie wäre Privateigentum sinnlos. Außerdem eröffnet der Markt den Nachfragern die Möglichkeit, ihre „Produktionswünsche" und den Preis, den sie dafür zu zahlen bereit sind, kundzutun, und umgekehrt den Besitzern von Produktionsfaktoren (Arbeit, Boden, Kapital) die Möglichkeit, ihre Faktoren ihren eigenen Vorstellungen entsprechend zu nutzen.

Wichtig auch die Feststellung, daß das *Gewinnmotiv,* ohne das eine Wettbewerbswirtschaft undenkbar wäre und das für eine effiziente Nutzung der von Gott den Menschen gegebenen Ressourcen sorgt, im islamischen Recht allgemein anerkannt ist. Allerdings dürfen die Gewinne des einen nicht zu Verlusten des anderen führen (z.B. durch die Ausnutzung einer Notlage des anderen, durch Betrug oder durch Glücksspiel), sondern müssen gegenseitig sein. Die gegenseitige Vorteilhaftigkeit ist aber gerade ein Merkmal von freiwilligen Markttransaktionen: Für den Käufer eines Gutes ist dieses wertvoller als die dafür hingegebene Geldsumme, während umgekehrt der Verkäufer das Geld höher schätzt als das Gut – andernfalls käme freiwillig ja kein Geschäft zustande.

bb) *Verhaltensnormen.* Die „gute" Gesellschaft, die der Islam entwirft, kann nur von Menschen aufgebaut werden, die den Regeln rechtschaffenen Verhaltens folgen, die vom islamischen Recht formuliert wurden. Diese Regeln, die Chapra in zwei großen Gruppen – Erwerbstätigkeit und Verausgabung – zusammenstellt, stimmen praktisch mit den wirtschaftsethischen Lehren vom Erwerb und Gebrauch der irdischen Güter überein (vgl. S. 63ff). Die einzelnen Normen und Regeln belegt Chapra mit Zitaten aus dem Koran und aus der Tradition des Propheten (Sunna).

Regeln über die *Erwerbstätigkeit* sind beispielsweise:

- Verträge oder Versprechen müssen erfüllt werden, auch wenn daraus Verluste erwachsen.
- Es ist unzulässig, Einkommen mit unmoralischen Praktiken zu erzielen oder mit unmoralischen oder verbotenen Gütern Handel zu treiben.
- Einkommen darf nicht durch Stehlen, Betrug, Untreue oder Verleumdung erzielt werden; unfairer Wettbewerb und irreführende Werbung sind verboten; Geschäftsleute haben eine Informations- und Aufklärungspflicht über die Beschaffenheit ihrer Waren.

- Bestechung (aktive wie passive) ist verboten.
- Horten von Waren und künstliche Angebotsverknappungen als Marktstrategie mit dem Ziel der Durchsetzung überhöhter Preise sind unzulässig. Dahinter steht die Norm, daß eine wirtschaftliche Ausbeutung Schwächerer unterbleiben muß.
- Das Zinsverbot wird damit begründet, daß Zinsen als feste Zahlungen an den Kapitalgeber ohne Beteiligung am Risiko des Kapitalnehmers sowohl gegen wirtschaftliche und soziale Gerechtigkeit verstoßen als auch ein Element der Ausbeutung einschließen.

Chapra nennt nur die wichigsten Regeln zur Erwerbstätigkeit und verweist für Einzelheiten auf weitere klare Vorschriften in Koran, Sunna und islamischem Recht. Es ist bemerkenswert, daß in diesen Verweisen und Bezugnahmen auf Sunna und „traditionelles" Recht ein deutlicher Unterschied zu Naqvi besteht, der sich mit einer eigenen Interpretation nur von Koranstellen begnügt und insbesondere das islamische Recht übergeht. Das dürfte mehr als nur ein gradueller Unterschied sein, denn – wie oben einführend skizziert wurde – es liegt dem islamischen Recht ja eine spezielle Erkenntnistheorie und Methodologie zugrunde, die Chapra zu akzeptieren scheint, die von Naqvi aber praktisch nicht beachtet wird. Das kann (oder müßte) trotz der methodischen Gemeinsamkeit der beiden deduktiven Ansätze für die eigentlich wichtigere – aber wohl eher von moslemischen Autoren vorzunehmende – Beurteilung ihrer „islamischen" Qualität von erheblicher Bedeutung sein.

Regeln über die *Verausgabung* sind etwa:

- Rechtmäßig erworbenes Vermögen darf weder ungenutzt bleiben noch vergeudet werden.
- Beim Konsum sollte man den Grundsatz der Mäßigung befolgen.
- Wer nicht sein gesamtes Einkommen zum Bestreiten eines in vernünftigen Maßen angenehmen Lebens benötigt, sollte mit den Überschüssen Bedürftigen und Armen

helfen. Wohltätigkeit ist keine den Armen erwiesene Gunst, sondern diese haben einen (Rechts-)Anspruch auf Teilhabe am Vermögen der Reichen.
- Die Zahlung der „Almosensteuer“ Zakāt ist eine „institutionalisierte“ Form der Wohltätigkeit und eine Art „Sozialversicherung“ mit Umverteilungseffekten.

Erwähnt wird schließlich noch das (nicht ganz unter das Stichwort „Verausgabung“ passende) Erbrecht, wonach der Erblasser nur über ein Drittel seines Vermögens frei verfügen kann, während der Rest nach feststehenden Regeln verteilt werden muß.

b) *Grenzen der Marktsteuerung*. Einen wesentlichen Unterschied zwischen einer islamischen Wirtschaftsordnung und einer „kapitalistischen“ sieht Chapra darin, daß die moralisch-ethischen Werte des Islam das Wirtschaftsleben bestimmen müßten, woraus dann das Verbot bestimmter Tätigkeiten oder die Ermahnung und Aufforderung zur Brüderlichkeit, zur wirtschaftlichen und sozialen Gerechtigkeit (einschließlich gerechter Einkommens- und Vermögensverteilung) oder zur Förderung des Gemeinwohls folgt. Konkret ergeben sich daraus einige Begrenzungen für die Anwendung des Wettbewerbs- und Marktsteuerungsprinzips.
- Der Markt ist ein zunächst moralisch neutrales Allokationsinstrument, das von den Nachfragepräferenzen gesteuert wird. Wenn diese sich auf „unislamische“ Güter (z.B. Spirituosen) richten, muß der Staat eingreifen: Er soll vor allem die Präferenzen der Nachfrager durch Information, Erziehung usw. korrigieren, kann aber auch bestimmte Produktionen regulieren.
- Der Markt führt nur dann zu einem sozial wünschenswerten Ergebnis, wenn die Einkommensverteilung als „sozial gerecht“ gelten kann; diese solle zunächst herbeigeführt werden, damit die Marktallokation akzeptabel wird.
- Einer „optimalen“ Faktorallokation können Marktmacht und externe Effekte entgegenstehen, die staatliche Ein-

griffe zugunsten der gesellschaftlichen Wohlfahrt erforderlich machen.
- Die Erfahrung lehre, daß ein Marktsystem – selbst wenn Wettbewerb herrscht – aus sich heraus weder die Probleme der Unterbeschäftigung, Stagnation und Konjunkturschwankungen lösen könne noch eine gerechte Verteilung hervorbringe, so daß daraus wirtschaftspolitische Ziele für die Regierung erwachsen.

Insgesamt also soll man sich nicht „blind" auf das Wirken von Marktkräften verlassen, sondern die Möglichkeit von Korrekturen vorsehen. Es ist bemerkenswert, daß in der von Chapra vorgetragenen kritischen Würdigung der Marktwirtschaft keine neuen oder „islamischen" Agumente zu finden sind. Vielmehr sind alle seine Einwände schon lange in der westlichen Ökonomik bekannt und diskutiert worden unter den Stichworten „Grenzen des Marktes" und „Marktversagen". Gerade in der Bundesrepublik hat es Mitte der siebziger Jahre eine teilweise sehr heftig geführte politische und wissenschaftliche Auseinandersetzung um Investitionslenkung und Planung in der Marktwirtschaft gegeben.[21] Auch wenn man einige der Mängel zugestehen muß (z.B. das Problem der externen Effekte, das sich konkret z.B. in der Umweltbelastung ausdrückt), kann man damit kaum ein staatliches Lenkungs- und Planungskonzept rechtfertigen. Das ist aber wohl auch nicht Chapras Absicht gewesen.

c) *Wirtschaftspolitische Oberziele.* Chapra nennt vier Oberziele, denen eine islamische Wirtschaftsordnung gerecht werden soll:
- wirtschaftliches Wohlergehen innerhalb des von der islamischen Moral gesteckten Rahmens,
- allgemeine Brüderlichkeit und Gerechtigkeit,
- gerechte Einkommensverteilung,
- persönliche Freiheit in sozialer Wohlfahrt.

Im Gegensatz zu den vier Axiomen von Naqvi, die er für notwendig und hinreichend für die Definition und Ableitung einer islamischen Wirtschaftsordnung hält (und insofern „verabsolutiert"), hält Chapra seine Liste von Oberzielen nicht für erschöpfend, aber für ausreichend, um davon ausgehend die Besonderheiten einer islamischen Wirtschaftsordnung zu diskutieren und herauszuarbeiten.

aa) *Wirtschaftliches Wohlergehen.* Der Islam ist keine asketische oder weltfeindliche Religion; vielmehr gibt es zahlreiche Stellen im Koran, wo die Moslems aufgefordert werden, sich der irdischen Güter zu erfreuen, und wo die Sorge um das materielle Wohlergehen als eine Art Tugend dargestellt wird, so etwa

- S 2,168: „Ihr Menschen! Eßt von alledem, was es an Eßbarem auf der Erde gibt, soweit es erlaubt und gut ist!"
- S 5,87/88: „Ihr Gläubigen! Erklärt nicht die guten Dinge, die Gott euch erlaubt hat, für verboten! Und begeht keine Übertretung! ... Eßt von dem, was Gott euch beschert hat, soweit es erlaubt und gut ist!"
- S 62,10: „Doch wenn das Gebet zu Ende ist, dann geht eurer Wege und strebt danach, daß Gott euch Gunst erweist, indem ihr eurem Erwerb nachgeht!"

Die Schaffung von Arbeitsplätzen, die die Möglichkeit zum eigenen Erwerb des Lebensunterhalts eröffnen, kann darum als wichtiges Ziel einer islamischen Ordnung angesehen werden, die auch (quantitativem) Wirtschaftswachstum nicht negativ gegenübersteht. Es ist hier zu beachten, daß daraus nicht zwingend die Notwendigkeit staatlicher Beschäftigungsprogramme oder aktiver Wachstumspolitik folgt, denn „westliche" Theorien besagen, daß in einer Marktwirtschaft, wenn bestimmte Funktionsbedingungen erfüllt sind, d.h. insbesondere Geldwertstabilität gegeben ist, sowohl die Vollbeschäftigung erreicht werden kann als auch Wirtschaftswachstum als Ergebnis des Marktprozesses sich einstellen wird. Chapra ist da zwar skeptischer, aber es ist wichtig zu sehen, daß hinter solchen Meinungsverschiedenheiten keine theologischen Positionen stehen, sondern divergierende Wirtschaftstheorien, d.h., daß die Entscheidung für die eine oder die andere politische Empfehlung von wirtschaftswissenschaftlichen und nicht von normativ-ethischen Argumenten abhängt. Normativ sind die Zielbegründungen, nicht dagegen Fragen der Strategie und Zielerreichung, sofern gewisse (normativ hinzunehmende) Nebenbedingungen etwa in bezug auf verbotene Instrumente beachtet werden.

bb) *Brüderlichkeit und Gerechtigkeit*. Der Islam will den Menschen nicht als isoliertes Einzelwesen ansprechen, sondern eine Gesellschaftsordnung schaffen, in der die Menschen sich brüderlich verbunden und wie Mitglieder einer großen Familie fühlen. Es soll dabei weder räumliche noch Unterschiede nach Stammesgruppen oder Rassen geben. S 7, 158: „Sag: Ihr *Menschen!* Ich bin der Gesandte Gottes an *euch alle*", und es ist ein Ausspruch Mohammeds überliefert: „Ich wurde zu allen gleichermaßen gesandt, zu den Roten wie zu den Schwarzen."
Konkret wird Brüderlichkeit durch gegenseitige Hilfe und Kooperation, ganz besonders unter den moslemischen Glaubensbrüdern. Untrennbar damit verbunden ist die Gerechtigkeit, die der Islam ständig und nachdrücklich betont:
- S 57,25: „Wir haben doch unsere Gesandten mit klaren Beweisen zu den Menschen geschickt und die Schrift und die Waage mit ihnen herabkommen lassen, damit die Menschen für Gerechtigkeit sorgen würden."
- S 16,90: „Gott befiehlt zu tun, was recht und billig ist, gut zu handeln und den Verwandten zu geben, was ihnen zusteht."
- S 4,135: „Ihr Gläubigen! Steht, wenn ihr Zeugnis ablegt, als Zeugen Gott gegenüber für die Gerechtigkeit ein, auch wenn das Zeugnis gegen euch selbst oder gegen die Eltern und nächsten Verwandten gerichtet sein sollte."

Unter *„sozialer Gerechtigkeit"* versteht Chapra (im Unterschied zum bisherigen Sprachgebrauch) nicht die „austeilende Gerechtigkeit", sondern die Gleichheit vor Gott und dem Gesetz, die jegliche Diskriminierung verbietet.

„Ökonomische Gerechtigkeit" bedeutet für Chapra, daß jedermann das erhält, was ihm für seine Leistung gegenüber der Gesellschaft bzw. seinen Beitrag zum Sozialprodukt zusteht, und daß es keine Ausbeutung des Menschen durch den Menschen geben soll. „Ökonomische" Gerechtigkeit ist damit eine Art „Leistungsgerechtigkeit"; es sollen nicht moralische Verdienste oder das Ansehen in der Öffentlichkeit sein, die die Entlohnung bestimmen, sondern individuelle Leistungen. Das entspricht praktisch dem oben dargestellten freiheitlich-marktwirtschaftlichen Prinzip. Daß natürlich auch in einem solchen System für jene eine Versorgung sichergestellt wird, die aus von ihnen nicht zu vertretenden Gründen keine marktbewertete Leistung erbringen können, steht außer Frage. Chapra verknüpft diese Frage der Sicherung eines Existenzminimums mit dem Problem des *gerechten Lohns*. Für ihn kann der gerechte Lohn nicht unterhalb des existenzsichernden *Mindestlohns* liegen. „Ideal" wäre ein Lohn, der dem Lohnempfänger die gleiche Lebensweise ermöglichen würde wie seinem Arbeitgeber, weil große Einkommensdifferenzen mit dem Grundsatz allgemeiner Brüderlichkeit kaum vereinbar wären. Allerdings ist dieses egalitäre Ideal nicht in der Weise verbindlich und notfalls durch staatliche Interventionen zu erreichen, wie es das nach Naqvis Vorstellungen sein soll. Bei Chapra hat es mehr den Charakter eines Wunsches oder eines Fernziels, das durch freiwillige Verhaltensänderungen der Menschen, die dieses Ideal akzeptieren werden, anzustreben sei und nicht mit Hilfe staatlicher Machtmittel durchgesetzt werden soll. Für „gerecht" hält Chapra aber wohl jeden Preis bzw. Lohn, der innerhalb dieser Grenzen vor allem durch die Kräfte von Angebot und Nachfrage bestimmt wird.

Diese Ansicht kommt christlichen Lehren der mittelalterlichen Scholastik sehr nahe: „Die Scholastiker haben zu ihrer Zeit, mit ihren Mitteln versucht, den richtigen oder – was

dasselbe ist – den gerechten Preis zu ermitteln. Nach ihrer Ansicht kommt der richtige Preis am Markte zustande, solange keine marktwidrigen Kräfte die Preise verfälschen ... Der gerechte Preis hat ... eine gewisse Spanne. Innerhalb dieser Spanne liegt die objektive Äquivalenz. Hier waren nun die Scholastiker der Ansicht, daß der Preis, wie er sich am Markte im freien Wettbewerb bildet, dem Erfordernis der objektiven Äquivalenz am ehesten Rechnung trägt, ohne daß umständliche Vergleiche stattfinden mußten."[22]
„Der Lohn ist ein Preis, und zwar der gerechte Preis für eine Dienstleistung ... Ähnlich wie der gerechte Preis nicht punktuell bestimmbar ist, sondern eine gewisse Marge aufweist, verhält es sich auch mit dem gerechten Lohn ... Gerecht ist demnach ein Lohn, der sich innerhalb der Schwankungsbreite hält, die sich aus der Elastizität von Angebot und Nachfrage und der allgemeinen Wertschätzung einer Leistung an einem bestimmten Ort zu einer bestimmten Zeit ergibt ... Der gerechte Lohn ist daher in jedem Falle ein Leistungslohn."[23]
Das Problem, daß ein marktbestimmter Lohn nicht zur Bestreitung des Lebensunterhalts ausreichen könnte, wurde auch schon von den Scholastikern gesehen. Das macht ihn jedoch im Sinne der ökonomischen oder der „Tauschgerechtigkeit" nicht ungerecht. Um zu einem ausreichenden Einkommen zu gelangen, müßte sich der Betreffende nach anderen und/oder zusätzlichen Erwerbsquellen umsehen. Heute könnte man insbesondere in den Fällen, wo aus nicht vom einzelnen zu vertretenden Gründen die von ihm erbringbare Leistung so gering entlohnt wird, daß er das Existenzminimum nicht erreicht, auch an Unterstützungen aus einer Sozialversicherung denken.
Aus analytischen Gründen empfiehlt es sich, zwischen den Fragen zu trennen, ob ein Lohn „gerecht" ist und ob er „ausreichend" ist. Die Verquickung in der Forderung nach einem Mindestlohn bringt Probleme: Wenn im Grundsatz der gerechte Lohn marktbestimmt sein soll, dann kann ein

staatlich garantierter Mindestlohn kein in diesem Sinne gerechter Lohn mehr sein, denn definitionsgemäß liegt der Mindest- über dem Marktlohn. Außerdem führt eine Mindestlohnvorschrift zu Arbeitslosigkeit bzw. verhindert deren weiteren Abbau. Das Existenzminimum können Mindestlöhne nur für jene sichern, die überhaupt zu diesem Lohn eine Beschäftigung finden, während die Lage der Arbeitslosen sich gegenüber vorher verschlechtert. Wenn Mindestlöhne als gerecht bezeichnet würden, wäre das eine sehr fragwürdige, „diskriminierende Gerechtigkeit". Über die Problematik von Mindestlöhnen müßte noch genauer nachgedacht werden, was aber auch möglich erscheint, da Chapra Mindestlöhne zwar empfiehlt, aber wohl nicht zu einem – rational-theoretischen Argumenten nicht mehr zugänglichen – Dogma erklärt.

cc) *Gerechte Einkommensverteilung.* Mit dem Geist der Brüderlichkeit und mit sozialer und wirtschaftlicher Gerechtigkeit sind krasse Einkommens- und Vermögensunterschiede nicht vereinbar. Während manche den Satz, daß Gott die Erde und die Schätze der Natur allen Menschen gegeben hat, in einem egalitär-kollektiven Sinn verstehen, folgert Chapra daraus zunächst nur, daß es keinen Grund gibt, warum diese Gaben in Händen weniger konzentriert bleiben sollten. Darum müsse eine islamische Ordnung Maßnahmen zur Einkommens- und Vermögensumverteilung einschließen, durch die jedermann ein menschenwürdiger Lebensstandard garantiert wird.
Nach westlichem Verständnis ist eine solche Sicherung eines „kulturellen Existenzminimums" jedoch kein Gegenstand staatlicher oder privater Umverteilungspolitik, sondern der Sozialpolitik zuzuordnen, die in dieser Ausrichtung auf Sicherung vor Notlagen auch von Vertretern freiheitlicher Politik als (notwendige) Ergänzung der Marktwirtschaft akzeptiert wird. Auch sind die von Chapra genannten Instrumente – beschäftigungsschaffende Politik, Zakāt, Erb-

recht – nicht geeignet, eine Umverteilungspolitik nach „westlichem“ Verständnis zu betreiben.
Ausdrücklich weist Chapra Ansichten zurück, wonach das Gerechtigkeitsgebot im Islam eine völlige Gleichverteilung ohne Rücksicht auf Leistung bedeuten sollte. Für ihn steht fest, daß der Islam einige Ungleichheiten im Einkommen toleriert, weil auch nicht alle Menschen in Charakter, Fähigkeiten und den für die Gesellschaft erbrachten Leistungen gleich sind. Darum sind Einkommensdifferenzierungen durchaus erlaubt, die auf unterschiedliche Leistungen mit unterschiedlichem Wert für die Gesellschaft zurückgehen, wobei der gesellschaftliche Wert in erster Linie durch den Markt ermittelt wird.

dd) *Freiheit und „Wohlfahrt“.* Der Mensch unterwirft sich nur Gott und sonst niemandem. Persönliche Freiheit ist ein vom Islam anerkannter und höchstrangiger Grundwert. Die Freiheit des einzelnen findet da ihre Grenzen, wo Interessen bzw. Freiheitsräume der anderen berührt werden. Chapra verwendet in diesem Zusammenhang den Begriff der „sozialen Wohlfahrt“ in einer Weise, die wiederum von der sonst üblichen abweicht. Die individuelle Freiheit soll die soziale Wohlfahrt nicht beeinträchtigen, aber diese wird nicht – wie bei Naqvi – von einem „wohlwollenden Diktator“ bestimmt, sondern ist nicht mehr als die Aggregation der schutzwürdigen Interessen aller Mitglieder der Gesellschaft.
Vor einem solchen Hintergrund kann auch ein Grundsatz wie der, daß das Interesse der Gesellschaft dem Interesse des einzelnen übergeordnet ist, eine Bedeutung bekommen, die keineswegs freiheitsfeindlich sein muß: Wenn es keine Autorität gibt, die – aufgrund welcher Machtfülle und Legitimation auch immer – konkrete gesellschaftliche Interessen bestimmt, kann das Interesse der Gesellschaft nur das der Befolgung allgemeiner, für alle gleichermaßen geltender und die persönliche Freiheit des einzelnen begrenzender Regeln sein, auf denen letztlich das freiheitliche System selbst ruht.

In diesem Sinne geht auch nach liberaler Auffassung das „Interesse“ der Gesellschaft dem Interesse des einzelnen (an einer Regelübertretung in einem konkreten Fall) vor, und der Staat hat das Recht, die Einhaltung der in Gesetzen kodifizierten allgemeinen Regeln notfalls mit Zwang sicherzustellen.

d) *Rolle des Staates.* In einer islamischen Ordnung hat der Staat die Aufgabe, die Verwirklichung der islamischen Ziele sicherzustellen. Der islamische Staat muß ein *materieller Rechtsstaat* sein, dessen Grundlage das islamische Recht ist; er darf auf keinen Fall autoritär sein oder sich zur Diktatur eines einzelnen, einer Gruppe oder einer institutionalisierten Kirche entwickeln.
Wenn man die aufgeführten Oberziele in der oben beschriebenen freiheitlichen Interpretation versteht, dann ändert auch Chapras (sachlich unglückliche, strategisch aber vielleicht verständliche) Bezeichnung „Wohlfahrtsstaat“ nichts daran, daß der Staat in dieser Ordnung nicht als Wohlfahrtsdiktator auftreten kann, sondern vielmehr auf die Sicherung der Funktionsbedingungen einer Marktwirtschaft und auf gewisse soziale Ergänzungen beschränkt sein müßte. Das ist eine Position, wie sie etwa auch von Befürwortern einer marktwirtschaftlichen Ordnung in der Bundesrepublik Deutschland vertreten wurde und wird. Auch Chapras Zusammenstellung der wichtigsten fünf Funktionen des Staates in einer islamischen Wirtschaftsordnung deutet darauf hin, daß eine solche liberale Interpretation seinen Intentionen wahrscheinlich nicht zuwiderläuft. Die fünf Hauptfunktionen sind:
- Aufrechterhaltung von Recht und Ordnung,
- Durchsetzung der islamischen Wirtschaftsethik,
- Sicherung der Funktionsfähigkeit des Marktes,
- Bereitstellung von Infrastruktur,
- soziale Sicherung.

Während die beiden ersten Punkte primär aus islamischer Sicht und die beiden letzten vor allem aus ökonomischer Perspektive einleuchten dürften, ist es sinnvoll, etwas genauer zu prüfen, welche Maßnahmen Chapra zur Sicherung der *Funktionsbedingungen* des Marktes vorschlägt bzw. welche staatlichen *Eingriffe* in die Wirtschaft er im Rahmen einer islamischen Ordnung für notwendig, vertretbar oder unzulässig hält. Dazu ist Wichtiges bereits oben gesagt worden, als auf Grenzen der Marktsteuerung hingewiesen wurde.

Chapra stellt den Grundsatz auf, daß der Staat – notfalls durch wirtschaftspolitische Eingriffe – für die Verwirklichung der Ziele Vollbeschäftigung, Stabilität, Wachstum, soziale und wirtschaftliche Gerechtigkeit und gerechte Einkommensverteilung zu sorgen hat, ohne dabei unnötige Einschränkungen der persönlichen Freiheit vorzunehmen. Ein solcher Grundsatz dürfte auch in westlichen Wirtschaften auf breiteste Zustimmung stoßen; Meinungsverschiedenheiten ergeben sich aber, sobald diese Ziele konkreter gefaßt und in Strategien mit entsprechender Zuweisung von Instrumenten eingebunden werden. Chapra macht folgende Konkretisierungen:

- Preiskontrollen sollten kein Instrument der Wirtschaftspolitik sein.
- Kontrollen zum Schutz von Verbrauchern, Gläubigern, Arbeitnehmern usw. sind dagegen sehr wohl vorzusehen.
- Gewisse Begrenzungen, z.B. der Löhne nach unten (Mindestlöhne) oder von Land- und Aktienbesitz nach oben (Höchstwerte), wären vor allem aus Verteilungs- und Gerechtigkeitserwägungen einzuführen.
- Enteignungen stehen dagegen im Gegensatz zum anerkannten Eigentumsrecht und dürfen nur in Ausnahmefällen gegen Entschädigung vorgenommen werden.
- Bestimmte Produktionsmittel bzw. Ressourcen können allerdings nationalisiert werden, so nach islamischem Recht vor allem jene, die sehr leicht (ohne „wirkliche“

Leistung eines potentiellen privaten Eigentümers) genutzt werden können; ob Erdöl in diese Kategorie fällt, ist umstritten.
- Der islamische Staat kann (z.B. zur Finanzierung von Infrastruktur) ihm sinnvoll erscheinende Steuern – neben der „Almosensteuer" Zakāt, die ohnehin zweckgebunden ist – erheben, beispielsweise eine progressive Einkommensteuer.

Insgesamt ist Chapra wohl kein Anhänger einer weitreichenden Planung, und seine Ausführungen lassen sich gut im Sinne eines Plädoyers für eine „soziale Marktwirtschaft" interpretieren. Allerdings könnten andere auch aus einigen Aussagen ein Eintreten für eine gewisse (mehr indirekte) *Lenkung* des Wirtschaftsablaufs herauslesen. Welche Lesart letztlich die richtige ist, kann hier nicht entschieden werden. Es reicht festzuhalten, daß im Gegensatz zu Naqvi aufgrund eines mit ähnlich deduktiven Methoden arbeitenden Ansatzes eine wesentlich freiheitlich-marktwirtschaftlichere islamische Ordnung konzipiert werden kann. Das demonstriert die Ambivalenz der deduktiven Methode, die von Naqvi wesentlich „freier" genutzt wurde als von Chapra, der ständig für seine Thesen Belege aus Koran, Sunna und islamischem Recht beibringt. Dennoch bleibt die Strukturierung des Ordnungsproblems und die Zu- und hierarchische Anordnung von einzelnen Systemelementen untereinander in der Methodik grundsätzlich mit der Naqvis vergleichbar, nämlich deduktiv. Wenn man so will, hat Naqvi aus der islamischen Ethik eine „egalitäre Wohlfahrtsdiktatur", Chapra eine „soziale Marktwirtschaft" abgeleitet.

2.2.3 *Methodenkritische Anmerkungen.* Chapras Buch ist zehn Jahre älter als das von Naqvi; Naqvis Buch wird derzeit zweifellos weit größere Aufmerksamkeit seitens der moslemischen Ökonomen gewidmet als dem Chapras, was nichts über die Qualität der beiden Arbeiten aussagt, sondern wohl einfach daran liegt, daß heute Publikationen zur islamischen

Ökonomik wegen des allgemeinen Aufschwungs des Faches ab Mitte der siebziger Jahre und auch wegen der verbesserten „publizistischen Infrastruktur" generell größere Beachtung finden. Weil aber für manche Naqvis Arbeit „bahnbrechend" ist, erscheint es hier angebracht, wenigstens zwei kritische Anmerkungen zur deduktiven Methode allgemein und besonders zur Art ihrer Anwendung bei Naqvi zu machen.

Während Chapra sich auf die Bestimmung des Ordnungsrahmens einer islamischen Wirtschaft konzentriert, wobei quantitative Ziele keine entscheidende Rolle spielen, geht Naqvi deutlich darüber hinaus und entwirft ein System, in dem eine soziale *Wohlfahrtsfunktion* aufzustellen und zu maximieren ist. Verglichen mit einem wirtschaftlichen Ordnungsrahmen, der im Zeitablauf sehr stabil ist, weil er auf allgemeinen Regeln gerechten Verhaltens beruht, die sich in der Gesellschaft nur sehr langsam wandeln oder gar als unwandelbar, durch den Islam vorgegeben betrachtet werden, ist eine Wohlfahrtsfunktion wesentlich *unbeständiger*. Was mit welchem Gewicht jeweils in diese Funktion eingeht (private und öffentliche Güter, Freizeit, Umweltqualität, kulturelle Werte usw.), ist in hohem Maße von der gegebenen Situation zum Zeitpunkt der Aufstellung dieser Funktion abhängig, später aber auch davon, was bei vorangegangenen Versuchen der Wohlfahrtsmaximierung erreicht werden konnte und was nicht.

Wenn man sich nur kurz an neue und vorher praktisch unbekannte Schlagworte und Programme erinnert, die in den letzten Jahren bei uns die wirtschaftspolitische Diskussion prägten – z.B. an die „Verbreiterung des öffentlichen Korridors" (mehr Kollektivgüter), an Mitbestimmung auf allen Ebenen, Humanisierung der Arbeitswelt, Übergang zur Freizeitgesellschaft, Schutz der Umwelt –, dann erhält man eine Vorstellung davon, in welch kurzer Zeit immer neue Tatbestände als wohlfahrtsbestimmend „entdeckt" werden und wie sich der Stellenwert einzelner Ziele ständig wandelt.

In den Ländern der moslemischen Welt mag die Situation insofern noch etwas „günstiger" für eine Wohlfahrtspolitik sein, als die meisten Länder wirtschaftlich erst wenig entwickelt sind und daher auf mittlere Sicht noch materielle Werte dominieren werden, z.B. Arbeitsplatzschaffung, Wirtschaftswachstum, Einkommenssteigerung. Ein prinzipieller Unterschied zur Situation bei uns ist das aber nicht.

Wenn also Ziele an sich und in ihrer relativen Bedeutung wandelbar sind, dann kann man konsistent von unwandelbaren islamischen Grundsätzen zu wandelbaren Wohlfahrtsfunktionen nur dadurch gelangen, daß man aus den konstanten Grundsätzen eine generell und beständig geltende Regel für die Definition, Beurteilung und Gewichtung von Zielen (und Mitteln) in sich verändernden Situationen ableitet. Diesen entscheidenden Zwischenschritt der Formulierung einer *Erkenntnis- und Bewertungsregel* hat Naqvi aber nicht vollzogen; er versucht vielmehr, unmittelbar aus seinen Axiomen konkrete Ziele oder sogar Ziel-Mittel-Kombinationen zu deduzieren. Bei der schrittweisen Konkretisierung „von oben nach unten" kann er sich nicht allein auf die reine Logik berufen, die stets unverändert gilt, sondern er muß sich auf Theorien stützen, die die „konventionelle" Wissenschaft entwickelt hat. Solche Theorien liefern aber nach herrschender Meinung stets nur vorläufig wahres, noch nicht widerlegtes Wissen, das außerdem – gerade auch bei jenen wirtschaftswissenschaftlichen Theorien, die einer „rationalen Wirtschaftspolitik" zugrunde gelegt werden sollen – einen ausgesprochenen „Konkurrenzcharakter" hat, d.h., wo sich *widerstreitende Erklärungen* gegenüberstehen.

Daraus folgt, daß das Ergebnis von Naqvis Deduktion entscheidend von den von ihm verwendeten Theorien abhängt. Diese müssen aber keineswegs allgemein anerkannt sein, und Anhänger anderer Theorien können daher zu ganz anderen wirtschaftspolitischen Empfehlungen gelangen, selbst wenn sie von Naqvis Axiomen ausgehen würden. Das bedeutet, daß sogar dann, wenn man die Axiome als

„islamisch" akzeptieren würde – was keineswegs zwingend ist, da sie bereits Koraninterpretationen sehr freier Art sind –, dies nicht auch für das Ergebnis von Naqvis Deduktionen gelten muß.

Anders scheinen die Dinge bei Chapra zu liegen (dessen Formulierungen jedoch andere Interpretationen seiner Position nicht ganz ausschließen): Zum einen bemüht er sich auf jeder Stufe seiner Ableitungen um eine Absicherung seiner Interpretation durch entsprechende Belegstellen aus Koran, Sunna und islamischem Recht; zum anderen ist das Ergebnis seiner Deduktion nicht ein konkretes Zielsystem oder eine Wohlfahrtsfunktion, sondern ein zu einem *Ordnungsrahmen* verdichtetes System allgemeiner Regeln. Genau diesen (wirtschaftspolitisch operational bestimmten) Ordnungsrahmen kann man als jene „islamische" Erkenntnis- und Bewertungsregel auffassen, durch die man entscheiden kann, ob bestimmte wandelbare Zielsetzungen und situationsabhängige Maßnahmen in einer „islamischen Wirtschaftsordnung" zulässig und angebracht wären oder nicht, d.h., ob Ziele und Mittel *systemkonform* sind oder nicht.

Innerhalb des gegebenen Rahmens kann eine Antwort auf diese Frage auch nur aufgrund vorläufig wahrer Theorien gegeben werden, wobei es sich dabei weniger um gesamtwirtschaftliche Theorien der Wahlakte handeln dürfte als vielmehr um Theorien der sozialen Ordnung. Bei der Festlegung des Rahmens, d.h. der Bedingungen für Systemkonformität, fließen jedoch zusätzlich *normative* Elemente ein; diese sind aber nicht Ergebnis eines ungehemmten Subjektivismus, sondern wurden in einer Weise ermittelt bzw. bestimmt, die mit der vorherrschenden *Methodik des islamischen Rechts* übereinstimmen dürfte: Jedem Schritt der Deduktion wird „Evidenz" aus den primären islamischen Rechtsquellen beigegeben, und eigene Interpretationen werden mit den früheren Auslegungen entsprechender Stellen durch die Rechtsgelehrten verglichen.

Wenn man einmal unterstellt, daß Chapra dabei keine Fehler

unterlaufen sind – das zu prüfen wäre Aufgabe von Experten in islamischem Recht –, dann könnte man seiner Vorgehensweise mit einigem Recht das Adjektiv „islamisch“ zusprechen, und auch einem Ordnungsrahmen, der unter solcher Beachtung der besonderen islamischen Erkenntnistheorie konzipiert und abgeleitet wurde. So wie auch der Ordnungsrahmen in einer sozialen Marktwirtschaft der Wirtschaftspolitik in konkreten Situationen einen Handlungsspielraum für systemkonforme Politik läßt (sowohl hinsichtlich der situationsabhängigen Zieldefinition als auch bei der Mittelwahl), kann es auch innerhalb einer solchen islamischen Wirtschaftsordnung eine Bandbreite bzw. Alternativen für systemkonforme Wirtschaftspolitik (mit wechselnden Prioritäten, Instrumentarien usw.) geben, die eine Anpassung an besondere Situationen in einem Land oder an die jeweiligen besonderen Umstände verschiedener Länder ermöglichen. Wie solche Spielräume ausgefüllt werden könnten, kann man sich veranschaulichen, wenn man die Vorschläge für einzelne Teilordnungen im folgenden betrachtet.

VIERTES KAPITEL

Teilordnungen

Ging es bei den ordnungspolitischen Gesamtkonzeptionen vor allem um die Grundorientierung und das Leitbild islamischer Wirtschaftspolitik, so stehen bei der Diskussion von Teilordnungen, d.h. von Ordnungen einzelner Bereiche des Wirtschaftslebens, Fragen der Praktikabilität und Umsetzbarkeit von Konzepten stark im Vordergrund. Man unterscheidet allgemein etwa folgende Teilordnungen:

- die Arbeits- und Sozialordnung,
- die Außenwirtschaftsordnung,
- die Wettbewerbsordnung,
- die Finanzverfassung,
- die Geld- und Währungsordnung (einschließlich der Ordnung des Kreditwesens).

Zwar finden sich zu allen Teilordnungen Äußerungen moslemischer Autoren, aber im Zentrum des theoretischen Interesses standen in der Vergangenheit die Geldordnung und Ordnung des Kreditwesens einerseits und die „Almosensteuer" Zakāt als Problem der Finanz- und Sozialordnung andererseits. In neuerer Zeit widmete man verstärkte Aufmerksamkeit auch Fragen der internationalen Währungs-, Handels- und Entwicklungspolitik, die man der Außenwirtschaftsordnung zurechnen kann.

Auch zu den übrigen Teilordnungen wird man aus islamischer Sicht Stellung nehmen können. Ob sich z.B. Arbeitnehmer gewerkschaftlich organisieren können und wie die Gewerkschaften strukturiert sein sollten – als Betriebs- oder

Branchengewerkschaften –, ist eine wichtige Frage der Arbeits- und Sozialordnung, und es steht zu vermuten, daß bei einer Orientierung am islamischen (Arbeits-)Recht und der islamischen Arbeitsethik kaum alle möglichen Organisationsformen gleichrangig nebeneinander stehen; es könnte sich eine gewisse Präferenz für Betriebs- statt Branchengewerkschaften ergeben. Der Meinungsbildungsprozeß ist hier jedoch noch längst nicht abgeschlossen, ja nicht einmal richtig in Gang gekommen; es liegen lediglich erste vereinzelte Stellungnahmen vor. Diese alle wiederzugeben würde den Rahmen einer einführenden Darstellung sprengen, weswegen im folgenden nur die in weiteren Kreisen diskutierten Teilordnungen bzw. Probleme aus diesen Berücksichtigung finden.

1 ORDNUNG DER INTERNATIONALEN WIRTSCHAFTSBEZIEHUNGEN

Praktisch alle Beiträge moslemischer Autoren zur Außenwirtschaftsordnung sprechen sich für eine Intensivierung der wirtschaftlichen Zusammenarbeit der Staaten der moslemischen Welt untereinander aus, um so „nach innen" die eigene ökonomische Entwicklung voranzubringen und „nach außen", insbesondere gegenüber den wirtschaftlichen und politischen Blöcken unter Führung der USA und der Sowjetunion, mehr Unabhängigkeit zu erlangen.

1.1 *„Islamische" Wirtschaftsgemeinschaft?*

Es mag sein, daß der eine oder andere moslemische Autor noch vom Wiedererstehen eines „islamischen Großreiches" von Nordafrika bis Südostasien träumt. Aber diejenigen, die sich mit den Problemen der Welt heute beschäftigen und an Lösungsvorschlägen arbeiten, die nicht nur ins Reich der Träume gehören, sondern gewisse Realisierungschancen haben sollen, müssen von der Tatsache ausgehen, daß die

„moslemische Welt“ in über 40 selbständige Staaten „zersplittert“ ist. Die meisten dieser Staaten haben ausdrücklich auf „nationale“ Eigenständigkeit bedachte Regierungen, haben eigene Rechtssysteme und eigenes Geld und erheben Zölle beim grenzüberschreitenden Güterverkehr (die für manche Staaten eine sehr wichtige Einnahmequelle sein können). In wohl realistischer Einschätzung dieser Situation gehen die Vorschläge zur Errichtung einer „islamischen Wirtschaftsgemeinschaft“ vom Fortbestand „souveräner“ Einzelstaaten aus. Gelegentlich verweist man auf die Europäische Wirtschaftsgemeinschaft (EWG) als Vorbild, aber es ist zweifelhaft, ob die vorgeschlagenen neuen Institutionen der „islamischen Wirtschaftsgemeinschaft“ tatsächlich gedacht sind im Sinne supranationaler Exekutivorgane, auf die die einzelnen Regierungen Kompetenzen und Zuständigkeiten übertragen, oder mehr als Beratungsorgane, die Empfehlungen aussprechen können und gewisse eigene Mittel verwalten, letztlich aber nicht an die Stelle von Regierungsinstitutionen treten, sondern nur neben sie.

In jedem Fall wird man sich aber schwertun, das Ergebnis als *„islamische“* Wirtschaftsgemeinschaft zu bezeichnen, wenn man mit „islamisch“ stets eine klare Bezugnahme auf Koran und Sunna verbindet. Denn was unter Mohammed in Medina entstand und unter Führung seiner Nachfolger, der Kalifen, rasch expandierte, war (in der entscheidenden Frühphase) *ein* Staat, *ein* islamisches Reich, das trotz mancher interner Differenzierungen letztlich *ein* in sich geschlossenes Wirtschaftsgebiet mit einheitlichem Recht, Geldwesen usw. war. Es gab nicht mehrere autonome islamische Staaten, die untereinander in Außenwirtschaftsbeziehungen traten, sondern nur einen islamischen Staat, der Außenwirtschaftsbeziehungen mit nicht-islamischen Staaten, mit der „Welt der Ungläubigen“, unterhielt.

Allenfalls für die Gestaltung dieser Beziehungen, nicht aber für das Verhältnis autonomer Staaten der moslemischen Welt untereinander ließen sich aus Koran und Sunna konkretere Hinweise entnehmen. Sicherlich kann man die Forderung nach Wirtschaftskooperation innerhalb der moslemischen Welt mit Hinweisen etwa auf die nicht nur theologisch zu verstehende Gemeinschaft aller Gläubigen, auf die (Pflicht zur) Solidarität unter den Moslems oder auf historisch-kulturelle Gemeinsamkeiten unterlegen. Wie aber eine praktische Kooperations- oder Integrationspolitik heute und auf mittlere Sicht aussehen sollte, ist damit noch in keiner Weise angedeutet. Und wenn man die konkreteren Vorschläge, die heute von moslemischen Ökonomen gemacht werden, betrachtet, dann hat man wenig Mühe, Übereinstimmung mit jenen Positionen zu finden, die Länder der Dritten Welt allgemein in den Diskussionen der siebziger Jahre um die Neuordnung der Weltwirtschaft bezogen haben. In den Positionspapieren insbesondere der „Gruppe der 77“ (zu der sich heute über 100 Entwicklungsländer zählen) und in Resolutionen der UN-Generalversammlung über Entwicklung und internationale wirtschaftliche Zusammenarbeit findet man dic Vorschläge, die auch moslemische Ökonomen machen, allerdings ohne das Adjektiv „islamisch“. Auch die dahinterstehendc Entwicklungstheorie ist keineswegs „islamisch“: Die häufig anklingenden Ideen einer teilweisen Abkoppelung vom Weltmarkt und die Rückbesinnung der Entwicklungsländer (einzeln oder als Gruppen) auf ihr eigenes Produktionspotential wurden ursprünglich von den sogenannten „Dependencia“-Theoretikern in Lateinamerika entwickelt und sind heute unter dem Schlagwort von der (nationalen oder kollektiven) „Self-Reliance“ (Selbstvertrauen in den eigenen Entwicklungsweg) in der Diskussion.[1]

Da viele moslemische Ökonomen und andere Autoren dieser Position zuneigen, sollen wenigstens die kontroversen Standpunkte angedeutet werden. Die „Dependencia“-Theoretiker und Befürworter der „abgekoppelten“ („dissoziativen“ oder „autozentrierten“) Entwicklung gehen von folgendem aus: „Die heutigen Strukturen der Entwicklungsländer, direkt durch den Kolonialismus, indirekt durch die Zwänge des Weltmarktes hervorgebracht, gestatten nur eine ‚abhängige Entwicklung'. Sie wird einerseits durch die dienende Zuordnung zu den Produktions- und Konsumnormen der westlichen Industrieländer, andererseits durch die Übernahme gerade dieser Muster durch die Entwicklungsländer bewirkt... Für die ‚Dependencia'-Theoretiker ist daher die Diskussion um eine Neue Weltwirtschaftsordnung mit folgenden Aussagen verbunden: Änderung der durch den Kapitalismus bestimmten Wirtschaftsstrukturen der Entwicklungsländer; dadurch Reorganisation der internationalen Arbeitsteilung; Anpassung der Strukturen in den Entwicklungsländern an die Grundbedürfnisse der Massen ihrer Bevölkerung; Kontrolle der internationalen Gesellschaften; Entwicklung eines ‚neuen Lebensstils' in den westlichen Industrieländern... Eine Fortschreibung bisheriger internationaler Wirtschafts- und Entwicklungspolitik wird demnach abgelehnt; sie bietet keine Lösung, da die alten Abhängigkeiten verstärkt werden... (Nur) die Rückbesinnung der Entwicklungsländer auf ihr eigenes Produktionspotential, der Rückgriff auf ‚Self-Reliance'..., (kann) eine grundlegende Änderung bewirken. Insbesondere sind jedoch die strukturellen Zwänge und desintegrierenden Kräfte, die von der derzeitigen internationalen Arbeitsteilung ausgehen, aufzuheben. Der Weg dazu ist die ‚autozentrierte' Entwicklung und die dafür notwendige ‚selektive Abkoppelung der Ökonomie der Dritten Welt von den herrschenden Weltmarktstrukturen'. Die ‚nationale Self-Reliance', die im Vordergrund steht, kann eine ‚kollektive Self-Reliance', d.h. durch eine Koordination der Anstrengungen aller Entwicklungsländer ‚durch Komplementarität', die Verwirklichung ihres eigenständigen Entwicklungsweges unterstützen."[2]

Die Gegenposition sieht nicht in der Abkoppelung, sondern gerade in der Integration der Entwicklungsländer in die Weltwirtschaft die erfolgversprechende Entwicklungsstrategie. Grundsätzlich steht dahinter die Vorstellung, daß inter-

nationaler Handel beiden Seiten Vorteile bringt, allerdings zuzugeben ist, daß sich die beiderseitige Vorteilhaftigkeit nicht „automatisch“ und unter jeglichen Bedingungen einstellt, sondern gewisse Voraussetzungen erfordert, die derzeit noch nicht überall erfüllt sind (und deshalb zeitlich begrenzte und wohldosierte Schutzmaßnahmen für Entwicklungsländer vertretbar sein können). Probleme, die aktuell, aber nicht prinzipiell einer Integrationspolitik entgegenstehen, wären etwa „die Vernachlässigung der Voraussetzungen für eine erfolgreiche internationale Integration auf der Entwicklungsländerseite“, z.B. das Fehlen geeigneter Methoden zur Vermarktung der Erzeugnisse einzelner Entwicklungsländer, „die oft größere Marktmacht auf der Seite der Industriestaaten sowie die restriktiven Praktiken nicht zuletzt auch auf der Seite der Industriestaaten“.[3]
In der Tendenz dürften die Vorschläge für eine islamische Wirtschaftsgemeinschaft eher auf Abkoppelung als auf Integration hinauslaufen. Solange jedoch restriktive Praktiken der Industriestaaten der Integrationslösung entgegenstehen, kann diese aus der Sicht der Entwicklungsländer keine gleichrangige Strategie sein, da wichtige Aktionsparameter außerhalb ihres Einflußbereichs liegen: Integration ist nur mit, Abkoppelung dagegen auch ohne Mitwirkung der Industrieländer vorstellbar. Ob daraus letztlich wirtschaftliche Vorteile erwachsen, ist eine andere Frage, der hier nicht weiter nachgegangen werden kann.

1.2 *Forderungen, Programme, Maßnahmen*

Auch wenn von einer „islamischen“ Wirtschaftsgemeinschaft oder „islamischen“ Außenwirtschaftsordnung, die die Beziehungen zwischen autonomen Staaten der moslemischen Welt regeln soll, im methodisch strengen Sinne nicht gesprochen werden kann, erscheint es dennoch sehr sinnvoll und wichtig, die vorgeschlagenen Kooperationsstrategien etwas ausführlicher zu betrachten.

– Zunächst könnten Regierungen der verschiedensten ideologischen Orientierungen im Außenwirtschaftsbereich einer „islamisch" genannten Politik relativ leicht zustimmen, da die unverbindlichen freiwilligen Kooperationsmaßnahmen weder „Souveränitätsverzicht" nach außen noch Festlegung auf eine „Islamisierungsstrategie" nach innen, die z.B. mit einer bisher verfolgten „säkularen" oder „laizistischen" Politik in Konflikt geraten könnte, erfordern. Eine solche Taktik mag hinter der zunächst sehr widersprüchlich erscheinenden Politik von Staaten wie der Türkei stehen, wo die Militärregierung sich einerseits ganz klar zur laizistischen Staatsidee Atatürks bekennt, der konsequent die Trennung von Religion und Politik verfolgte, man sich andererseits aber auf internationaler Ebene einer „islamischen" (Wirtschafts-)Politik durchaus nicht sperrt, sondern in einer Reihe von Institutionen aktiv mitarbeitet.

- Da relative Unverbindlichkeit keineswegs mit Wirkungslosigkeit gleichgesetzt werden darf, denn auch eine freiwillige Zusammenarbeit (in Bereichen, wo die einzelnen Interessen eher gleich- als gegenläufig sind) kann Erfolge bringen, können sich gerade aus dem Bemühen um eine moslemische Wirtschaftsgemeinschaft außenwirtschaftliche Konsequenzen ergeben, die spürbar das Verhältnis der Staaten der moslemischen Welt zu westlichen Industrieländern verändern. Was man nicht übersehen sollte, ist, daß zur moslemischen Welt nicht nur die meist dünn besiedelten Ölstaaten des Nahen Ostens zählen, sondern auch relativ fortgeschrittene und/oder bevölkerungsreiche Entwicklungsländer wie Malaysia, die Türkei und Indonesien.

Wer sich mit islamischer Wirtschaftslehre weniger um ihrer selbst willen beschäftigt, sondern mittel- und längerfristige Implikationen der „Re-Islamisierung" für unternehmerische oder wirtschaftspolitische Entscheidungen aufzeigen will, sollte sich mit den Kooperationsplänen für die Staaten der moslemischen Welt befassen.

Die „politisch-religiöse islamische Grundsatzerklärung" vom April 1980 stellt in einem Abschnitt „Zusammenarbeit unter den muslimischen Staaten" den folgenden Katalog von Maßnahmen zusammen:

- „Die muslimische Welt soll einen Islamischen Fonds für gegenseitige Hilfe (bait al-māl) gründen, durch welchen Mittel für muslimische Länder bereitgestellt werden sollen.
- Die muslimische Welt soll ihre eigenen Geldreserven aufbauen und verwalten; außerdem soll sie geeignete Maßnahmen ergreifen, um ein gemeinsames Währungssystem zu gründen.
- Unter den muslimischen Ländern soll ein gemeinsamer Markt ins Leben gerufen werden.
- Die muslimische Welt soll ihre eigenen Institutionen gründen, um den Dienstleistungssektor (z.B. Banken, Versicherungen, Reisen, Schiffahrt, Verpackung, Transport, Werbung und Verkauf) in eigener Regie zu kontrollieren.
- Die muslimische Welt soll die Produktionspolitik und die vertraglich abgesicherten Programme zur Entwicklung und Verbesserung von Qualität und Technik der landwirtschaftlichen und industriellen Produktion in den verschiedenen Ländern koordinieren. Das Hauptziel in dieser Hinsicht sollte sein:
  - ausreichende landwirtschaftliche Kapazitäten und Nahrungsmittelreserven zu schaffen,
  - Rohstoffe zur Veredelung im industriellen Sektor zu produzieren und
  - die Entwicklung der Industrie, insbesondere der Schwer- und Basisindustrie, zu organisieren, um die muslimische Welt bei den wichtigsten Investitionsgütern und Verteidigungswaffen unabhängig zu machen.
- Die muslimische Welt soll eine gemeinsame Politik ausarbeiten, um gerechte und stabile Preise für ihre Rohstoffe

und Bodenschätze zu erhalten. Sie muß das Recht auf vollständige Souveränität hinsichtlich Produktion, Preissystem, Verkauf und Gebrauch besitzen. Die muslimischen Staaten könnten auch einen gemeinsamen Fonds organisieren, um ein wirkungsvolles Instrument der Marktintervention und Preisstützung zu haben.

- Die muslimische Welt soll versuchen, eine grundlegende Änderung des gegenwärtigen internationalen Wirtschafts- und Währungssystems zu erreichen, so daß auch die Entwicklungsländer ein gerechtes und angemessenes Wort beim Entscheidungsprozeß mitreden können."[4]

Ähnliche, z.T. aber noch detailliertere Forderungen und Vorschläge fanden sich auch in den Beiträgen und im Kommuniqué der Konferenz über „Die moslemische Welt und die künftige Wirtschaftsordnung" des Islamrates für Europa im Juli 1977 in London.[5] Neben den mehr programmatisch-langfristigen Forderungen nach

- Errichtung eines Gemeinsamen Moslemischen Marktes zur Intensivierung des Handels zwischen den Staaten der moslemischen Welt und
- Schaffung eines Islamischen Währungsfonds mit dem dahinterstehenden Ziel, später zu einer Moslemischen Währungszone – einem „Dinar-Block" ähnlich dem Dollar- oder Sterling-Block – zu gelangen,

machte man auch zahlreiche pragmatisch-kurzfristige Vorschläge:

- Schaffung einer Clearingstelle für Wirtschaftsinformationen aus der moslemischen Welt, von Organisationen für technische Standardisierung und Normung, von Islamischen Industrie- und Handelskammern mit einer gemeinsamen Dachorganisation sowie einer Institution für Exportkredit-Garantien;
- Gründung eines Islamischen Instituts für Forschung und Ausbildung bzw. einer Moslemischen Stiftung zur Förderung von Erziehung, Wissenschaft und Technologie zur Minderung technologischer Abhängigkeiten;

- Aufbau einer Islamischen Organisation zur Steigerung der Nahrungsmittelproduktion und einer Islamischen Nahrungsmittelreserve sowie Formulierung eines Generalplans für die Agrarwirtschaft der moslemischen Welt;
- Errichtung eines Islamischen Reservefonds zur Investitionsfinanzierung, eines Islamischen Solidaritätsfonds zur Wohlfahrtssteigerung in einzelnen Ländern und zum Ausgleich zwischen den moslemischen Ländern, eines Islamischen Entwicklungsfonds (ergänzend zur schon arbeitenden Islamischen Entwicklungsbank) sowie die Ausarbeitung eines multinationalen Entwicklungsplanes.

Eine ganze Reihe dieser Forderungen hat entweder aus der politischen Diskussion Eingang in die Konferenzbeiträge gefunden oder umgekehrt von den Konferenzen kommend die Politik beeinflußt.

Schon beim zweiten Treffen der Könige, Staatsoberhäupter und Regierungschefs der Islamischen Konferenz im Februar 1974 in Lahore war eine Arbeitsgruppe mit Experten aus Algerien, Ägypten, Kuweit, Libyen, Pakistan, Saudi-Arabien, Senegal und den Vereinigten Arabischen Emiraten gebildet worden, die sich mit den Problemen der Entwicklung und der wirtschaftlichen Zusammenarbeit in der moslemischen Welt befassen sollte. Für ein Treffen dieser Expertengruppe im April 1974 in Jeddah und als Diskussionsgrundlage für die fünfte islamische Außenministerkonferenz im Juni 1974 in Kuala Lumpur wurde im Auftrag des pakistanischen Außenministeriums und der pakistanischen Zentralbank vom Pakistanischen Institut für Entwicklungsökonomik (Pakistan Institute of Development Economics) eine recht umfassende Studie über „Probleme und Perspektiven der Entwicklung und wirtschaftlichen Zusammenarbeit der moslemischen Länder“ („Problems and Prospects of Development and Economic Cooperation among Islamic Countries“) vorgelegt. Welche konkreten Schritte zur Ordnung der internationalen Wirtschaftsbeziehungen moslemischer Staaten inzwischen unternommen und welche kooperationsfördernden Institutionen gegründet wurden, soll im folgenden aufgezeigt werden. Wichtige Informationen dazu findet man in den Jahresberichten der Islamischen Entwicklungsbank, wo jeweils in einem eigenen Abschnitt kurz über die wirtschaftliche und finanzielle Kooperation zwischen den Mitgliedsstaaten der Islamischen Entwicklungsbank berichtet wird. Damit werden zwar nicht alle moslemischen Staaten erfaßt – es fehlen z.B. Länder wie Iran und Nigeria –, aber es sind immerhin 39 Staaten vertreten (das 40. Mitglied der Islamischen Entwicklungsbank ist Palästina), was für einen allgemeinen Überblick sicherlich ausreicht.

1.2.1 *Handel und Verkehr.* In den letzten Jahren begann man mit einer Analyse der Außenwirtschaftsbeziehungen der moslemischen Staaten. Es zeigt sich, daß der Handel zwischen den moslemischen Staaten nicht nur von sehr *geringer* Bedeutung ist, sondern im Zeitablauf – trotz politischer Kooperationsabsichten – auch noch leicht *abgenommen* hat.

Die Durchschnittswerte der Tabelle 1 zeigen dies. Der gesamte Außenhandel, d.h. sowohl der Export wie der Import, der moslemischen Staaten war und ist auf die Industriestaaten ausgerichtet. Dorthin werden vor allem Rohstoffe und landwirtschaftliche Erzeugnisse exportiert (insbesondere Öl und Nebenprodukte sowie Gummi, Baumwolle, Jute, Holz, Bauxit, Phosphat und Erdnüsse), während man alle Arten von Industriegütern und zahlreiche Konsumgüter von dort importiert.

Eine genauere Analyse der in Tabelle 1 aufgeführten Zahlen dürfte das bereits relativ ungünstige Bild noch weiter verschlechtern. Die höheren Anteilswerte bei manchen Staaten (insbesondere kleineren Nicht-Ölstaaten) werden dadurch „entwertet“, daß die hinter den Anteilen stehenden Handelsvolumina in absoluten Beträgen minimal sind. Und bei den Anteilswerten für die Importe aus moslemischen Staaten haben die Öleinfuhren oft ein starkes Gewicht, was man bei

Tabelle 1: Handelsbeziehungen zwischen moslemischen Ländern (Mitgliedsstaaten der Islamischen Entwicklungsbank) 1973 und 1979 in v. H. der gesamten Exporte bzw. Importe

Land	*Exporte in Mitgliedsstaaten* 1973	*Exporte in Mitgliedsstaaten* 1979	*Importe aus Mitgliedsstaaten* 1973	*Importe aus Mitgliedsstaaten* 1979
1. Afghanistan	16,90	16,40	5,04	7,21
2. Algerien	1,83	0,13	3,11	1,15
3. Bahrein	20,61	30,33	43,89	51,53
4. Bangladesch	5,97	17,83	4,28	12,01
5. Kamerun	3,30	1,56	4,02	3,21
6. Tschad	10,55	9,24	7,17	9,83
7. Komoren	k. A.	k. A.	k. A.	k. A.
8. Dschibuti	k. A.	k. A.	k. A.	k. A.
9. Ägypten	7,35	8,75	8,33	3,64
10. Gambia	0,40	2,15	4,01	1,16
11. Guinea	13,31	7,74	10,82	8,44
12. Guinea-Bissau	0,00	9,39	5,15	2,86
13. Indonesien	1,12	1,18	3,59	5,96
14. Irak	7,45	9,72	10,50	6,23
15. Jordanien	54,45	64,10	20,83	18,94
16. Kuweit	6,98	10,50	10,90	4,54
17. Libanon	50,87	74,30	12,98	16,98
18. Libyen	1,38	1,57	8,07	1,97
19. Malaysia	1,98	3,30	5,33	8,44
20. Malediven	k. A.	k. A.	k. A.	k.A.
21. Mali	14,80	9,83	9,80	12,78
22. Mauretanien	0,14	1,09	6,16	18,33
23. Marokko	5,72	4,00	4,03	11,05
24. Niger	3,59	2,96	5,30	12,80
25. Oman	0,39	0,00	29,13	17,55
26. Pakistan	19,88	27,39	10,90	22,89
27. Katar	2,49	0,34	18,11	5,81
28. Saudi-Arabien	6,54	4,49	25,09	4,01
29. Senegal	14,68	20,16	4,93	19,42
30. Somalia	59,95	80,13	2,85	14,22
31. Sudan	12,55	16,36	8,76	23,51
32. Syrien	22,85	12,67	16,81	17,45
33. Tunesien	11,04	17,39	6,05	9,42
34. Türkei	12,90	7,04	10,09	18,50
35. Uganda	4,60	14,49	1,11	2,77
36. Arabische Emirate	2,31	4,37	8,94	6,47
37. Obervolta	3,78	4,37	6,38	4,94
38. Jemen, A. R.	29,49	59,83	29,11	32,66
39. Jemen, D. V. R.	18,07	23,95	27,64	33,47
Durchschnitt	6,57	6,15	9,74	9,02

Quelle: Islamic Development Bank: Fifth Annual Report 1400 H (1979–1980), Jeddah 1981, S. 25; dort berechnet nach IMF-Daten.

der Interpretation von im Zeitablauf steigenden Importanteilen beachten muß: Ein solcher Anstieg muß keineswegs bedeuten, daß früher aus anderen Ländern importierte Waren nunmehr aus moslemischen Ländern bezogen werden, sondern kann und wird in vielen Fällen lediglich darauf zurückzuführen sein, daß wegen der enormen Preissteigerungen für Öl der Anteil der Ölimporte (aus moslemischen Ländern) an den gesamten Einfuhren gestiegen ist, d.h. für Importe von Waren aus Industrieländern nur noch relativ, oftmals aber auch absolut weniger Mittel zur Verfügung stehen. Ein Anstieg des Anteils der Importe aus moslemischen Ländern an den Gesamtimporten darf also bei den Nicht-Öllländern keineswegs vorbehaltlos als „Kooperationserfolg" positiv bewertet, sondern muß im Zweifel eher als Indikator einer negativen Entwicklung angesehen werden.

Über solchen Einzelheiten darf man aber ein sehr grundsätzliches Problem nicht übersehen, das einer nennenswerten Ausweitung des Handels der moslemischen Staaten untereinander entgegensteht und nur auf längere Sicht an Bedeutung verlieren könnte: Es gibt – von einigen Agrarprodukten abgesehen – kaum Güter, mit denen man untereinander sinnvollen Handel betreiben könnte, denn für die Hauptexportgüter der meisten Länder – Rohstoffe für die industrielle Produktion – fehlt es an Verarbeitungsmöglichkeiten in anderen Ländern der moslemischen Welt. Es hat keinen (wirtschaftlichen) Sinn, wenn z.B. Malaysia seine Rohgummiproduktion an Marokko liefert, um im Gegenzug von dort Phosphat zu bekommen, weil weder Marokko Rohgummi noch Malaysia Phosphat in entsprechendem Umfang verarbeiten kann.

Eine wirkliche Intensivierung des Handels wäre erst dann zu erwarten, wenn der Aufbau einer verarbeitenden Industrie in den Ländern der moslemischen Welt wesentliche Fortschritte macht, aber das ist ein Prozeß, der erhebliche Zeit erfordert. Wenn moslemische Autoren (früher häufiger als

heute) auf die Europäische Wirtschaftsgemeinschaft als Beispiel für eine erfolgreiche Kooperation und auf die Ausweitung des innergemeinschaftlichen Handels verweisen und die EWG als Vorbild betrachten, so übersehen sie dabei einen grundlegenden Unterschied zwischen der Situation in Europa bei der Gründung der EWG und der moslemischen Welt heute: Die europäischen Staaten verfügten sehr wohl über „handelbare" Güter, die verstärkt über die Landesgrenzen hinweg ausgetauscht werden konnten, sobald handelshemmende Zölle und andere protektionistische Maßnahmen abgebaut waren. Ursprünglich erwartete man, daß Agrarprodukte z.B. aus Frankreich gegen Industrieerzeugnisse z.B. aus Deutschland ausgetauscht würden, tatsächlich kam es zu den größten Handelsausweitungen im Industriesektor allein, d.h. Industrieerzeugnisse aus Deutschland wurden gegen Industrieerzeugnisse aus Frankreich ausgetauscht.
Vereinfacht kann man vielleicht sagen, daß der Handelsausweitung in Europa vor allem Zölle und andere protektionistische Maßnahmen entgegenstanden, während es in der moslemischen Welt die mangelnde Austauschbarkeit bzw. die gegenseitige Verwendbarkeit der Außenhandelsgüter ist. In Europa konnte der Abbau von Zöllen und Protektionismus die Handelsausweitung und Integration herbeiführen, in der moslemischen Welt können dagegen handelspolitische Maßnahmen nur sehr begrenzte Erfolge haben. Nicht der Abbau von Zöllen oder anderen Handelsrestriktionen kann die moslemische Welt außenwirtschaftlich enger zusammenbringen, sondern Kooperationspolitik müßte hier vielmehr als eine abgestimmte Industrialisierungspolitik aufgefaßt werden, die aber nur auf längere Sicht erfolgreich sein kann.
Die bisher verfolgte Politik zur Förderung der Kooperation zwischen den Staaten der moslemischen Welt scheint dem allerdings – wie ein Blick auf die bislang unternommenen Schritte und ergriffenen Maßnahmen vermuten läßt – lediglich in einigen Bereichen und erst ansatzweise Rechnung zu tragen. Das gilt nicht nur für die Aktivitäten unmittelbar im

Bereich Handel und Verkehr, sondern auch für Strategien der Entwicklungspolitik; mittel- bis längerfristige Bedeutung könnten vor allem Maßnahmen zur Förderung von Direktinvestitionen erlangen.

a) Die *Allgemeine Vereinbarung über wirtschaftliche, technische und gewerbliche Kooperation* zwischen den Mitgliedsstaaten der Islamischen Konferenz (General Agreement for Economic, Technical and Commercial Cooperation among Member States of the Islamic Conference) wurde 1977 von den Außenministern der Mitgliedsstaaten gebilligt. Bis 1980 hatten 36 Staaten diese Vereinbarung unterzeichnet; ratifiziert, d.h. völkerrechtlich in Kraft gesetzt wurde sie allerdings erst von 14 Staaten. Hauptziel dieser Vereinbarung ist die Schaffung des notwendigen Rahmens für eine bessere Nutzung der wirtschaftlichen und menschlichen Ressourcen der Mitgliedsländer. Die Vereinbarung erleichtert Faktorbewegungen zwischen den Mitgliedsstaaten, d.h. die Wanderung von Arbeitskräften und Kapitalanlagen über die Landesgrenzen hinweg, um so wirtschaftliche Kooperation und Entwicklung zu fördern.

b) Das *Statistische, wirtschaftliche und soziale Forschungs- und Ausbildungszentrum der Islamischen Länder* (Statistical, Economic and Social Research and Training Centre for Islamic Countries, SESRTCIC) in Ankara wurde unter Mitwirkung der Islamischen Entwicklungsbank 1978 vom Türkischen Institut für Statistik (Turkish Institute for Statistics), Ankara, errichtet. Dem Zentrum wurde eine Vielzahl von Aufgaben übertragen, darunter auch die Sammlung, Auswertung und Veröffentlichung wirtschaftlicher und sozialer Daten. Besonderes Augenmerk soll dabei jenen Daten, Studien und Forschungsarbeiten gewidmet werden, die sich auf die verschiedensten Aspekte der wirtschaftlichen Kooperation zwischen moslemischen Staaten beziehen. Zu den Auftraggebern des Zentrums zählen neben Expertengruppen für Fragen aus den Bereichen Handel, Planung, Entwicklung, technische Zusammenarbeit, Transport und Kommunikation auch die Gouverneure der Zentralbanken und Währungsbehörden moslemischer Staaten.

c) Die Idee zur Gründung einer *Islamischen Wirtschaftskammer* nahm politische Gestalt an bei der siebten islamischen Außenministerkonferenz im Mai 1976 in Istanbul und wurde aufgegriffen von der ersten Konferenz der Industrie- und Handelskammern moslemischer Staaten im Oktober 1977 in Istanbul. Es wurde eine Arbeitsgruppe gebildet, die einen Satzungsentwurf für eine *Islamische Kammer für Handel, Industrie und Warenaustausch* (Islamic Chamber of Commerce, Industry and Commodity Exchange) erarbeitete, der auf der zweiten Konferenz der Industrie- und Handelskammern moslemischer Staaten im Dezember 1978 in Karachi verabschiedet wurde. Sitz der Kammer ist Karachi; bei der zweiten Vollversammlung im Februar 1981 in Kuweit wurde die Kammer umbenannt in Islamische Wirtschaftskammer (Islamic Economic Chamber).
Die Kammer ist ein „Sonderorgan“ der Islamischen Konferenz, deren 42 Staaten Mitglieder der Islamischen Wirtschaftskammer sind. Nationale Industrie- und Handelskammern oder deren Vereinigungen sind zur Mitgliedschaft eingeladen. Nach ihrer Satzung verfolgt die Islamische Wirtschaftskammer u.a. folgende Ziele:
- Handel, Industrie, Landwirtschaft und Handwerk zu fördern;
- die Mitgliedsstaaten aufzufordern, sich gegenseitige Präferenzbedingungen beim Handel einzuräumen;
- Investitionsmöglichkeiten und Gemeinschaftsprojekte (joint ventures) in den Mitgliedsstaaten zu unterstützen;
- die Kooperation innerhalb der moslemischen Welt im Bankwesen, bei Versicherungen, der Schiffahrt und allgemein im Transportwesen weiterzuentwickeln;
- bei wirtschaftlichen Streitigkeiten zu schlichten;

- Ausstellungen, Messen, Seminare usw. zu veranstalten und angemessene Öffentlichkeitsarbeit zu betreiben;
- die Wirtschaftsinteressen der moslemischen Welt zu vertreten und notfalls auch durch gemeinsame Aktionen zu verteidigen.

Als Fernziel wird die Schaffung einer Islamischen Wirtschaftsgemeinschaft genannt. Obwohl die Islamische Wirtschaftskammer selbst offenbar Finanzprobleme hat und personell nur minimal ausgestattet ist, hat sie doch in Zusammenarbeit mit dem Generalsekretariat der Islamischen Konferenz und mit Institutionen in einigen Mitgliedsländern zwei Studien abgeschlossen und die Arbeit an einigen beschleunigt bzw. aufgenommen:

- Vorgelegt wurden eine Studie über „islamische Schiffahrt", die Pakistan erstellte und u.a. die Gründung eines „Islamischen Reederverbandes" vorsieht, um den Anteil der auf Schiffen islamischer Eigner abgewickelten Seetransporte zwischen den moslemischen Staaten (der derzeit nur bei ca. 10 v.H. liegt) wesentlich zu steigern, sowie eine von Bangladesch erstellte Studie über Versicherungen und Rückversicherungen, die mit islamischem Recht vereinbar sind und als Alternative zu den Verträgen der bislang marktbeherrschenden westlichen Versicherungsunternehmungen eingeführt werden sollten.
- In Arbeit sind Studien über die Entwicklung des Bankwesens und der Kommunikationssysteme der moslemischen Länder, über die Förderung des Ingenieurwesens und der Industrien für Vor- und Zwischenprodukte, über Möglichkeiten zur Gründung und Unterstützung von Gemeinschaftsprojekten verschiedener Mitgliedsländer sowie über die Förderung von Viehzucht und Nahrungsmittelproduktion.

Die Kammer gibt schließlich noch einen regelmäßigen Mitteilungsdienst heraus, der über die Bedarfssituation und Geschäftsaussichten in den moslemischen Staaten informiert. Insgesamt kann man wohl sagen, daß die Islamische

Wirtschaftskammer derzeit vor allem Koordinationsaufgaben wahrnimmt und politischen (und finanziellen) Rückhalt bei der Islamischen Konferenz findet.

1.2.2 *Entwicklung*. Für moslemische Staaten, die die Entwicklung einer eigenständigen und diversifizierten Wirtschaft anstreben, um künftig nicht mehr allein vom Export weniger Rohstoffe oder Agrarerzeugnisse abhängig zu sein, ist der Aufbau einer eigenen Industrie unumgänglich, die sich zunächst vor allem auf die im Lande relativ reichlich vorhandenen Rohstoffe und Produktionsfaktoren stützen könnte. Dabei wird man kaum um den Import von Maschinen und Technologien aus den Industrieländern herumkommen; insofern wäre eine von außen gewährte Hilfe zur Finanzierung solcher Importe durchaus ein beachtenswerter entwicklungspolitischer Beitrag. Das eigentliche Problem vieler islamischer Nicht-Ölländer, der Mangel an langfristigem unternehmerischem (Risiko-)Kapital für den Industrieaufbau, wäre mit Hilfen im Bereich der kurzfristigen Handelsfinanzierung allerdings nicht gelöst. Dazu wären längerfristige Formen des Kapitaltransfers – etwa als Beteiligungen an Gemeinschaftsunternehmen (joint ventures) – erforderlich.
So wie auf der einen Seite bevölkerungsreichen moslemischen Staaten, die über kein Öl verfügen, das für eine beschleunigte Entwicklung notwendige Kapital fehlt, fehlt es in vielen Ölstaaten mit Kapitalüberfluß an geeigneten Arbeitskräften zum Aufbau z.B. einer eigenen petrochemischen Industrie. In beiden Fällen liegt eine unzureichende Faktorausstattung vor. Auf diesen Nenner gebracht, ist dann Förderung der wirtschaftlichen Entwicklung der moslemischen Welt vor allem zu verstehen als Förderung und Verbesserung der Faktormobilität zwischen den moslemischen Staaten, d.h. Erleichterung von und Ermunterung zu grenzüberschreitenden Direktinvestitionen einerseits und Arbeitskräftewanderungen andererseits. Daß zu einem kon-

sistenten Entwicklungskonzept auch noch ergänzende Maßnahmen wie die Schaffung der für die Industrialisierung notwendigen (materiellen) Infrastruktur oder die „Qualitätsverbesserung des Faktors Arbeit“ z.B. durch allgemeine und berufliche Bildung gehören, steht außer Frage und muß hier nicht weiter ausgeführt werden. Betrachtet man daraufhin die bisherige Praxis der (eigenen) Entwicklungspolitik der moslemischen Welt, so stellt man fest, daß diese Politik dominiert wird von den Aktivitäten der Islamischen Entwicklungsbank, die ihre Mittel aber überwiegend und verstärkt in der kurzfristigen Handelsfinanzierung einsetzt und nur sehr begrenzt beim längerfristigen Kapitaltransfer.

a) Die *Islamische Entwicklungsbank* (Islamic Development Bank) mit Sitz in Jeddah wurde im Oktober 1975 eröffnet. Einige Einzelheiten zur Gründungsgeschichte der Bank finden sich im Kapitel über islamische Banken (S. 241ff).

aa) *Zielsetzung, Instrumente, Mitglieder. Ziel* der Bank ist es, die wirtschaftliche Entwicklung und den sozialen Fortschritt ihrer Mitgliedsländer und moslemischen Gemeinschaften einzeln und als Gruppe zu fördern, wobei stets die Grundsätze des islamischen Rechts zu beachten sind. Um dieses Ziel zu erreichen, kann die Bank u.a. auf folgende *Instrumente* zurückgreifen:

- Beteiligung am Eigenkapital produktiver Projekte und Unternehmen in den Mitgliedsstaaten;
- Investitionen in Projekte zum Aus- oder Aufbau der wirtschaftlichen und sozialen Infrastruktur in Mitgliedsländern;
- Vergabe von Darlehen an private und öffentliche Institutionen in den Mitgliedsländern zur Finanzierung produktiver Projekte, Unternehmen und Programme;
- Errichtung von „Spezialfonds“ für besondere Zwecke (einschließlich eines Fonds für die Unterstützung moslemischer Gemeinschaften in Nicht-Mitgliedsländern);

Tabelle 2: Kapitalanteile und Stimmrechte der Mitglieder der Islamischen Entwicklungsbank (1980)

	Kapitalzeichnung		*Stimmen*	
Land	*Mio. ID*	*in %*	*absolut*	*in %*
1. Afghanistan	2,5	0,32	750	0,76
2. Algerien	25,0	3,16	3.000	3,03
3. Bahrein	5,0	0,63	1.000	1,01
4. Bangladesch	10,0	1,26	1.500	1,51
5. Kamerun	2,5	0,32	750	0,76
6. Tschad	2,5	0,32	750	0,76
7. Komoren	2,5	0,32	750	0,76
8. Dschibuti	2,5	0,32	750	0,76
9. Ägypten	25,0	3,16	3.000	3,03
10. Gambia	2,5	0,32	750	0,76
11. Guinea	2,5	0,32	750	0,76
12. Guinea-Bissau	2,5	0,32	750	0,76
13. Indonesien	25,0	3,16	3.000	3,03
14. Irak	10,0	1,26	1.500	1,51
15. Jordanien	4,0	0,50	900	0,90
16. Kuweit	100,0	12,65	10.500	10,60
17. Libanon	2,5	0,32	750	0,76
18. Libyen	125,0	15,82	13.000	13,13
19. Malaysia	16,0	2,02	2.100	2,12
20. Malediven	2,5	0,32	750	0,76
21. Mali	2,5	0,32	750	0,76
22. Mauretanien	2,5	0,32	750	0,76
23. Marokko	5,0	0,63	1.000	1,01
24. Niger	2,5	0,32	750	0,76
25. Oman	5,0	0,63	1.000	1,01
26. Pakistan	25,0	3,16	3.000	3,03
27. Palästina	2,5	0,32	750	0,76
28. Katar	25,0	3,16	3.000	3,03
29. Saudi-Arabien	200,0	25,32	20.500	20,70
30. Senegal	2,5	0,32	750	0,76
31. Somalia	2,5	0,32	750	0,76
32. Sudan	10,0	1,26	1.500	1,51
33. Syrien	2,5	0,32	750	0,76
34. Tunesien	2,5	0,32	750	0,76
35. Türkei	10,0	1,26	1.500	1,51
36. Uganda	2,5	0,32	750	0,76
37. Arabische Emirate	110,0	13,92	11.500	11,61
38. Obervolta	2,5	0,32	750	0,76
39. Jemen, A. R.	2,5	0,32	750	0,76
40. Jemen, D. V. R.	2,5	0,32	750	0,76
Insgesamt	790,0	100,00	99.000	100,00

Quelle: wie Tabelle 1.

Seit 1869

Geschäftsantwort-
postkarte

Name

Vorname

Beruf

Postleitzahl und Wohnort

Straße

Land

An den

Verlag Styria

D-5000 Köln 51
Postf. 511029

A-8011 Graz
Postf. 831

Nichtzutreffenden Ort bitte streichen

- Hilfestellung zur Förderung des Außenhandels, insbesondere mit Investitionsgütern, zwischen den Mitgliedsländern;
- Bereitstellung technischer Hilfe für Mitgliedsländer, Training von Personal für dortige Entwicklungsprojekte;
- Forschung, die den Mitgliedsländern Wege zeigen soll, wie sie ihre wirtschaftlichen, finanziellen und Bankangelegenheiten in Übereinstimmung mit dem islamischen Recht regeln können.

Die Islamische Entwicklungsbank hatte 1975 bei ihrer Eröffnung 22 Mitglieder; bis Ende 1980 war die *Mitgliederzahl* auf 40 angestiegen. Vom genehmigten Kapital der Bank von 2 Mrd. Islamischen Dinaren (ID)[6] hatten diese 790 Mio. ID gezeichnet und – bis auf einen Rest von 30 Mio. ID – auch eingezahlt. Tabelle 2 zeigt die einzelnen Kapitalanteile und die davon abhängigen Stimmen im Gouverneursrat, der über die Grundlinien der Bankpolitik entscheidet und u.a. den Präsidenten und die geschäftsführenden Direktoren der Bank wählt. Im Januar 1981 beschloß die Konferenz der Könige, Staatsoberhäupter und Regierungschefs in Taif, das gezeichnete Kapital um 1,21 Mrd. ID aufzustocken.

bb) *Finanzierungspraxis.* Ihre finanziellen Mittel verwendet die Islamische Entwicklungsbank für Projektfinanzierungen einerseits und Außenhandelsfinanzierungen andererseits. Der (wertmäßige) Anteil der Außenhandelsfinanzierungen ist seit 1977 beständig und stark von 30,4 v.H. auf 73,5 v.H. 1980 angestiegen. In 36 Außenhandelsfinanzierungen flossen 1980 365 Mio. ID, in 26 Projektfinanzierungen 132 Mio. ID. Seit Bestehen der Bank bis 1980 wurden 80 Außenhandelsfinanzierungen im Werte von 798 Mio. ID und 95 Projektfinanzierungen mit 445 Mio. ID durchgeführt.

Bei den *Projektfinanzierungen* ist zu unterscheiden zwischen zinslosen Darlehen, Kapitalbeteiligungen und Finanzierungen im Wege des Leasings, d.h. der Vermietung bzw. des Mietkaufs von Anlagegütern.

- *Zinslose Darlehen* wurden vor allem für *Infrastrukturprojekte* wie Straßen, Häfen, Flughäfen, Bildungseinrichtungen usw. gewährt. Die Bank erhebt zur Deckung ihrer Verwaltungskosten nur eine (feste) Bearbeitungsgebühr, die kein „Zinsersatz" ist. Bis Ende 1980 wurden für 33 Projekte in 23 Mitgliedsländern mit 40,4 v.H. der Mittel für Projektfinanzierungen zinslose Darlehen gewährt. Hinzu kommen 17 Projekte *technischer Hilfe* in 10 Ländern mit 1,5 v.H. der Mittel; dabei ging es vor allem um Durchführbarkeitsstudien und Projektvorbereitungen.
- *Kapitalbeteiligungen* als Minderheitsbeteiligungen ging man bei industriellen und agro-industriellen (gewinnversprechenden) Projekten ein; 32 Projekte in ca. 20 Mitgliedsländern beanspruchten 36,8 v.H. der Projektfinanzierungsmittel.
- *Leasing* wandte man beispielsweise an zur Finanzierung des Kaufs von Schiffen, Eisenbahnwagen und Montageteilen für Traktoren und andere schwere Maschinen. In allen Fällen wird nach einer gewissen Periode das Eigentum an den geleasten (gemieteten) Gegenständen an den Leasingnehmer (Mieter) übergehen. 12 Projekte wurden in 10 Ländern mit 20,4 v.H. der Projektfinanzierungsmittel durchgeführt.

Bei der kurzfristigen *Außenhandelsfinanzierung* war die Bank darauf bedacht, nur den Import von entwicklungswichtigen Waren und nicht etwa von Konsumgütern zu finanzieren. Zu den Waren, deren Import finanziert wurde, zählen etwa Düngemittel, Öl und Ölprodukte, Phosphate, Zement, Koks, Stahl, Kupfer, Blei, Pflanzenöl und Jute-Erzeugnisse. Vorrang wurde Importen aus Mitgliedsländern eingeräumt, um so den Handel zwischen ihnen zu fördern. Die 80 Außenhandelsfinanzierungen bis 1980 betrafen 22 (importierende) Länder.

Um etwas konkretere Beispiele für die Außenhandelsfinanzierung der Islamischen Entwicklungsbank zu geben, finden sich in der folgenden Zusammenstellung die 11 größten

Außenhandelsfinanzierungen 1980, auf die rund 50 v.H. der gesamten, auf 36 Operationen mit 21 Ländern verteilten Mittel von 365 Mio. ID entfallen.

Zusage an	*Mio. ID*	*für den Import von*	*aus*
Algerien	31,56	industr. Vorprod. und Halbfabrikaten	Nicht-Mitgliedsstaaten der IDB
Türkei	18,79	Rohöl	Irak und anderen IDB-Mitgliedstaaten
Somalia	15,78	Rohöl	Irak
Bangladesch	15,77	Rohöl	Saudi-Arabien, V.A.E.
Pakistan	15,45	Rohöl	Saudi-Arabien
	15,34	raffin. Ölprod.	Irak
	15,18	Kunstdünger	Kuweit, Katar, Saudi-Arabien, Irak
Sudan	14,64	raffin. Ölprod.	Kuweit
Syrien	14,00	Jute-Produkten	Bangladesch
Sudan	13,30	raffin. Ölprod.	Kuweit
Sudan	12,78	Jute-Produkten	Bangladesch

Was ein Blick bereits ahnen läßt, bestätigt eine genauere Betrachtung der Finanzierungsoperationen:

- Die weitaus meisten Mittel zur Außenhandelsfinanzierung durch die Islamische Entwicklungsbank werden benötigt, um die Importe von Öl und Ölprodukten einschließlich Kunstdünger zu bezahlen: rund 69 v.H.; ca. 240 Mio. ID, also knapp die Hälfte aller Finanzierungsmittel (Außenhandels- und Projektfinanzierung), sind somit in die moslemischen Ölländer (insbesondere nach Saudi-Arabien, Kuweit und Irak) geflossen.
- Etwa 68 Mio. ID, d.h. gut 18 v.H. der Außenhandelsfinanzierung, betrafen Importe aus Nicht-Mitgliedsländern der Islamischen Entwicklungsbank.
- Nur ein „Rest“ von etwa 57 Mio. ID, ca. 15 v.H. der Außenhandelsfinanzierung, diente der Abwicklung von Importen aus Mitgliedsländern, die keine Ölstaaten sind.

Wenn man davon ausgehen darf, daß die Finanzierung der immer teurer werdenden Ölimporte kaum ein Beitrag zur

Förderung eines „sinnvollen“ Handels zwischen den Ländern der moslemischen Welt sein kann und für die Finanzierung von Importen aus „Drittländern“ dies schon definitionsgemäß ebenso gilt, dann bleibt von der ganzen Außenhandelsfinanzierung der Islamischen Entwicklungsbank nur der sehr bescheidene Rest von 15 v.H., der tatsächlich zur Finanzierung einer Art von Handel zwischen moslemischen Staaten eingesetzt wurde, dessen Ausweitung ökonomisch sinnvoll sein könnte. Ob und in welchem Umfang die Außenhandelsfinanzierung der Islamischen Entwicklungsbank den Handel aber tatsächlich gefördert hat, scheint eine sehr offene Frage zu sein. Grundsätzlich wäre nämlich denkbar, daß einzelne Mitgliedsstaaten bestimmte benötigte Rohstoffe praktisch deshalb in einem anderen moslemischen Land kaufen würden, weil dieses andere Land der Hauptanbieter für das benötigte Gut auf dem Weltmarkt ist. Die in der Zusammenstellung oben erwähnten Jute-Importe von Syrien und Sudan aus Bangladesch wären dafür ein gutes Beispiel, denn rund zwei Drittel des Weltmarktangebots an Jute stammen aus Bangladesch. Man könnte also sagen, daß Syrien und Sudan ihre Jute „in jedem Fall“ aus Bangladesch bezogen hätten, wer immer den Import finanzierte. Aber in Handelsgeschäften, die ohnehin zustande gekommen wären, kann man kaum einen Erfolg der „Handelsförderung“ durch die Islamische Entwicklungsbank sehen. Als Erfolge dürfte sie nur solche Transaktionen beanspruchen, bei denen die Nachfrage die Wahl zwischen moslemischen und nichtmoslemischen Anbietern hatte und sich dann aufgrund des Finanzierungsangebots der Bank für den moslemischen Anbieter entschieden hat.

Wenn man wegen der herausragenden Marktstellung Bangladeschs eine „echte“ Wahlmöglichkeit bei den Jute-Importen Syriens und Sudans verneint und diese Finanzierungsbeträge auch noch abzieht, dann bleiben nur noch rund 30 Mio. ID bzw. nicht einmal mehr 10 v.H. der gesamten Außenhandelsfinanzierung übrig, die (vielleicht) einen positiven Effekt auf den Handel zwischen Staaten der moslemischen Welt hatten; aber das sind dann Größenordnungen, die wohl kaum der Rede wert sind.

cc) *Forschungsaktivitäten.* Für die Kooperation zwischen moslemischen Staaten und die wirtschaftliche Entwicklung der moslemischen Welt vielversprechender dürften einige Projekte sein, die noch im Forschungs- und Planungsstadium sind, künftig aber sicherlich in die Diskussion eingebracht werden.
Relativ fortgeschritten sind offenbar Überlegungen zu Konzepten zur Förderung von *Gemeinschaftsunternehmen (joint ventures),* die im Sinne der oben herausgestellten entwicklungspolitischen Notwendigkeit der Verbesserung der Faktormobilität und der längerfristigen Kapitalbewegungen positiv zu bewerten sind. 1980 erstellte die Islamische Entwicklungsbank zwei Arbeitspapiere zu diesem Thema:
- „Das Konzept der Gemeinschaftsunternehmen und ihr Erfolg" („The Concept of Joint Ventures and their Success"), das von einer von der Wirtschaftskommission der Islamischen Konferenz gebildeten Expertenkommission diskutiert wurde;
- „Gemeinschaftsunternehmen und islamische Wirtschaftskooperation: Konzeptionen und Probleme" („Joint Ventures and Islamic Economic Co-operation: Concepts and Issues"), worin anwendbare Konzeptionen für Gemeinschaftsunternehmen vorgeschlagen wurden; dieses Papier entstand aus einer Zusammenarbeit mit dem Forschungs- und Ausbildungszentrum in Ankara (SESRTCIC).

Besonders das letzte Papier soll auch auf wirtschaftspolitische Entscheidungen abstellen, die die Mitgliedsländer treffen müßten, um eine wirkliche Kooperation im Bereich des Kapitalverkehrs und der Gemeinschaftsunternehmen zu ermöglichen. Fragen, um die es dabei geht, betreffen u.a. die Ermittlung geeigneter Projekte und deren Einbettung in die jeweiligen nationalen Entwicklungsprogramme, geeignete

Finanzierungsmethoden, den Kapitalschutz und Gewinntransfer, Devisenkontrollen und Besteuerung, aber auch mehr technische Probleme wie Durchführbarkeitsstudien oder die mangelnde Verfügbarkeit technischen und kaufmännischen Personals.

Einen institutionellen Rahmen auch für Forschungen dieser Art will die Islamische Entwicklungsbank durch die Gründung eines eigenen *Forschungs- und Trainingsinstituts* (Research and Training Institute) in Jeddah schaffen. Der Anstoß zur Gründung dieses Instituts wurde beim dritten Jahrestreffen des Gouverneursrates der Bank im März 1979 in Kampala durch Verabschiedung einer entsprechenden Resolution gegeben; eine von einer Expertenkommission ausgearbeitete Studie wurde im Mai 1980 bei einem Expertentreffen in Jeddah diskutiert und veranlaßte den Gouverneursrat, die für die Errichtung notwendigen Resolutionen zu verabschieden. Danach soll das Forschungs- und Trainingsinstitut u.a. folgende Aufgaben erfüllen:

- Organisation und Koordination von Grundlagen- und angewandter Forschung, um Modelle und Methoden zu entwickeln, islamisches Recht in den Bereichen Wirtschaft, Finanzen und Banken anzuwenden;
- Aus- und Fortbildung von Personal im Fach „islamische Wirtschaft", um so dem Personalbedarf von Forschungs- und Beratungsinstitutionen gerecht zu werden;
- Training von Personal, das in Entwicklungsaktivitäten in Mitgliedsländern engagiert ist;
- Errichtung und Betrieb eines Informationszentrums, das für das Forschungs- und Trainingsinstitut relevante Informationen sammelt, aufbereitet und verfügbar macht.

Durchaus vergleichbare Aufgaben sind dem im März 1981 vor allem auf Betreiben des Internationalen Verbandes islamischer Banken gegründeten *Internationalen Instituts für islamische Banken und Wirtschaft* (International Institute of Islamic Banking and Economics) in Lefkosa (Zypern) gestellt, bei dem allerdings die Islamische Entwicklungsbank weder als Gründer noch als Beobachter in der Gründungsvereinbarung genannt wird. Eine gewisse „Arbeitsteilung" wäre insofern denkbar, als das Institut in Lefkosa sich vor allem um die Probleme islamischer „Geschäftsbanken" kümmern dürfte, während das Institut in Jeddah vorrangig entwicklungspolitisch ausgerichtet sein könnte.

b) Der *Islamische Solidaritätsfonds* (Islamic Solidarity Fund) wurde auf der ersten Konferenz der Könige, Staatsoberhäupter und Regierungschefs der Islamischen Konferenz 1974 in Lahore gegründet. Sitz des Fonds ist Jeddah; verwaltet wird er gemeinsam vom Islamsekretariat und der Islamischen Entwicklungsbank. Ziele des Fonds sind:

- „Unterstützung von Baumaßnahmen in ärmeren Muslimländern und in der Diaspora, u.a. von Moscheen, Schulen, Universitäten, Sozialeinrichtungen, Krankenhäusern und islamischen Kultureinrichtungen;
- Unterstützung von religiösen Aktivitäten in den Diasporagemeinden;
- Hilfsmaßnahmen in Katastrophenfällen."[7]

Diese Art der Mittelverwendung, aber auch das relativ geringe Mittelaufkommen des Islamischen Solidaritätsfonds – aus freiwilligen Beiträgen jährlich im Durchschnitt nur gut 10 Mio. US-Dollar – machen ihn im Hinblick auf die Förderung der wirtschaftlichen Entwicklung der moslemischen Welt unergiebig.

c) Wesentlich potenter sind da die verschiedenen *Entwicklungsfonds arabischer Länder* oder die *bilateralen Hilfen* moslemischer Ölstaaten. Allerdings stehen dort bei der Mittelvergabe wohl nationale Zielsetzungen der verschiedenen Geberländer im Vordergrund, und diese können zwar – wie z.B. in Saudi-Arabien – islamisch inspiriert sein, müssen es aber nicht. Darum können sie in einem Überblick über ausdrücklich „islamische" Entwicklungspolitik vernachlässigt werden.

1.2.3 *Währung.* Es ist zwar gelegentlich die Forderung nach einer moslemischen Währungsgemeinschaft erhoben worden, konkrete Pläne dafür – die nicht nur utopisch-visionär sind – wurden bislang aber wohl noch nicht vorgelegt. Es gibt zwar einen *Islamischen Dinar,* aber das ist lediglich ein Name für die Rechnungseinheit der Islamischen Entwicklungsbank, hinter dem ökonomisch nichts „Islamisches" steht: Ein Islamischer Dinar entspricht einem Sonderziehungsrecht des Internationalen Währungsfonds, dessen Wert nach dem Wert eines „Währungskorbes" mit früher 16, seit 1981 nur noch 5 konvertiblen Währungen – dem US-Dollar, der Deutschen Mark, dem Französischen Franc, japanischen Yen und britischen Pfund Sterling – bestimmt wird. Bis zu einem ökonomisch gehaltvollen, eigenständigen Islamischen Dinar, der nach den Wünschen einiger Autoren einmal als Zahlungsmittel überall in der moslemischen Welt angenommen werden soll, ist es noch ein enorm weiter Weg, über dessen einzelne Etappen – z. B. Abbau von Devisenbewirtschaftung in einigen Ländern, Übergang zur Konvertibilität, Wechselkursvereinbarungen, jeweils zwischen den Staaten der moslemischen Welt – wohl überhaupt noch keine Vorstellungen entwickelt wurden.

Was es lediglich gibt, sind *Treffen der Gouverneure der Zentralbanken und Währungsbehörden* der Mitgliedsstaaten der Islamischen Konferenz. Das erste fand 1978 in Kuala Lumpur statt, das zweite 1979 in Kampala. Am dritten im September 1980 in Riyad nahmen Vertreter von 35 Zentralbanken und Beobachter verschiedener Organisationen, darunter auch die Islamische Entwicklungsbank, teil. Diskutiert wurden allerdings keine währungspolitischen Fragen, sondern u. a. Probleme im Zusammenhang mit privaten Direktinvestitionen und Kapitaltransfers. Solche Überlegungen könnten später überleiten zu Fragen der währungspolitischen Zusammenarbeit und einmünden in (operationale) Pläne für eine moslemische Währungsgemeinschaft, aber bis dahin vergeht wohl noch einige Zeit.

2 ZAKĀT ALS KONSTITUTIVES ELEMENT VON FINANZ- UND SOZIALORDNUNG

Zakāt kann man, bevor Einzelheiten und Feinheiten besprochen sind, zunächst definieren als eine Abgabe von 2,5 v.H. des Wertes bestimmter Vermögensobjekte und von 5 bzw. 10 v.H. der Erträge aus der Landwirtschaft (sofern gewisse abgabefreie Mindestbeträge überschritten werden), deren Zahlung eine der höchsten religiösen Pflichten der Moslems ist und die nur bestimmten, im Koran genannten Empfängern und Zwecken zuzuführen ist. Diskutiert wurde und wird vor allem,

- ob ein islamischer Staat die Einhaltung dieser religiösen Pflicht erzwingen darf, also Zakāt wie eine Steuer einziehen kann;
- wie die „Bemessungsgrundlage“ für die Abgabe heute zu interpretieren ist, wo zahlreiche Vermögensarten anzutreffen sind – Maschinen, Fabrikhallen, Aktien usw. –, die zu Zeiten des Propheten und der ersten Kalifen unbekannt waren;
- wen man in heutiger Zeit zum Kreis der Empfangsberechtigten zählen kann und in welcher Form diesen die Zakāt-Mittel zugute kommen sollen – etwa als direkte Transferzahlungen oder durch Preissubventionierungen oder Nulltarif bei bestimmten Gütern.

Im Deutschen verwendet man für Zakāt oft die Begriffe „Almosensteuer“ oder „Sozialsteuer“, die aber beide nicht ganz glücklich scheinen: Zakāt ist in erster Linie eine religiöse Pflicht und muß (vom gläubigen Moslem) auch dann entrichtet werden, wenn der Staat Zakāt nicht zwangsweise einzieht. Das kommt eher im Begriff „Almosensteuer“ als im Begriff „Sozialsteuer“ zum Ausdruck, der stärker auf die Mittelverwendung für „soziale“ Zwecke abstellt. In beiden Fällen ist aber die Bezeichnung „Steuer“ unglücklich, denn selbst wenn der Staat Zakāt wie eine Steuer einzieht, kann er die Mittel doch nicht wie normale Steuereinnahmen in seinen Haushalt einstellen und darüber frei verfügen. Wenn man auf die Zweckbindung der Mittel blickt, wäre Zakāt viel eher mit den Beiträgen zu einer staatlichen Sozialversicherung mit Zwangsmitgliedschaft zu vergleichen als mit einer Steuer. Dazu sachlich später mehr; hier sollte nur begründet werden, warum im folgenden der Begriff Zakāt unübersetzt beibehalten wird.

2.1 *Zakāt im islamischen Recht*

Die Verpflichtung zur Zahlung von Zakāt findet sich in allen primären Rechtsquellen.

- Im *Koran* wird die Zahlung von Zakāt als drittes Wesensmerkmal des Moslems – nach Glaubensbekenntnis und Gebet – genannt: „Wenn sie sich nun bekehren, das Gebet verrichten und die Almosensteuer geben, sind sie damit eure Glaubensbrüder geworden" (S 9,11).
- In der *Sunna* sind Aussprüche des Propheten überliefert, wonach Zahlung von Zakāt zu den sogenannten „fünf Säulen des Islam" (d.h. den grundlegenden Pflichten des Moslems: Zeugnisbereitschaft, Gebet, Zahlung von Zakāt, Fasten, Pilgerfahrt nach Mekka) gehört, so etwa in folgender Antwort Mohammeds: „Islām ist, daß du bezeugst, daß es keinen Gott gibt außer *Allāh,* und daß Muhammad der Gesandte *Allāhs* ist, daß du das Gebet verrichtest, die *Zakāt* gibst, im *Ramaḍān* fastest und zum Hause [zur Kaʿba in Mekka, V.N.] pilgerst, wenn du dazu imstande bist."[8]
- Es bestand auch *Konsens* unter den Rechtsgelehrten darüber, daß die Zahlung von Zakāt eine Verpflichtung für die Moslems ist.

Anders als etwa beim Erbrecht, wo nicht nur Grundsätze, sondern auch zahlreiche Details im Koran vorgeschrieben sind, lassen sich aus ihm zu Zakāt keine Einzelheiten entnehmen. Diese wurden vom späteren islamischen Recht unter Heranziehung von Berichten über Mohammeds Handlungsweise entwickelt. Die zwangsweise Einziehung von

Zakāt durch den Staat geht nicht auf Mohammed, sondern auf seinen Nachfolger, den ersten Kalifen Abū-Bakr, zurück; als sich nach Mohammeds Tod einige Beduinenstämme weigerten, weiterhin Zakāt abzuführen, weil sie dies als Teil eines mit Mohammed geschlossenen und durch seinen Tod beendeten Vertrags ansahen, ging Abū-Bakr militärisch gegen sie vor.
Eine ausführliche und nach den Rechtsschulen differenzierende Darstellung von Zakāt nach islamischem Recht findet sich in der 1916 erschienenen Dissertation von Nicolas P. Aghnides,[9] auf die sich auch heute noch moslemische Ökonomen beziehen.

2.1.1 *Mittelaufbringung.* Grundlage für die Verpflichtung zur Zahlung von Zakāt ist Eigentum von und Besitz an *produktivem Vermögen,* sofern ein bestimmtes, nach Vermögensarten differenziertes Minimum (niṣāb) überschritten ist. Die Produktivität des Vermögens muß nicht tatsächlich gegeben sein, es reicht aus, wenn die Vermögensgegenstände ihrer Art nach produktiv verwendet werden könnten. Produktivität wird grundsätzlich folgenden Vermögensarten zugesprochen, die daher in jedem Fall Bemessungsgrundlage für Zakāt waren und sind:
- Gold und Silber,
- Vieh,
- Handelswaren.

Die Klassifikation einer Abgabe auf landwirtschaftliche Produkte wie Getreide und Obst ist nicht einheitlich, zumeist wird aber auch diese Abgabe als Zakāt eingestuft.
Grundlage für Zakāt ist jeweils das Netto-Vermögen, d.h. Schulden sind abzuziehen. Sofern das jeweilige zakāt-freie Minimum im Laufe des Jahres nicht unterschritten wurde, ist am Jahresende Zakāt nach Maßgabe des dann vorhandenen Netto-Vermögens zu entrichten, also z. B. bei Handelswaren auf den Warenbestand zu Beginn und den (Netto-)Zuwachs im Laufe des Jahres.

a) *Abgaben bei Vieh.* Bemessungsgrundlage für Zakāt auf Vieh ist nicht der in Geld ausgedrückte Wert des Viehs, sondern der zahlenmäßige *Bestand.* „Vieh“ sind nicht sämtliche gehaltenen Tiere, sondern nur die „produktiv verwendeten bzw. verwendbaren“, also z. B. Kamel-, Schaf- oder Ziegenherden, die sich vermehren (können), nicht dagegen (einzelne) Reit- oder Lasttiere. „Die *zakāt* auf den Viehbestand wird auf der Grundlage von komplizierten Bestimmungen errechnet, die bei den verschiedenen Rechtsschulen variieren. Nach den Šafiʿiten liegt der *niṣāb* oder zu versteuernde Mindestsatz bei fünf Kamelen, 20 Rindern (einschließlich Wasserbüffeln), 40 Schafen und/oder Ziegen usw. Beispiele für die *zakāt:* ein Mutterschaf für jeweils fünf Kamele bis zu zwanzig oder für 40 Schafe und/oder Ziegen; eine einjährige Kamelstute für 36 bis 45 Kamele usw.“ [10]

b) *Abgaben bei Gold und Silber.* Bemessungsgrundlage für Zakāt auf Gold und Silber ist das *Gewicht.* Die „Freigrenze“ beträgt bei Gold etwa 85 Gramm, bei Silber ungefähr siebenmal soviel. Der Abgabesatz ist 2,5 v.H. [11]

c) *Abgaben bei Handelswaren.* Unter Handelswaren sind jegliche Objekte zu verstehen, die in der Absicht, damit Handel zu treiben, erworben wurden. Auch Vieh kann Handelsobjekt sein; in diesem Fall gelten auch für Vieh die Vorschriften über Handelswaren und nicht die zuvor erwähnten Sätze für Vieh, denen der Viehzüchter unterliegt. Das kann zu unterschiedlichen Abgaben von Viehzüchtern und -händlern führen, sowohl in der Höhe als auch in der Zahlungsweise (natural oder in Geld). Bemessungsgrundlage ist der Handelswert der Waren am Bewertungsstichtag, der Abgabensatz beträgt 2,5 v.H.

d) *Abgaben bei Agrarprodukten.* „Der *niṣāb,* der zu versteuernde ‚Mindestsatz‘, für Feldfrüchte und Obst ist ein *wasq*, ‚fünf Kamellasten', von jeder Sorte, und die *zakāt* beträgt 10 Prozent (bzw. bei künstlicher Bewässerung 5 Prozent) auf den *niṣāb* und jeden Überschuß."[12]

Diese wenigen Hinweise mögen genügen, um einen kurzen Eindruck von jenen Grundlagen und Prinzipien des islamischen Rechts zu gewinnen, die zeitgenössische Autoren bei ihren Bemühungen um eine „Modernisierung" von Zakāt in Rechnung stellen müßten (was sie aber häufig nicht genügend tun).

2.1.2 *Mittelverwendung*. Der Kreis der Empfangsberechtigten für Zakāt-Mittel ist in S 9,60 des Koran abschließend festgelegt, d.h. es können weder dort genannte Gruppen gestrichen noch neue hinzugefügt werden: „Die Almosen sind nur für die Armen und Bedürftigen bestimmt, ferner für diejenigen, die damit zu tun haben, für diejenigen, die für die Sache des Islam gewonnen werden sollen, für den Loskauf von Sklaven, für die, die verschuldet sind, für den heiligen Krieg und für den, der unterwegs ist."
Es sind also acht Gruppen bzw. Zwecke, für die Zakāt verwendet werden darf:

- für Arme,
- für Bedürftige,
- für Schuldner,
- für Reisende,
- für den Loskauf von Sklaven,
- für diejenigen, die für den Islam gewonnen werden sollen,
- für diejenigen, die für den Islam kämpfen,
- für die Verwaltung von Zakāt.

Es besteht zwischen den verschiedenen Rechtsschulen weder über die genaue Definition dieser Gruppen bzw. Zwecke Einigkeit noch darüber, welcher Anteil am gesamten Mittelaufkommen den acht Verwendungsarten jeweils zugemessen werden soll.

Die Bezeichnungen für einige der Gruppen sind ohne nähere Erläuterungen oder einen Blick auf die frühere Praxis schwer oder mißverständlich.

- „Der ‚Schuldner' ist vor allem jemand, der sich für irgendeinen frommen oder wohltätigen Zweck verschuldet, z.B. beim Bau einer Moschee, oder wenn er für ein Darlehen bürgt, das zu einem Zeitpunkt fällig wird, da der Entleiher zahlungsunfähig ist.
- Unter einem ‚Reisenden' versteht man insbesondere eine Person, die sich auf einer Wallfahrt oder irgendeiner sonstigen religiös motivierten Reise befindet, aber auch jeden, der zufällig in die Stadt kommt, wo die zakāt verteilt wird, und der nicht die Mittel hat, seine Reise fortzusetzen." [13]
- Diejenigen, „die für den Islam gewonnen werden sollen", waren „ganz bestimmte prominente Mekkaner, denen der Prophet zur Zeit der Kapitulation der Stadt im Jahr 8 d.H. (= 630 u.Z.) einen Teil aus den Almosengeldern gab ... Ob es diese Kategorie nach dem Tod des Propheten noch gab oder nicht, ist unter den Rechtsschulen umstritten." [14]
- Die in einem „heiligen Krieg für den Islam kämpfen" erhielten dann Mittel aus dem Zakāt-Aufkommen, wenn sie sich diesem Krieg freiwillig anschlossen und nicht zu den Truppen der regulären Armee gehörten.

Vor diesem Hintergrund muß man die Neuinterpretationen der Empfangsberechtigten durch zeitgenössische moslemische Autoren würdigen.

2.2 *Zakāt in der islamischen Ökonomik*

Moslemische Ökonomen stellen Zakāt oft als Kernstück einer islamischen Finanzverfassung und Sozialordnung dar.

2.2.1 *Bemessungsgrundlagen.* Es wird wohl niemand bestreiten, daß man heute nicht mehr allein von den im „traditionellen" islamischen Recht herausgearbeiteten Bemessungsgrundlagen ausgehen kann; man bemüht sich vielmehr, diese auf einen gemeinsamen Nenner zu bringen bzw. sie als Konkretisierung eines höherrangigen, zeitlosen Prinzips zu erkennen. Dieser gemeinsame Nenner bzw. dieses übergeordnete Prinzip, heute angewandt, müßte bestimmte zusätzliche Vermögensobjekte zakāt-pflichtig machen.

Das konkrete Ergebnis dieser Vorgehensweise hängt natürlich davon ab, was als gemeinsamer Nenner bzw. übergeordnetes Prinzip erkannt wird.

- Einige kommen zu sehr umgreifenden Bemessungsgrundlagen; oft werden nicht nur bestimmte produktive Vermögensarten genannt, sondern das gesamte Produktiv- oder das gesamte Nettovermögen (einschließlich „unproduktiver" Vermögensobjekte). Wie überzeugend solche Versuche sind, wäre noch zu diskutieren, denn es scheint so, daß auch zu Mohammeds Zeiten bestimmte Vermögensobjekte bekannt waren, die sicherlich zum Netto-, wahrscheinlich auch zum produktiven Vermögen gezählt wurden – beispielsweise Lagerhäuser, Schiffe oder Wälder –, für die aber dennoch kein Zakāt zu entrichten war. In der „Rückprojektion" ergibt sich somit ein Widerspruch zwischen dem, was zu Zeiten des Propheten Praxis war, und dem, was Praxis hätte sein müssen, wenn man damals tatsächlich dem aus den Beispielen heute „herauskristallisierten" Prinzip gefolgt wäre. Das wiederum läßt das Prinzip selbst fragwürdig erscheinen.
- Andere suchen nicht nach einem „universellen" Prinzip, sondern diskutieren einzelne modernere Vermögensobjekte wie industrielle Anlagen oder Anteilspapiere an Industrieunternehmungen und versuchen, in Analogie zu den im islamischen Recht behandelten Vermögensarten die Frage nach neueren Bemessungsgrundlagen und Abgabesätzen zu beantworten. Das Ergebnis ist eine bunte Palette unterschiedlichster Vorschläge, z.B.: (1) eine Abgabe bei industriellen Produktionsanlagen von 10 v.H. der Nettoproduktion in Analogie zu Zakāt bei Agrarprodukten; (2) eine Abgabe von 2,5 v.H. des Firmenwertes

(Differenz zwischen Anlagevermögen und Verbindlichkeiten); (3) eine Abgabe von 2,5 v.H. des Marktwertes der verkäuflichen Produkte von Industrieunternehmen, analog zu Zakāt bei Handelswaren; (4) eine Abgabe von 10 v.H. der Wertschöpfung bzw. des Netto-Gewinns von Industrieunternehmen; (5) eine Abgabe, bei deren Bemessungsgrundlage Abschreibungen auf das Anlagevermögen angemessen berücksichtigt und deren Rate flexibel gestaltet werden sollte.

Ganz offenkundig ist hier der Meinungsbildungsprozeß der moslemischen Ökonomen noch längst nicht abgeschlossen. Solange nicht klargestellt ist, welche Bemessungsgrundlagen und Abgabesätze gelten sollen, läßt sich auch nicht viel zum möglichen Stellenwert von Zakāt in der Finanzordnung eines islamischen Staates sagen. Daß Zakāt zu seiner Haupteinnahmequelle werden könnte, was gelegentlich behauptet wird, kann man zumindest dann bezweifeln, wenn Staatsanteile am Sozialprodukt von heute üblichen 40, 50 oder 60 v.H. auch in einem islamischen Staat fortbestehen würden. Und ob Zakāt tatsächlich wachstums- und beschäftigungsfördernde Effekte hat, weil es zum rationellen und produktiven Einsatz von Vermögen bzw. Kapital „zwingt“ und Horten verhindert, hängt u.a. von der Bemessungsgrundlage ab: Ist nur ein Zuwachs die Bemessungsgrundlage, ist eine solche Folgerung kaum zu ziehen; lediglich eine Abgabe auf den Vermögensbestand, die bei nicht-produktiver Verwendung die Substanz verringern würde, könnte die stets hervorgehobenen Effekte haben. Aber auch das ist nicht zwingend, sondern u.a. von Preis- und Preisniveauveränderungen abhängig, aber mit Inflationsproblemen haben sich die moslemischen Ökonomen bislang noch kaum beschäftigt.

2.2.2 *Empfangsberechtigte.* Ähnlich wie die Bestimmung von Bemessungsgrundlagen und Abgabesätzen entscheidend für den Stellenwert von Zakāt in der Finanzordnung eines islamischen Staates ist, kommt es auf die Gewichtung und

Abgrenzung der verschiedenen Gruppen von Empfangsberechtigten an, wenn man etwa zur These Stellung nehmen will, Zakāt sei das älteste System der sozialen Sicherung überhaupt oder sei „Sozialversicherung par excellence".
Der Vergleich mit der Sozialversicherung liegt tatsächlich nahe, wenn man vor allem auf die beiden ersten Gruppen von Empfangsberechtigten blickt – die Armen und Bedürftigen –, deren Lebensunterhalt durch Zakāt-Mittel sichergestellt werden soll, welche von der Allgemeinheit aufgebracht werden. Bereits erwähnt wurde, daß das Einziehen von Zakāt durch den Staat im Sinne einer „Zwangsmitgliedschaft" in der „Versicherung" gedeutet werden kann, die sich autonom verwaltet und die dazu notwendigen Gelder auch dem allgemeinen Mittelaufkommen entnehmen darf.
Die Interpretation als Sozialversicherung wird allerdings dann fragwürdig, wenn man die Betrachtung der Empfangsberechtigten nicht nur auf die Armen und Bedürftigen einschränkt, sondern die übrigen Gruppen bzw. Zwecke wieder hinzunimmt und sowohl diese Gruppen und Zwecke sehr weit interpretiert als vor allem auch davon ausgeht, daß die Begünstigung nicht unbedingt in Form direkter Zahlungen erfolgen muß, sondern auch die Bereitstellung bestimmter Güter und Dienste zu subventionierten Preisen oder zum „Nulltarif" als Begünstigung anerkannt wird. Dann kommt man etwa zu folgender Version: Die „Reisenden" benötigen Verkehrsmittel zu Lande, zu Wasser und in der Luft; ferner ein Kommunikationsnetz; Sicherheit für Leben und Eigentum, was etwa Schutz durch die Polizei und medizinische Versorgung einschließt. Ausgaben für den „heiligen Krieg" bedeuten einerseits Finanzierung der Landesverteidigung, andererseits – für den heiligen Krieg „nach innen" – Unterhaltung von Schulen und Forschungsstätten. Die Unterstützung der Armen schließt die ganze Skala der Entwicklungsprojekte in Landwirtschaft und Industrie und im Bereich der materiellen und sozialen Infrastruktur ein.[15]
Noch extensiver ist folgende Auslegung der Gruppe derjeni-

gen, die für den Islam kämpfen: Es gehe dabei um generelle Hilfen für die Bevölkerung oder um gute Zwecke, nach denen die Menschen streben; daher könnten in dieser Gruppe Mittel verwendet werden für Organisationen, die der Gemeinschaft nützen, z.B. Krankenhäuser, Erziehungsstätten, Bibliotheken, Moscheen, Arbeitsgruppen im Dienste des Islam und zur Verbreitung von Wissen.[16]
Es dürfte auf der Hand liegen, daß bei solchen Interpretationen praktisch jedwede Mittelverwendung (durch den Staat) gerechtfertigt werden kann und das Ergebnis derart „ungezügelter“ Ausgabenpolitik mit sozialer Sicherung oder Sozialversicherung nichts mehr zu tun hat. Solange noch bei der Bestimmung der Empfangsberechtigten solch extreme Spannweiten sichtbar werden, ist vor einer Klärung der Positionen im moslemischen Lager selbst eine Würdigung der These, Zakāt sei ein ideales System sozialer Sicherheit, kaum möglich und sinnvoll. Es sei lediglich darauf hingewiesen, daß bei fest vorgegebenen Bemessungsgrundlagen und Abgabesätzen auf der Einnahmeseite das Mittelaufkommen begrenzt ist, so daß jede extensivere Auslegung bei einer Empfangsberechtigtengruppe wegen der „Unvermehrbarkeit“ der Zakāt-Mittel bei den anderen Verwendungsarten Abstriche erfordert und es sehr leicht vorstellbar ist, daß extensive Interpretationen der oben angegebenen Art das ganze System so überfrachten, daß für die soziale Sicherung im eigentlichen Sinne nicht mehr genug Mittel zur Verfügung stehen. So ohne weiteres und bedingungslos ist dann Zakāt wohl doch nicht das beste aller Systeme zur sozialen Sicherung.

2.2.3 *Wirkungsanalysen und Empfehlungen.* Die moslemischen Ökonomen bemühen sich in letzter Zeit verstärkt, die ökonomische Vorteilhaftigkeit der Institution Zakāt theoretisch nachzuweisen. Die teilweise recht formal-abstrakten Abhandlungen brauchen hier nicht im einzelnen wiedergegeben zu werden, solange noch wesentliche Grundpositionen

ungeklärt bzw. umstritten sind. Was allerdings hier – als eine gewisse Merkwürdigkeit – festgehalten werden kann, ist der Stil der meisten dieser Wirkungsanalysen und die damit verbundene Implikation.
Man vergleicht bei den Wirkungsanalysen, die etwa nach der Bedeutung von Zakāt für Wachstum, Beschäftigung oder Verteilung fragen, eine Wirtschaft ohne Zakāt mit einer mit Zakāt. Da sich dabei (erwartungsgemäß) jeweils die Wirtschaft mit Zakāt als überlegen im Vergleich zu der ohne Zakāt erweist, folgert man daraus, daß der Staat in den moslemischen Ländern die Einziehung von Zakāt übernehmen sollte, denn das würde ökonomische Vorteile mit sich bringen. Wer so argumentiert, setzt aber eine „Wirtschaft mit Zakāt" mit einer „Wirtschaft mit staatlich eingezogener Zakāt" gleich und eine „Wirtschaft ohne staatlich eingezogene Zakāt" gleich mit einer „Wirtschaft überhaupt ohne Zakāt". Letzteres impliziert aber, daß die Moslems ohne staatlichen Zwang einer ihrer höchsten religiösen Pflichten nicht nachkommen würden. Umgekehrt formuliert: Würden die Moslems auch „freiwillig" ihre Zakāt-Pflicht erfüllen, dann könnte der Übergang zum staatlichen Zakāt-Einzug kaum jene ökonomischen Vorteile bringen, die sich nach der Wirkungsanalyse nur bei einem Übergang von einer Wirtschaft ohne zu einer mit Zakāt einstellen, nicht aber bei einem Wechsel lediglich von „formal freiwilliger" zu „formal vorgeschriebener" Zahlung von Zakāt.
Daraus folgt: Wer die staatliche Einziehung von Zakāt empfiehlt und mit ökonomischen Vorteilen begründet, unterstellt „schlechte Moslems", die ihren religiösen Pflichten nicht nachkommen. Das mag durchaus realistisch sein; zu fragen wäre dann jedoch, ob nicht gerade die „schlechten Moslems" alles daransetzen würden, in Zukunft die Zakāt-Vorschriften zu unterlaufen, so daß die Prämissen des von den Analytikern herangezogenen Modells „mit Zakāt" nicht mehr stimmen. Was würde dann aber aus den behaupteten ökonomischen Vorteilen? Diese Frage ist sicher wirtschafts-

politisch bedeutsam, und es scheint so, daß den modelltheoretischen Wirkungsanalysen von Zakāt erst einmal eine empirische Untersuchung darüber vorausgehen müßte, ob die meisten Moslems nicht doch „gute Moslems“ sind und ihren religiösen Pflichten freiwillig nachkommen. Wäre dem so, müßten die nachfolgenden Analysen die Schwerpunkte anders setzen und etwa fragen, welche Vor- oder Nachteile die staatliche bzw. öffentlich institutionalisierte Zakāt-Verwaltung gegenüber der bisherigen privaten Organisation hat. So ist die Frage aber wohl noch nicht gestellt worden.
In der Praxis gibt es offenbar sowohl „gute“ als auch „schlechte“ Moslems. Die „guten“ unterhalten u.a. Konten bei islamischen Banken, die auf privater Basis Zakāt-Gelder entgegennehmen und an Empfangsberechtigte weiterleiten. Ob es die „schlechten“ waren, die sich 1980 in Pakistan zu Wort meldeten, als die Regierung (als erste eines moslemischen Staates unserer Zeit) den zwangsweisen Einzug von Zakāt anordnete, und über diesen Schritt klagten, mag zunächst dahingestellt bleiben. Nicht das soll im folgenden am Beispiel Pakistans demonstriert werden, sondern z.B. die recht „pragmatische“ Formulierung eines „modernisierten“ Zakāt-Konzepts und dessen Umsetzung in die politische Praxis.

2.3 *Praxis in Pakistan*

Mit dem Rückzug der Engländer aus ihrer indischen Kolonie konnte die Idee eines eigenen Moslemstaates in Teilen des vorherigen Britisch-Indien verwirklicht werden; 1947 entstand die Islamische Republik Pakistan. Obwohl Pakistan von Anfang an ein „ideologisch“ oder weltanschaulich festgelegter Staat war, vergingen dreißig Jahre, bis nach der Machtübernahme von General Mohammed Zia-ul-Haq am 5. Juli 1977 mit einer umfassenden und konsequenten „Islamisierung“ von Staat und Wirtschaft Ernst gemacht wurde.

2.3.1 *Chronologie.* In einer Radio- und Fernsehansprache am Neujahrstag des islamischen Jahres 1399 (2. Dezember 1978) kündigte Präsident Zia-ul-Haq die Einführung des „islamischen Systems" in Pakistan an. Im Bereich des öffentlichen Rechts zählen dazu die Institutionen von Zakāt und Ushr („Zakāt" bei Agrarprodukten, auch: „Tithe"). Beherrschendes Thema dieser Rede war allerdings die Ankündigung, daß zusätzlich zu den bestehenden besondere „Shariʿa-Gerichtshöfe" auf der Ebene der „High Courts" in den vier Provinzen und eine Berufungsinstanz auf der Ebene des „Supreme Court" eingerichtet werden sollten. Deutlicher wurde Zia-ul-Haq in einer Rede am 10. Februar 1979, in der er die Einführung von Zakāt ankündigte und bekanntgab, daß er einen entsprechenden Gesetzentwurf vorlegen und zur Diskussion stellen wolle. Der Gesetzentwurf wurde am 13. Februar 1979 veröffentlicht, Änderungsvorschläge und Stellungnahmen sollten bis zum 30. April 1979 eingereicht werden. Die entsprechende Verordnung sollte am 1. Juli 1979 verkündet werden. Es kam allerdings zu Verzögerungen von fast einem Jahr.

In einer Ansprache nach dem Freitagsgebet in der Hauptmoschee von Islamabad gab Präsident Zia-ul-Haq am 20. Juni 1980 bekannt, daß er die Verordnung zur Durchsetzung von Zakāt und Ushr unterzeichnet habe. Am Abend des gleichen Tages teilte der Oberste Zakāt-Verwalter Einzelheiten in einer Radio- und Fernsehrede mit, u.a. auch, daß schon am nächsten Tag in einem „Quellenabzugsverfahren" durch Banken und ähnliche Institutionen von den bei ihnen unterhaltenen Guthaben (mit wenigen Ausnahmen) 2,5 v.H. Zakāt eingezogen werden sollte, was auch geschah. Die in der Verordnung enthaltenen Bestimmungen über Ushr wurden zunächst noch nicht angewandt und sind bis heute (Ende 1981) noch nicht in Kraft gesetzt.

Die Art der zwangsweisen Einziehung von Zakāt löste erhebliche Proteste auch von seiten der Rechtsgelehrten aus. Vor allem zwei Punkte wurden kritisiert:

- Zakāt sei von allen Moslems zwangsweise eingezogen worden, aber nach einigen der anerkannten Rechtsschulen (insbesondere der schiitischen Djaʿfariyya) sei die Zahlung zwar eine Pflicht des einzelnen, der Staat könne daraus jedoch keine Berechtigung für einen zwangsweisen Einzug ableiten.
- In der Verordnung wurde von allen Guthaben usw. Zakāt eingezogen, ohne zu prüfen, ob das Vermögen des Kontoinhabers das Minimum (niṣāb) überhaupt erreicht, von dem ab die Zahlung von Zakāt erst Pflicht wird.

Die Regierung verschloß sich nicht dieser berechtigten Kritik, die in einer Reihe von Treffen zwischen Rechtsgelehrten und Regierungsvertretern diskutiert wurde, zuletzt bei zweitägigen Gesprächen, die am 13. September 1980 in Islamabad begannen und an denen auch Präsident Zia-ul-Haq und der Religionsminister teilnahmen. Am 15. September 1980 einigte man sich auf eine Änderung der Verordnung vom Juni, und am 29. Oktober 1980 wurde die geänderte Zakāt-und-Ushr-Verordnung vom Ministerium für Recht und Parlamentsangelegenheiten veröffentlicht.

2.3.2 *Allgemeine Grundsätze. Zakāt-pflichtig* sind grundsätzlich alle pakistanischen Moslems sowie Institutionen und Unternehmungen, an denen pakistanische Moslems die Mehrheit der Anteilseigner stellen. Auf Antrag befreit werden können Moslems, die eine beeidete und beurkundete Erklärung vorlegen, die sie als Angehörige einer anerkannten Rechtsschule ausweisen, nach welcher sie nicht verpflichtet wären, Zakāt in der in der Verordnung vorgesehenen Weise an den Staat zu entrichten. Von der Zakāt-Pflicht ausgenommen sind nach der Verordnung und ihrer Ergänzung u.a. die Regierungen auf Bundes- und Provinzebene und kommunale Behörden und deren Unternehmungen, gemeinnützige Unternehmungen sowie religiöse Stiftungen und Einrichtungen wie Moscheen und Waisenhäuser.

Das *Vermögensminimum,* von dem ab eine grundsätzlich

bestehende Zakāt-Pflicht erst zu tatsächlichen Zakāt-Zahlungen führt, ist (in der Ergänzung) für alle Vermögensobjekte, für die Zakāt zu entrichten ist (mit Ausnahme von Agrarprodukten und Vieh), festgelegt worden auf 612,32 Gramm Silber bzw. den geldlichen Gegenwert davon, der für jedes Zakāt-Jahr vom Obersten Zakāt-Verwalter mitgeteilt wird. Falls jemandes zakāt-pflichtiges Vermögen nur aus Gold besteht, beträgt das Minimum 87,48 Gramm Gold. Das Zakāt-Jahr hat die Länge eines islamischen Mondjahres und beginnt normalerweise am ersten Tag des Fastenmonats Ramaḍān; das erste Zakāt-Jahr war etwas länger und begann bereits am 20. Juni 1980 (1. Ramaḍān: 13. Juli 1980). Um Befürchtungen zu begegnen, die Zakāt-Mittel könnten zum größten Teil von der *Zakāt-Verwaltung* für sich selbst verwendet werden (durch hohe Gehälter öffentlicher Funktionäre oder übermäßige Verwaltungsausgaben), übernehmen die Regierungen auf Bundes- und Provinzebene die Kosten der Zakāt-Verwaltung, und auf lokaler Ebene ist vorgeschrieben, daß der Aufwand für die Verwaltung 10 v.H. des jährlichen Aufkommens nicht übersteigen darf.

2.3.3 *Mittelaufbringung.* In der Zakāt-Verordnung werden zwar alle Vermögensobjekte (sowie die für ihre Bewertung jeweils zum ersten Tag eines jeden Zakāt-Jahres geltenden Grundsätze), für die die Zahlung von Zakāt Pflicht ist, genannt, jedoch wird nicht bei allen Vermögensarten Zakāt zwangsweise vom Staat eingezogen. Es ist zu unterscheiden zwischen denjenigen Vermögensarten, für die Zakāt in einem „Quellenabzugsverfahren" durch eine damit beauftragte Institution, z.B. die kontoführende Bank bei Sparguthaben, eingezogen wird, und jenen Teilen, bei denen der Zakāt-Pflichtige eine „Selbstveranlagung" durchführen und von sich aus die entsprechenden Zahlungen leisten soll.

a) *Quellenabzug.* Dem zwangsweisen Quellenabzug mit einem Abgabesatz von jeweils 2,5 v.H. und nach Maßgabe der jeweiligen Guthaben, Forderungen, Rückzahlungsansprüche oder Marktwerte am Bewertungsstichtag (erster Tag jedes Zakāt-Jahres) unterliegen 11 Vermögensarten:

- Guthaben auf Sparkonten und ähnlichen Konten, ausgenommen Fremdwährungskonten, sofern die Guthaben einen bestimmten, von der Zakāt-Verwaltung festzulegenden Betrag (1000 Rupien) übersteigen;
- Depositen und Guthaben auf Konten mit Kündigungsfristen, ausgenommen Depositen und Guthaben in Fremdwährungen;
- Depositen und Guthaben auf Konten mit zeitlicher Befristung (Termineinlagen), ausgenommen Fremdwährungsdepositen und -guthaben sowie Zertifikate, bei welchen die Inhaber regelmäßig oder zumindest einmalig Erträge vor Fälligkeit erhalten;
- Sparbriefe und ähnliche Papiere, für welche die Erträge nur zum Fälligkeitstermin bzw. bei der Einlösung gezahlt werden;
- Zertifikate (Units) des „National Investment (Unit) Trust“;[17]
- Zertifikate (Mutual Fund Certificates) der „Investment Corporation of Pakistan“;[17]
- Staatspapiere, für die dem Besitzer regelmäßig Erträge zufließen;
- sonstige ertragbringende Wertpapiere, einschließlich Anteilspapiere (z.B. Aktien) und Schuldverschreibungen von Körperschaften öffentlichen Rechts;
- Renten;
- Lebensversicherungspolizzen, wobei 2,5 v.H. Zakāt zu entrichten sind auf den Auszahlungswert bei Fälligkeit oder den Rückkaufswert am Bewertungsstichtag jenes Zakāt-Jahres, in dem die Polizze fällig wird oder die Versicherungssumme oder der Rückkaufswert ausgezahlt wird;
- Guthaben bei Pensionsfonds, wobei allerdings die Arbeitnehmerbeiträge und die darauf entfallenden Ertragsanteile ausgenommen sind.

Vermögensobjekte, bei denen Zakāt im Quellenabzug eingezogen wurde, werden bei der „normalen" Vermögensteuer ausgeklammert (um eine Doppelbesteuerung zu vermeiden).

b) *Selbstveranlagung*. Nach islamischem Recht ist Zakāt auch noch für eine Reihe weiterer Vermögensobjekte zu zahlen, die aber wohl wesentlich schwieriger von einer öffentlichen Administration erfaßt werden können als etwa Guthaben im weitgehend verstaatlichten Banken- und Versicherungsbereich. Deswegen nennt die Verordnung dafür zwar die Bemessungsgrundlagen und Abgabesätze, überläßt es aber den einzelnen Abgabepflichtigen selbst, den entsprechenden Zakāt-Betrag zu errechnen und an einen Zakāt-Fonds zu überweisen oder direkt an Personen oder Institutionen zu geben, die nach islamischem Recht empfangsberechtigt sind. Der Selbstveranlagung unterliegen folgende Vermögensarten:

- Gold und Silber und daraus hergestellte Gegenstände mit 2,5 v.H. des Marktwertes;
- Bargeld mit 2,5 v.H. des Bestandes;
- Obligationen (prize bonds) mit 2,5 v.H. des Nennwertes;
- Guthaben auf laufenden Konten und Fremdwährungskonten, die nicht dem Quellenabzug unterliegen, sowie alle übrigen Konten, Zertifikate, Renten, Lebensversicherungen usw. mit 2,5 v.H. der Werte analog zu denen beim Quellenabzug;
- gewährte Darlehen (Banken, andere Finanzinstitute und öffentliche Körperschaften ausgenommen) mit 2,5 v.H. des ausstehenden Betrages;
- alle Wertpapiere einschließlich Aktien und Schuldverschreibungen, die nicht dem Quellenabzug unterliegen, mit 2,5 v.H. des Börsenwertes oder bei nicht börsengängigen Papieren mit 2,5 v.H. des Einzahlungsbetrages;
- Lagerbestände von Waren bei Handelsunternehmungen (einschließlich Immobilienunternehmungen) mit 2,5 v.H. des Buch- oder des Marktwertes nach Wahl des Zakāt-

Pflichtigen; Lagerbestände bei Industrieunternehmungen mit 2,5 v.H. des Buchwertes oder wahlweise des Marktwertes bei Rohmaterialien und fertigen Erzeugnissen; Lagerbestände von Edelmetallen und Edelsteinen sowie daraus hergestellten Gegenständen mit 2,5 v.H. des Marktwertes; Bestände von gefangenem Fisch und anderen Meeresprodukten, sofern der Fang nicht mit einfachen traditionellen Methoden ausgeführt wurde, mit 2,5 v.H. des Wertes;

- Agrarprodukte (einschließlich Gartenbau- und forstwirtschaftliche Produkte): der Anteil des Pächters am Ertrag mit 10 v.H. bei natürlicher, mit 5 v.H. bei künstlicher Bewässerung; die übrigen Anteile mit 5 v.H. (Ushr, bislang nicht erhoben) in den natürlich bewässerten Gebieten, wobei ein Viertel des Wertes der Produktion als Entschädigung für den Aufwand bei der Produktion abgezogen werden kann;
- Vieh: Die Abgabe beträgt für den Eigentümer je nach Tierart (a) bei Schafen oder Ziegen (1) bis zu 39 Tieren: Null, (2) 40 bis 120 Tiere: 1 Schaf/Ziege, (3) 121 bis 200 Tiere: 2 Schafe/Ziegen, (4) 201 bis 400 Tiere: 3 Schafe/Ziegen, (5) jede weiteren 100 Tiere: 1 Schaf/Ziege zusätzlich; (b) bei Rindern (1) bis zu 29 Tiere: Null, (2) 30 bis 39 Tiere: 1 einjähriges Kalb, (3) 40 bis 59 Tiere: 1 zweijähriges Kalb, (4) 60 und jede zusätzlichen 10 Tiere: 1 einjähriges Kalb für je 30 Tiere und 1 zweijähriges Kalb für je 40 Tiere (also z.B. bei 70 Tieren 1 ein- und 1 zweijähriges Kalb, bei 80 Tieren 2 zweijährige Kälber, bei 90 Tieren 2 einjährige und 1 zweijähriges Kalb); (c) bei Kamelen (1) bis 4 Tiere: Null, (2) 5 bis 24 Tiere: 1 Schaf/Ziege für je 5 Tiere, (3) 25 bis 35 Tiere: 1 ein- bis zweijährige Kamelstute, (4) 36 bis 45 Tiere: 1 zwei- bis dreijährige Kamelstute usw.;
- sonstiges Sach- oder Geldvermögen, das nicht ausdrücklich in der Verordnung genannt wurde, aber nach islamischem Recht zakāt-pflichtig wäre mit den dort vorgesehenen Sätzen.

Die Zakāt-Beträge, die aufgrund der Selbstveranlagung an einen Zakāt-Fonds gezahlt wurden, können bei der Berechnung der Einkommensteuerschuld vom zu versteuernden Einkommen abgezogen werden.

2.3.4 *Mittelverwendung.* Die Zakāt-Mittel fließen Zakāt-Fonds zu, die regional-hierarchisch gegliedert sind und jeweils von eigenen Zakāt-Räten bzw. -Komitees verwaltet werden. An der Spitze der Pyramide steht der Zentrale Zakāt-Fonds, gefolgt von vier Zakāt-Fonds der Provinzen; nach Zwischenstufen auf „Kreis"- und „Bezirksebene" stehen an der Basis der Pyramide 30.000 bis 32.000 lokale Zakāt-Fonds in Dörfern und Stadtteilen. Den Fluß der Zakāt-Mittel veranschaulicht die Abb. 4, in der die Zwischenstufen jedoch der Übersichtlichkeit halber weggelassen wurden.
Die im Quellenabzug eingezogenen Zakāt-Mittel müssen von den mit der Einziehung beauftragten Institutionen an den Zentralen Zakāt-Fonds überwiesen werden. Die nachgeordneten Fonds verfügen über die ihnen „freiwillig" als Zakāt oder als Spenden von der Bevölkerung überlassenen Mittel sowie über jene Teile aus dem zwangsweise eingezogenen Zakāt-Aufkommen, die ihnen jeweils von den übergeordneten Fonds zugewiesen werden.[18] Bei den Mittelzuweisungen soll stets darauf geachtet werden, daß den Armen und Bedürftigen im ganzen Land in möglichst einheitlicher Weise geholfen werden kann.
Die Entscheidung über die letzte Verwendung der Mittel wird von den lokalen Zakāt-Komitees getroffen, die Prioritätenlisten mit empfangsberechtigten Personen (und Institutionen) aufstellen. Diese Listen enthalten in Frage kommende Witwen, Waisen, Behinderte, Kranke und arbeitsunfähige Personen sowie geeignete Studenten. Die lokalen Zakāt-Komitees sind praktisch von der Staatsbürokratie unabhängig, da von den acht Mitgliedern der Komitees sieben direkt von den erwachsenen moslemischen Einwohnern des jeweili-

Abb. 4: Zakāt-Verwaltung in Pakistan

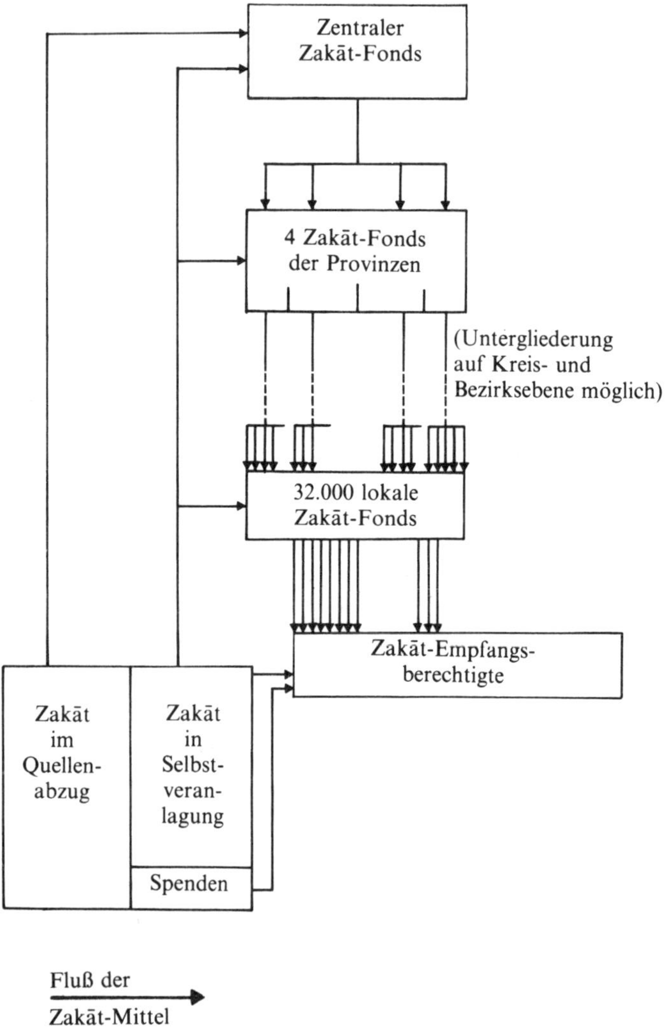

gen Dorfes oder Stadtteils gewählt werden. Das achte Mitglied soll vom „Union Council", in dessen Rechtsprechungszuständigkeit der Ort liegt, aus dem Kreise seiner nicht-offiziellen Mitglieder benannt werden.
Der Zentrale Zakāt-Rat an der Spitze, der den Zentralen Zakāt-Fonds verwaltet, besteht aus 16 Mitgliedern unter dem Vorsitz eines Richters des Obersten Gerichtshofes. Dem Rat gehören von Amts wegen an die vier Obersten Zakāt-Verwalter der Provinzen und die Staatssekretäre des Finanz- und des Ministeriums für religiöse Angelegenheiten sowie der vom Präsidenten ernannte Oberste Zakāt-Verwalter, der gleichzeitig Generalsekretär des Rates ist. Die übrigen Mitglieder werden vom Präsidenten ernannt: der vorsitzende Richter in Abstimmung mit dem höchsten Richter Pakistans, drei islamische Rechtsgelehrte (ulema) in Abstimmung mit dem Rat für islamische Ideologie (Council of Islamic Ideology), je eine Person aus den vier Provinzen und schließlich noch eine letzte Person, über die der Präsident frei entscheiden kann. Die Zakāt-Räte der Provinzen sind zehnköpfig und mit Mitgliedern besetzt, die entweder den Provinzregierungen angehören oder von diesen nominiert werden.

2.3.5 *Erste Ergebnisse.* Im ersten Zakāt-Jahr 1980/81 betrug das Mittelaufkommen[19] knapp 830 Mio. Rupien (ca. 83 Mio. US-Dollar); rund drei Viertel davon wurden im Quellenabzug von Sparkonten eingezogen. Verteilt wurden an eine Million Empfangsberechtigte 750 Mio. Rupien, also 750 Rupien (75 US-Dollar) pro Kopf. Diese Zahlen werden als nicht sonderlich eindrucksvoll kritisiert. Verglichen mit dem gesamten Steueraufkommen 1980/81 von rund 37 Mrd. Rupien sind sie es in der Tat nicht; nähme man Zakāt und Steuereinnahmen zusammen, wäre der Zakāt-Anteil am Gesamtbetrag wenig mehr als 2 v.H.
Wesentlich überzeugendere Größenordnungen erwartet man, wenn einerseits jener Teil der Verordnung in Kraft gesetzt würde, der sich auf Ushr, d.h. auf die Abgabe von

5 bzw. 10 v.H. bei landwirtschaftlicher Produktion bezieht, und andererseits Zakāt für das Geschäftsvermögen nicht der Selbstveranlagung überlassen, sondern auch zwangsweise erhoben würde. Insgesamt lasse die Zakāt- und Ushr-Verordnung in der Form, wie sie bislang gehandhabt wurde, viel zu wünschen übrig, und es wird befürchtet, daß die unzulängliche Handhabung nicht nur der Regierung, sondern auch der islamischen Sache selbst mehr schadet als nützt.

3 ORDNUNG DES GELD- UND KREDITWESENS

Die Vorschläge zur Ordnung des Geld- und Kreditwesens in einer islamischen Wirtschaft müssen alle dem Verbot, *Ribā* zu nehmen, Rechnung tragen. Wie sie es im einzelnen tun, hängt allerdings vor allem von der jeweils akzeptierten Interpretation dieses Begriffs unter den Bedingungen einer arbeitsteiligen (industrialisierten) Geldwirtschaft ab.

- In der theoretischen Diskussion ist umstritten, ob mit Ribā bei (Geld-)Darlehen nur Wucherzinsen gemeint sind oder jeglicher Zins, insbesondere auch der Zins für Produktivkredite.
- Zwischen den islamischen Rechtsschulen herrscht Uneinigkeit darüber, was – wenn Ribā bei (Geld-)Darlehen jeglichen Zins meint – bei Kaufverträgen bzw. welche Art von Warengeschäften unter das Ribā-Verbot fallen soll.

Diese Differenzen kommen jedoch in der konkreten Wirtschaftspolitik, insbesondere aber in der Ideologie islamischer Banken bislang kaum zum Tragen. Hier geht man von der „strengen" Version des Ribā-Verbots als Verbot jeglichen Zinses bei Gelddarlehen aus. In der Praxis freilich ersetzen islamische Banken oft die verbotene Finanzierung über verzinsliche Darlehen durch Finanzierungen z.B. im Wege des Mietkaufs oder Leasing, über deren Zulässigkeit nach islamischem Recht (und islamischer Ideologie) wohl künftig noch verstärkt diskutiert werden wird.

3.1 *Zinsverbot und islamisches Recht*

Die Grundlagen für die Interpretation und Ausgestaltung des Ribā-Verbots im islamischen Recht finden sich einerseits im Koran und andererseits in der Sunna.

- Im *Koran* wird das Ribā-Verbot für Darlehen ausgesprochen *(ribā al-nasī'a)*.
- In der *Sunna* finden sich verschiedene Ḥadīthe (Überlieferungen), in denen das Ribā-Verbot auf bestimmte Handelsgeschäfte ausgedehnt wird *(ribā al-faḍl)*.

Mit letzterem haben sich ausführlich und kontrovers die Rechtsgelehrten in allen Jahrhunderten beschäftigt.

3.1.1 *Ribā bei Darlehen.* Es werden immer wieder drei Koranstellen zitiert und interpretiert, wobei allerdings allein der arabische Originaltext Verbindlichkeit besitzt und die folgende deutsche Übersetzung (von Rudi Paret) nicht immer jene Lesart und Betonung aufweist, die den Versen etwa von englischsprachigen Autoren beigelegt wird, die in neuerer Zeit das Problem der „angemessenen" Interpretation des Ribā-Verbots wieder aufgegriffen haben.[20]

- S 30,39: „Und was ihr an Zinsleihe gebt, zu dem Zweck, daß es im Vermögen der Leute anwachse und euch Zins einbringe, das bringt bei Gott keinen Zins ein. Wenn ihr aber in frommer Gesinnung Almosen gebt – die so handeln, das sind die, die ihr Guthaben tatsächlich verdoppeln."
- S 3,130: „Ihr Gläubigen! Nehmt nicht Zins, indem ihr in mehrfachen Beträgen wiedernehmt, was ihr ausgeliehen habt! Und fürchtet Gott! Vielleicht wird es euch dann wohl ergehen!"
- S 2,275, 278–280: „Diejenigen, die Zins nehmen, werden dereinst nicht anders dastehen als wie einer, der vom Satan erfaßt und geschlagen ist. Dies wird ihre Strafe dafür sein,

daß sie sagen: ‚Kaufgeschäfte und Zinsleihe sind ein und dasselbe.' Aber Gott hat nun einmal das Kaufgeschäft erlaubt und die Zinsleihe verboten."

„Ihr Gläubigen! Fürchtet Gott! Und laßt künftig das Zinsnehmen bleiben, wenn anders ihr gläubig seid! Wenn ihr es nicht tut, dann sei euch Krieg angesagt von Gott und seinem Gesandten! Wenn ihr euch jedoch bekehrt und auf weiteres Zinsnehmen verzichtet, steht euch euer ausgeliehenes Kapital als Eigentum zu, so daß weder ihr Unrecht tut, indem ihr Zins nehmt, noch euch Unrecht getan wird, indem man euch um euer Kapital bringt. Und wenn unter den Schuldnern, die Kapital zurückzahlen müssen, einer ist, der sich in Bedrängnis befindet, dann sei ihm Aufschub gewährt, bis er Erleichterung gefunden hat. Es ist aber besser für euch, ihr gebt dem, der in Bedrängnis ist, Almosen, indem ihr auf die Rückzahlung überhaupt verzichtet."

In der ersten der drei zitierten Koranstellen, die aus der Zeit in Mekka stammt, ist das Zinsnehmen noch nicht ausdrücklich verboten, sondern das Unterlassen nur angeraten; als Gegenstück zum Zinsnehmen wird das Almosengeben herausgestellt. Die beiden anderen Suren stammen aus Medina. Die zuletzt angeführte Koranstelle soll die letzte Offenbarung Mohammeds vor seinem Tod gewesen sein.

Was in der Übersetzung als „Zins" bezeichnet wird, heißt im arabischen Original „Ribā". Bei der Klärung der Frage, was zu Mohammeds Zeiten unter „Ribā" verstanden wurde, kann man sich zunächst auf eine allgemein anerkannte Überlieferung beziehen, wonach es üblich war, daß „einem Schuldner, der das Kapital (Geld oder Waren) mit den dazugeschlagenen Zinsen zum Fälligkeitstermin nicht bezahlen konnte, zwar Aufschub gewährt, zugleich aber die Schuldsumme verdoppelt wurde".[21] Unstrittig ist, daß diese Verdoppelung des geschuldeten Kapitals „Ribā" war und vom Koran verboten wurde. Dafür kennt die deutsche Sprache den Begriff des *„Wuchers"*, der vor allem auch mit

Blick auf die besondere Situation der Kreditnehmer treffender ist: Bei den damaligen Geldverleihern und Wucherern mußten sich vor allem kleine Bauern, Handwerker oder Gewerbetreibende verschulden, die – etwa durch Unwetter oder Feuer – in eine *Notlage* geraten waren und Geld und/oder Waren brauchten, um den eigenen und den Lebensunterhalt ihrer Familie zu bestreiten bzw. die Grundlagen für einen Neubeginn zu schaffen. Für die Finanzierung *gewinnversprechender* Unternehmen, z.B. die Ausrüstung von Handelskarawanen, standen demgegenüber andere Finanzierungsformen, insbesondere geschäftliche Partnerschaften mit *Erfolgsbeteiligung,* zur Verfügung.

Umstritten ist, ob „Ribā" *nur* die wucherische Verdoppelung des geschuldeten Darlehensbetrages bei verspäteter Zahlung bedeutet. Es war wohl so, daß der Schuldner für Darlehen auch bei fristgerechter Zahlung einen gewissen („maßvolleren" oder „normalen") Zins zu entrichten hatte.

- Darauf und auf jene Textstellen im Koran abstellend, in denen im Zusammenhang mit „Ribā" von „Verdoppelung" und „mehrfachen Beträgen" die Rede ist, wird einerseits argumentiert, daß Ribā nur den Wucher durch Verdoppelung der Schuld bei verspäteter Begleichung meint, aber nicht außerdem noch die „normalen", auch bei termingerechter Begleichung der Schuld zu entrichtenden Zinsen.[22] Die heute üblichen Bankzinsen würden somit nicht dem koranischen Wucherverbot unterliegen: weder von der Größenordnung her – heute übliche Bankzinsen liegen weit unter 100 v.H. – noch vom Verwendungszweck her; durch Kredite werden heute vor allem produktive Investitionen finanziert, und Konsumentenkredite werden praktisch nicht mehr zur Überbrückung „wirklicher" Notlagen verwendet (das ist heute allgemein die Aufgabe von Sozialversicherungssystemen verschiedenster Art).
- Die Gegenposition beruft sich vor allem auf den Koranvers, nach dem jemand, der auf Ribā bei Darlehen verzichtet, einen Anspruch auf das ausgeliehene Kapital

hat. Letzteres wird so gelesen, daß er *nur* einen Anspruch *darauf* hat, ohne jeglichen Aufschlag, also auch ohne eine „normale" Verzinsung. Ribā ist danach bei Darlehen nicht nur der Wucher-, sondern jeglicher Zins.[23]

Letztere Meinung, daß unter das Ribā-Verbot jeglicher Darlehenszins fällt, ist die zweifellos herrschende – sowohl bei den Rechtsgelehrten als auch bei der überwiegenden Mehrheit der moslemischen Ökonomen und Befürworter der Idee islamischer Banken.

3.1.2 *Ribā bei Kaufgeschäften.* In der Sunna finden sich einige Ḥadīthe, durch die Kaufgeschäfte mit bestimmten Waren so vorgeschrieben werden, daß sie kein Ribā-Element enthalten können. So lautet eine Überlieferung eines Ausspruchs des Propheten: „ ‚Gold für Gold, Silber für Silber, Weizen für Weizen, Gerste für Gerste, Datteln für Datteln, Salz für Salz, (und zwar) dasselbe für dasselbe, Gleiches für Gleiches, Zug um Zug; wenn diese Arten aber verschieden sind, so verkauft sie, wie ihr wollt, wenn es (nur) Zug um Zug geschieht.' Eine andere, häufig überlieferte Tradition verbietet ausdrücklich den Tausch verschiedener Quantitäten der gleichen Art, aber verschiedener Qualität."[24]

Die Bestimmung „Gleiches für Gleiches, Zug um Zug" verbietet es z.B., einen Zentner Weizen heute gegen zwei Zentner Weizen in einem Jahr, also mit einem Ribā-Aufschlag von 100 v.H., zu verkaufen. Diese Ḥadīthe sind unter verschiedenen Aspekten Gegenstand von Diskussionen gewesen.

- In neuerer Zeit wird die Authentizität des zitierten Ḥadīth bestritten, weil er einerseits herausragenden Begleitern des Propheten, die selbst Ḥadīthe übermittelt haben, anscheinend unbekannt war und andererseits im Widerspruch zu anderen Hadīthen steht, nach denen der Prophet sagte: „Ribā gibt es nur bei Darlehen."[25]
- Schon in sehr frühen Jahren der Entwicklung des islamischen Rechts wurde darüber diskutiert, ob die Vorschrift

„Gleiches für Gleiches, Zug um Zug" nur auf die genannten sechs Güter beschränkt sein sollte oder auf andere Güter auszudehnen wäre, die ebenfalls wesentliche Eigenschaften der (dann nur als Beispiele aufzufassenden) genannten Güter besitzen. Was dabei allerdings die wesentlichen Eigenschaften sind – z.B. Zugehörigkeit zur Gattung der Edelmetalle und Lebensmittel oder der durch Gewicht und Maß bestimmten Güter –, wird von den einzelnen Rechtsschulen unterschiedlich beantwortet.

Die Kritik an der *Authentizität* des zitierten Ḥadīth müßte wohl von einem islamischen Rechtsexperten geprüft werden. Immerhin kann man aber doch zweierlei anmerken: Zum ersten ist es wohl eine zu strenge Anforderung an eine Überlieferung, daß alle wichtigen Begleiter des Propheten sie übermittelt haben müssen. Daß herausragende Begleiter einen für wichtig gehaltenen Ḥadīth nicht überliefert haben, der ansonsten aber den methodischen Anforderungen (hinsichtlich der Zuverlässigkeit der Überlieferungskette usw.) genügt, macht diesen noch nicht „unauthentisch". Daß dieser Umstand jedoch Anlaß etwa für eine neue Prüfung der Überlieferungskette sein kann, ist eine andere Sache.

Zum zweiten gibt es durchaus Versuche, den Widerspruch zwischen dem ersten Ḥadīth und dem Satz „Ribā gibt es nur bei Darlehen" aufzulösen. So könnte dieser Satz die Antwort Mohammeds auf eine Frage sein, die nicht überliefert wurde, die jedoch zeigen würde, daß der Prophet hier nicht wörtlich, sondern dahingehend verstanden werden wollte, daß bei Darlehen Ribā in seiner „Reinform" zu finden ist, Darlehens-Ribā „Ribā par excellence" ist. Allerdings, sehr überzeugend sind solche Argumente nicht, denn immerhin hätte die nicht-überlieferte Frage ja auch lauten können: „Gibt es auch bei Kaufgeschäften Ribā?" Die Möglichkeit sich widersprechender Ḥadīthe ist daher zunächst zuzugestehen; um die methodisch richtige Lösung für dieses Problem sollten sich jedoch die islamischen Rechtsexperten kümmern. Das „traditionelle" islamische Recht hat jedenfalls in

den beiden zitierten Traditionen keinen Widerspruch gesehen, und auf der ersten, die die sechs Güterarten nennt, bauen zahlreiche Fortentwicklungen des Rechts auf.
Wie weit der *Kreis der Güter,* die nur in gleichen Mengen und Zug um Zug „gehandelt" werden dürfen, zu ziehen ist, ist umstritten. Die verschiedenen Rechtsschulen grenzen sämtlich die Warenarten, auf die die Vorschrift des Ḥadīth auszudehen sei, nach *technischen,* nicht aber nach ökonomischen Kriterien ab: „Nach den Hanafiten und den Zaiditen ... vertreten Gold und Silber die Gattung des durch Gewicht Bestimmten ..., die anderen vier Arten die Gattung des durch Maß Bestimmten ... Nach den Mālikiten und den S̲h̲āfiʿiten vertreten Gold und Silber die Gattung der Edelmetalle, die sich in ihnen erschöpft, und die vier anderen Arten die Gattung der Lebensmittel: und zwar nach den Mālikiten der eigentlichen Speisen, soweit sie zur Aufbewahrung geeignet sind, nach der älteren Ansicht al-S̲h̲āfiʿis der Lebensmittel, die durch Gewicht und Mass bestimmt werden, nach seiner jüngeren Ansicht, die zugleich die Lehre seiner Schule ist, der Lebensmittel ohne Einschränkung."[26]
Bei *ökonomischer* Betrachtung hätte man vermutlich eine andere Eigenschaft als wesentlich herausgestellt, die allen sechs genannten Gütern zukommt: die Geldeigenschaft. Die Wirtschaft Arabiens im 7. Jahrhundert war noch längst keine voll entwickelte Geldwirtschaft mit nur einem einzigen als Geld allgemein anerkannten und zirkulierenden Medium, z.B. staatlich geprägten Gold- oder Silbermünzen. Ein großer Teil der Transaktionen wurde im Wege des Naturaltausches abgewickelt, wobei sich gewisse allerorts begehrte und daher leicht weitertauschbare Güter als „Vorläufer" eines einheitlichen (Münz-)Geldes erwiesen haben. Solche Güter, die Geldfunktionen ausgeübt haben, scheinen gerade die sechs gewesen zu sein, die der Ḥadīth nennt: Gold, Silber, Weizen, Gerste, Datteln, Salz.[27] Dies müßte allerdings noch durch eine wirtschaftshistorische Arbeit abgesichert werden. Wenn man aber davon ausgehen kann, daß im Ribā-Ḥadīth

tatsächlich alle Güter aufgeführt wurden, die zu Zeiten des Propheten Geldfunktionen hatten, dann könnte man relativ leicht das in der Sunna enthaltene Ribā-Verbot als logische Konsequenz des koranischen Ribā-Verbots bei Darlehen interpretieren. Dazu vorweg die folgenden Begriffsbestimmungen:

- Bei einem *Darlehen* gibt der Gläubiger dem Schuldner einen bestimmten Geldbetrag oder eine bestimmte Warenmenge heute und erhält in der Zukunft diesen Geldbetrag oder diese Warenmenge ohne oder mit Aufschlag (Zins, Ribā) zurück. Grundsätzlich wird also Geld heute gegen Geld morgen oder Ware heute gegen Ware morgen (gleicher Art) überlassen.
- Bei Kaufverträgen sind hingegebene und empfangene Güter nicht von gleicher, sondern von unterschiedlicher Art. Beim *Barkauf* tauscht man Geld heute gegen Waren heute. Bei einem *Kreditkauf* wird Ware heute gegen Geld morgen überlassen. Umgekehrt ist das Verhältnis beim *Terminkauf*, bei dem nicht nur heute alle Konditionen eines erst in der Zukunft wirklich durchzuführenden Geschäftes vereinbart werden, sondern eine Vertragspartei bereits heute Leistungen erbringt: Es wird Geld heute gegen Ware morgen überlassen.

In einer Wirtschaft, in der mehrere Waren die Geldfunktion ausüben, kann ein formal nur auf Darlehensverträge bezogenes, inhaltlich aber allgemein gedachtes Ribā-Verbot leicht umgangen werden, indem man auf Kredit- oder Terminkäufe ausweicht, bei denen die Ware eine solche mit Geldfunktion ist. Dazu ein Beispiel: Ein Händler will einen Ballen Tuch erwerben, den er aber nicht sofort bezahlen kann. Der Hersteller des Tuches, der den Händler nicht kennt, ist nicht bereit, auf Kredit zu verkaufen, sondern will sofort in Gold bezahlt werden. Der Händler könnte daher bei einem Geldverleiher um ein Darlehen über die benötigte Goldmenge nachsuchen, das er später auch in Gold zurückzahlen muß. Der Geldverleiher dürfte ihm das Darlehen aber nach

islamischem Recht nur zinslos gewähren, was für ihn wirtschaftlich uninteressant ist. Gäbe es kein Ribā-Verbot bei Kaufgeschäften, würde der Geldverleiher statt des zinslosen Darlehens folgendes vorschlagen: Der Händler kauft vom Geldverleiher eine bestimmte Menge Weizen auf Kredit, die Zahlung soll später in Gold erfolgen, z.B. 2 Gramm Gold in einem Jahr für die heute erhaltene Menge Weizen. Gleichzeitig weist der Geldverleiher den Händler darauf hin, daß er den erworbenen Weizen nebenan bei seinem Schwager gegen Gold verkaufen kann. Der Schwager macht dieses Geschäft, weil er den allgemein begehrten Weizen wieder weiterverkaufen kann; er ist praktisch eine Art „Devisenhändler", der „Währungen" kauft und verkauft und an Kursdifferenzen verdienen kann. Wenn es solche „Devisenhändler" bzw. Händler für Güter mit Geldfunktionen gibt, ist der vom Geldverleiher erhaltene Weizen „so gut wie Gold", das zum Kauf des Tuches eigentlich benötigt wurde. Wenn der Händler vom Schwager des Geldverleihers für die bestimmte Menge Weizen nur 1 Gramm Gold erhält, dann ist das Ergebnis praktisch: 1 Gramm Gold heute gegen 2 Gramm Gold in einem Jahr, was aber genau einem verzinslichen Darlehen (mit einem Zinssatz von 100 v.H.) entspricht, das – ohne Zwischenschaltung des „Devisenhändlers" – unter das koranische Ribā-Verbot fallen würde.
Wenn solche Ribā-behafteten Transaktionen generell unterbunden werden sollen, reicht allein das koranische Ribā-Verbot nicht aus, weil es in einer Wirtschaft, in der mehrere Waren Geldfunktionen ausüben, durch Kaufgeschäfte unterlaufen werden kann. Dieses wird dadurch verhindert, daß der Ribā-Ḥadīth vorschreibt, daß Transaktionen zwischen verschiedenen Waren mit Geldeigenschaften zwar zu frei vereinbarten Wechselkursen (z.B. der in Gold ausgedrückte Preis für eine bestimmte Menge Weizen) ausgeführt werden dürfen, das Geschäft aber Zug um Zug durchgeführt werden muß, d.h. Lieferung und Zahlung zum gleichen Zeitpunkt stattfinden müssen.

Wenn man bedenkt, daß in den heutigen Volkswirtschaften die Geldfunktionen (normalerweise) nicht mehr von einer Mehrzahl von Realgütern wahrgenommen werden, sondern von zentraler Bedeutung ein stoffwertloses, staatlich monopolisiertes Geld ist, dann ist im rein nationalen Rahmen der Ribā-Ḥadīth weitgehend funktionslos geworden. Anders allerdings im internationalen Bereich: Weltweit betrachtet, gibt es eine ganze Reihe von Währungen, die jeweils nationales Geld darstellen, aber auch international als Devisen gehandelt werden. Im internationalen Rahmen sind an die Stelle von Gold, Silber, Weizen, Gerste, Datteln und Salz US-Dollar, Britische Pfund, Deutsche Mark, Schweizer Franken, Japanische Yen usw. getreten. In moderner Interpretation müßte der Ribā-Ḥadīth folglich als Beschränkung der Devisen- auf Kassageschäfte und als Verbot von Devisentermingeschäften aufgefaßt werden. Tatsächlich verzichten die islamischen Banken unserer Tage auf Devisentermingeschäfte; allerdings wird zur Begründung weniger auf das Ribā-Verbot als vielmehr auf das ebenfalls in den Grundsätzen des islamischen Rechts zu findende Verbot spekulativer und zufallsabhängiger Geschäfte verwiesen.

3.1.3 *Zinsdefinition und Umgehungsgeschäfte.* Unter heutigen Bedingungen arbeitsteiliger Geldwirtschaften ist nur von Bedeutung (von Devisengeschäften abgesehen) Ribā bei Darlehen. Nach islamischem Recht gilt: „Ribā beim Darlehen liegt nicht nur dann vor, wenn man sich die Rückzahlung einer größeren Quantität, sondern überhaupt wenn man sich irgendeinen Vorteil ausbedingt.“[28] Diese relativ weite *Definition* ist auch in die islamische Ökonomik eingegangen (auch wenn noch in vielen Beiträgen der materielle [Vermögens-] Vorteil in den Vordergrund gestellt wird). Als Beispiel sei eine Broschüre erwähnt, die die Islamic Investment Company Ltd. für den Internationalen Verband islamischer Banken 1980 erstellt hat und die modellhaft die Tätigkeiten und Geschäftsgrundsätze einer islamischen Bank aufzeigen soll. Dort versteht man unter Zins nicht nur garantierte, fest vereinbarte Erträge bei Gelddarlehen in Verbindung mit dem unbedingten Versprechen, auch den Darlehensbetrag (in jedem Fall) zurückzuzahlen, sondern jegliche, auch die nur prozentual vereinbarte Beteiligung am Gewinn oder Einkommen eines Darlehensnehmers, der das *unbedingte* Versprechen zur Rückzahlung der Darlehenssumme gegeben hat.

Wie es scheint, hat man bei den islamischen Banken aus dem islamischen Recht aber nicht nur die Definition des Zinses übernommen, sondern offenbar auch über *Umgehungsmöglichkeiten* nachgedacht, d.h. über Konstruktionen, die wirtschaftlich (fast) das gleiche Ergebnis wie verzinsliche Darlehen erbringen, aber formal nicht gegen das Zinsverbot verstoßen.

Für das *„traditionelle" islamische Recht* gilt folgendes: „Die tief in das praktische Leben eingreifende Bedeutung des Ribā-Verbots einerseits, die Bedürfnisse des Handels andererseits haben eine Anzahl von Umgehungsgeschäften entstehen lassen. Gegen verschiedene Geschäfte derart ist auch vom Standpunkt des Gesetzes aus formell nichts einzuwenden; daher werden sie in manchen Rechtsbüchern angeführt und ausdrücklich für erlaubt erklärt."[29] Ein Beispiel für zulässige Umgehungsgeschäfte wäre etwa der doppelte Kaufvertrag (Bayʿ al-ʿīna): Man „verkauft an jemand, der Geld auf Zinsen leihen will, einen Gegenstand gegen die Summe von Kapital und Zinsen, die auf einen bestimmten Termin gestundet werden, und kauft den Gegenstand gleichzeitig gegen das sofort fällige Kapital zurück."[30]

Durch die Worte von Koran und Sunna sind solche Umgehungsgeschäfte nicht verboten; ein Verbot müßte schon vom islamischen Recht entwickelt werden, aber das baute seine Analogieschlüsse zur möglichen Ausweitung der im Ribā-Ḥadīth genannten Waren und der für sie geltenden Regel auf andere Güter nicht auf ökonomischen Erwägungen, sondern auf technischen Gutseigenschaften auf. Daß bei

einer ökonomischen Betrachtungsweise Konstruktionen wie der doppelte Kaufvertrag zurückgewiesen worden wären, dürfte außer Frage stehen.
Formal absolut unanfechtbar und bestehendem islamischem Recht entsprechend, ökonomisch dagegen sehr fragwürdig ist folgendes *modernes* Umgehungsgeschäft, das in der bereits erwähnten Broschüre zur Beschreibung des Modells einer islamischen Bank zu finden ist: Die beispielsweise von einem Kaufmann benötigten Mittel zur Beschaffung von Waren werden ihm nicht als verzinsliches Darlehen gewährt, sondern als Kombination von zinslosem Darlehen und Kapitalüberlassung auf Erfolgsbeteiligungsbasis. Zinslose Darlehen müssen vom Schuldner in jedem Fall zurückgezahlt werden, auch wenn seine Investition fehlgeschlagen ist und statt Gewinnen Verluste erbringt. Vorgeschlagen wird, 90 v.H. des gewünschten Kapitals als zinsloses Darlehen, das in jedem, auch im Verlustfall an die Bank zurückgezahlt werden muß und das auch hypothekarisch gesichert werden kann, zu gewähren. Nur 10 v.H. erhält der Kaufmann als Beteiligungskapital, das am Gewinn, notfalls aber auch am Verlust (bis zur Höhe der Kapitaleinlage) beteiligt wäre. Es bedarf wenig Phantasie, sich vorzustellen, daß die Bank den Prozentsatz, den sie von den (z.B. durch den Verkauf der Waren erzielten) Gewinnen des Kaufmanns erhalten will, aufgrund ihrer Gewinnerwartungen so festsetzen wird, daß die Zahlung des Kaufmanns an die islamische Bank seinen sonst zu leistenden Zinszahlungen an eine zinsnehmende Bank in etwa entsprechen wird. Bei erfolgreichen Geschäften ist das Ergebnis dieser Konstruktion wirtschaftlich einem verzinslichen Darlehen sehr nahe; im unvorhergesehenen Falle von Verlusten steht die Bank zwar schlechter da als eine zinsnehmende, aber das Risiko ist doch sehr begrenzt, nämlich maximal auf (die Höhe des erwarteten Gewinns und) 10 v.H. des eingesetzten Kapitals. Gerade diese Begrenzung des von der Bank mitgetragenen unternehmerischen Risikos auf einen verhältnismäßig geringen Betrag muß

jenen moslemischen Autoren ein Dorn im Auge sein, die das islamische Zinsverbot nicht formal-juristisch betrachten, sondern den Zins für zahlreiche ökonomische und soziale Mißstände verantwortlich machen und in einer „wirklichen“ (und nicht auf 10 v.H. begrenzten) Erfolgsbeteiligungswirtschaft die allokativ und distributiv überlegene islamische Alternative zur „kapitalistischen Zinswirtschaft“ sehen.

3.2 *Modelle zinsloser Wirtschaft*

Für die moslemischen Ökonomen ist das (Darlehens-)Zinsverbot ein vom islamischen Recht gesetztes Datum, das bei theoretischen Betrachtungen nicht übersehen werden darf. Zahlreiche Autoren haben sich mit einer ökonomischen Kritik des Zinses bzw. der Zinswirkungen beschäftigt, bevor sie strategische Fragen diskutierten: Wie kann man zu einer zinslosen Wirtschaft übergehen, wie funktioniert eine solche, und worin liegen die wesentlichen (ökonomischen) Vorteile des vorgeschlagenen Modells einer zinslosen Wirtschaft?
Nicht alle Autoren, die im Grundsatz das Zinsverbot anerkennen, sprechen sich für eine kurzfristige und/oder isolierte Umgestaltung der Ordnung des Geld- und Kreditwesens durch politische Aktionen aus. Sie sehen die Durchsetzung des Zinsverbots als Teil einer umfassenderen Reform des Wirtschaftslebens an, bei der es zunächst einmal darum gehen müßte, das Bewußtsein der Bevölkerung zu ändern und in ihm die sozialen und wirtschaftlichen Grundwerte und Normen des Islam zu verankern. Erst dann könne eine (von der Politik betriebene) Änderung von Institutionen im Geld- und Kreditbereich Sinn und Aussicht auf (dauerhaften) Erfolg haben. Diese Position stellt allerdings eine Minderheitsmeinung im Lager der moslemischen Ökonomen dar.

3.2.1 *Kritik an Zins und Zinswirtschaft.* Die sehr umfangreiche Literatur mit kritischen Kommentaren zu tatsächlichen oder vermeintlichen negativen Wirkungen des Zinses auf die Wirtschaft und das Verhalten der Menschen kann hier nur in einigen Stichworten katalogartig präsentiert und kommentiert werden.[31]

- Der Hauptgrund für das Zinsverbot im Islam sei, daß Zinsnehmen eine besondere Form der Ausbeutung darstelle. Dies für heutige Verhältnisse aufrechtzuerhalten, dürfte äußerst schwierig sein. Außerdem gab es zu der Zeit, als das Zinsverbot entstand und ausgearbeitet wurde, eine Reihe von Vertragskonstruktionen, die in den ökonomischen Wirkungen den unter das Ribā-Verbot fallenden Transaktionen gleichkamen, folglich ebenso ausbeuterisch gewesen sein müssen, aber dennoch nicht vom islamischen Recht verboten, sondern sogar als Umgehungsgeschäfte ausdrücklich erlaubt oder gar empfohlen wurden. Das Ausbeutungsargument ist mit der islamischen Rechtspraxis folglich schwer vereinbar.
- Ausbeuterischer Zins bei Konsumentenkrediten sei Ausdruck eines Verstoßes gegen die grundlegenden Funktionen, die nach Allahs Willen Reichtum und Vermögen zu erfüllen haben, nämlich die freiwillige und unentgeltliche Unterstützung der Bedürftigen durch die, die einen Vermögensüberschuß besitzen. Zum einen sind Konsumentenkredite heute mit Notkrediten früherer Jahrhunderte nicht mehr zu vergleichen. Zum anderen kann man aus der „sozialen Verpflichtung des Eigentums“ viel eher eine Pflicht zu aktiven Spenden oder Unterstützungszahlungen ableiten, die Notkredite überhaupt überflüssig machen, als ein Zinsverbot rechtfertigen.
- Bei Produktivkrediten sei eine fest vereinbarte Vergütung für den Kapitalgeber angesichts der Unsicherheit der unternehmerischen Gewinne ungerecht. Daß es ein unternehmerisches Risiko gibt, ist unbestreitbar. Wer als ungerecht bezeichnet, daß dieses Ertragsrisiko in der Zinswirtschaft von den Kreditgebern nicht mitgetragen wird (vom Risiko des totalen Kapitalverlustes im Konkursfall abgesehen), übersieht zumeist, daß umgekehrt auch die beson-

deren Gewinnchancen allein den Unternehmer begünstigen. Vor allem aber müßte man bei normativen Urteilen über die „Gerechtigkeit" der Risikoverteilung auch erläutern, warum es gerechter sein soll, wenn jemand die Konsequenzen von Entscheidungen mittragen soll, an deren Zustandekommen er nicht mitgewirkt hat. Warum soll es ungerecht sein, wenn der Unternehmer für allein von ihm zu treffende Entscheidungen auch allein die finanziellen Konsequenzen zu tragen hat?

- Durch Zins werde Vermögen von den Armen zu den Reichen übertragen, verschlechtere sich die Vermögensverteilung. Durch den Zins entstehe eine Klasse von reichen Müßiggängern, die allein aus Zinseinkünften leben. Dies mag man als Zustandsbeschreibung von frühindustriellen und Feudalgesellschaften akzeptieren; in modernen Industriegesellschaften gibt es diesen Typ des allein von den Zinserträgen seines Vermögens lebenden Millionärs praktisch nicht mehr. Im übrigen könnte die Beseitigung des Zinses diesen Typ, wenn er überhaupt eine erwähnenswerte Rolle spielen würde, kaum zum Verschwinden bringen, denn ob die „reichen Müßiggänger" von Zinserträgen oder Dividendenzahlungen leben, macht wohl keinen entscheidenden Unterschied. Aus dem Grunde ist auch nicht zu sehen, wie allein ein Zinsverbot bzw. seine Durchsetzung eine Änderung der Vermögensverteilung bewirken könnte.
- Der Zins erhöhe die Produktionskosten und damit die Güterpreise. Daß Produktionskosten einen Einfluß auf Preisuntergrenzen haben, ist unbestritten; die tatsächlichen Preise bilden sich in freien Wirtschaften aber am Markt nach Maßgabe nicht von Produktionskosten, sondern von Angebot und Nachfrage. Die oftmals noch nachdrücklicher vorgetragene Ansicht, daß die Abschaffung des Zinses Produktionskosten senke, deshalb die Produktion steigen würde und mehr Arbeitskräfte beschäftigt werden könnten, ist abwegig und beruht auf einer

Verwechslung von betriebswirtschaftlichen und volkswirtschaftlichen Kosten. Wenn man die Institution „Zins" verbietet, hat sich damit an der realen Knappheit des Kapitals nicht das geringste geändert, und deshalb wird Kapital auch weiterhin (volkswirtschaftlich) einen „Preis" haben, auch wenn er nicht mehr „Zins" heißt, sondern beispielsweise „Gewinnbeteiligungsrate". Nach betriebswirtschaftlicher Sprachregelung sind Teile des Gewinns, die der Unternehmer an die Kapitalgeber abtreten muß, keine Kosten mehr, aber für seine Entscheidungen haben sie dennoch eine wesentliche Bedeutung. Wenn vor dem Zinsverbot die Zinskosten 20 und die übrigen Produktionskosten 80 betrugen und am Markt Preise erzielt wurden, die einen Gewinn von 20 für den Unternehmer übrigließen, dann ändert sich nach einem Zinsverbot an den Erträgen zunächst nichts, aber Zinskosten von 20 entfielen. Würden die Kapitalgeber ganz auf eine Vergütung für ihr Kapital verzichten, wären die Unternehmergewinne 40. Realistischerweise werden die Kapitalgeber aber eine Vergütung fordern, und zwar in Form einer Gewinnbeteiligung. Da auch nicht zu sehen ist, warum sie sich freiwillig schlechterstellen sollten als vorher, werden sie in diesem einfachen Beispiel eine Gewinnbeteiligungsrate von 50 v.H. anstreben, mit dem Ergebnis, daß sie wiederum 20 als Vergütung für ihr Kapital erhalten und dem Unternehmer wie zuvor nur 20 als „eigener" Gewinn verbleiben. Damit hat sich nichts Wesentliches geändert, was zu Preissenkungen und Produktionsausweitungen Anlaß geben könnte.

- Der Zins verhindere, daß Kapital in sozial erwünschten, aber wenig ertragbringenden Projekten eingesetzt wird. Es ist in der Tat richtig, daß für bestimmte Projekte privates Kapital wegen zu geringer Erträge nicht verfügbar ist. Darum ist auch in der Marktwirtschaft der Staat für die Erstellung spezifisch öffentlicher Güter (z.B. innere und äußere Sicherheit, Infrastruktur) zuständig. Darüber hinaus mag es Güter geben, die in der individuellen Bewertung am Markt von den Privaten nicht in dem Maße geschätzt und nachgefragt werden, das Politiker für „sozial erwünscht“ deklarieren. Privatwirtschaftlich ist ihre Produktion aber unrentabel, so daß es staatlicher Subventionen, Abnahmegarantien usw. bedarf. Das hat aber nichts mit dem Zins, sondern mit der unzureichenden Rentabilität (im Vergleich zu anderen Verwendungsmöglichkeiten des Kapitals) zu tun. Solange Unternehmer noch Gewinne anstreben (dürfen), wird sich auch in einer Erfolgsbeteiligungswirtschaft für unrentable (aber „sozial wünschenswerte“) Projekte kein Kapital finden.

- Der Zins sei Ursache für Instabilitäten und Konjunkturschwankungen im „kapitalistischen System“. In der westlichen Ökonomik ist das ein sehr umstrittenes Thema. Eine Gruppe von Autoren sieht die Ursachen für solche Schwankungen in der verfehlten antizyklischen Konjunkturpolitik, die die Ausschläge, die sie bekämpfen will, letztlich selbst verursacht. Zinsbewegungen sind danach Ergebnis der verfehlten Politik und keineswegs dem marktwirtschaftlichen System immanent. Eine andere Gruppe hält dagegen den privaten Sektor für weniger stabil, aber auch sie sieht die Ursache dafür nicht in der Institution „fester (Geld-)Zins“ und hält nicht die Abschaffung des Zinses für notwendig, um zu einer Lösung des Konjunkturproblems zu gelangen.

Blickt man auf diesen Katalog von zentralen Kritikpunkten der moslemischen Ökonomik gegen Zins und Zinswirtschaft, dann gibt es eigentlich kein einziges Argument, das auf Anhieb überzeugt. Aber das ist letztlich zur Begründung einer „islamischen Alternative“ auch nicht erforderlich: Man sollte nicht vergessen, daß das Zinsverbot den primären Rechts- und Erkenntnisquellen des Islam zu entnehmen ist und daher keiner weiteren (ökonomischen) Rechtfertigung bedarf.

Wie das Zinsverbot allerdings zu realisieren ist, welche

wirtschaftspolitische Strategie verfolgt und welche einzelwirtschaftlichen Alternativen entwickelt werden sollen, das ist den primären Rechtsquellen nicht zu entnehmen; hier liegt das eigentliche Betätigungsfeld moslemischer Ökonomen, hier darf, kann und muß theoretisch argumentiert und diskutiert werden. Für die Umsetzung des Zinsverbots in einer arbeitsteiligen, industriell ausgerichteten Geldwirtschaft gibt das traditionelle islamische Recht instrumentell weniger her.

3.2.2 *Staatlich geplante „Kapitalzuteilungswirtschaft"*. Die radikalste Strategie der Durchsetzung des Zinsverbots ist einerseits der Ersatz des Kapitalmarkts durch ein System staatlicher Kapitalzuteilung auf einzelne Branchen oder gar Unternehmungen nach politischen Prioritäten (abgestimmt mit einer zu maximierenden „islamischen" Wohlfahrtsfunktion) und andererseits die Ablösung des freiwilligen durch erzwungenes Sparen, z.B. über höhere Steuern. Daß diese „reine" planwirtschaftliche Lösung unter Realitätsbedingungen nicht funktioniert, kann man am Beispiel der Zentralverwaltungswirtschaften des Ostblocks leicht veranschaulichen.

Eine gewisse Modifikation erfährt das Planungsmodell durch die Einführung sog. „rentabilitätsorientierter Freiheitsgrade" bei der Planung der Kapitalverwendung. So wird etwa folgendes Modell vorgeschlagen:[32] Um in einer islamischen Wirtschaft eine effiziente Allokation der Ressourcen sicherzustellen, werden *Verrechnungspreise* für Kapital eingeführt. Diese Verrechnungspreise werden bestimmt durch Indizes, in denen für ausgewählte Industrien vergangenheitsbezogen die Dividenden oder Gewinne erfaßt sind. Eine zentrale Kapitalzuteilungsagentur prüft nun, ob Projekte, für die Unternehmungen bei ihr um Kapital nachfragen, eine Rentabilität besitzen, die den Verrechnungspreisen in den jeweiligen Branchen entspricht oder möglichst darüber liegt. Ist dies der Fall, kann der Unternehmung das

Kapital zugeteilt werden. Wichtig ist, daß für das überlassene Kapital von der Unternehmung keine (tatsächlichen) Zahlungen in Höhe des Verrechnungspreises geleistet werden, sondern die Preise reine Rechengrößen sind. Andernfalls wäre schwerlich ein Unterschied zur Zinswirtschaft zu sehen.

Bei diesem Verfahren steuert die einzelwirtschaftliche Rentabilität die Kapitalverwendung, solange die Verrechnungspreise gewinnabhängige Indizes sind. Es ist aber möglich und auch vorgesehen, daß nach politischen Prioritäten Zu- und Abschläge bei den Verrechnungspreisen für die einzelnen Branchen und Produktionsrichtungen kalkuliert werden. Dadurch soll u.a. die „islamische Gewichtigkeit" (was immer das sein mag) bestimmter Projekte zum Ausdruck gebracht und sonstigen Wohlfahrtskriterien zur Geltung verholfen werden.

Es dürfte mehr als zweifelhaft sein, ob ein solches Modell jemals unter Realitätsbedingungen funktionieren könnte. Abgesehen von dem grundsätzlichen Konflikt zwischen Privateigentum an Produktionsmitteln und staatlicher Kapitalzuteilung sind auch erhebliche praktische Probleme zu erwarten. Es mag sein, daß der Zins beseitigt wird, aber es ist unwahrscheinlich, daß eine angestrebte „wohlfahrtsmaximierende" Produktionsstruktur erreicht wird und durch das Zuteilungsverfahren eine effiziente Nutzung der knappen Produktionsfaktoren sichergestellt werden könnte.

- Was das Erreichen einer bestimmten Produktionsstruktur betrifft, so muß man bedenken, daß Unternehmungen (in einer nicht voll verstaatlichten und geplanten Wirtschaft) auch „nachrangige" oder gar „unerwünschte" Investitionen finanzieren können: etwa aus einbehaltenen Gewinnen oder mit zusätzlichem privatem Beteiligungskapital.
- Was die Effizienz angeht, so muß man zunächst den enormen bürokratischen Aufwand in der zentralen Kapitalzuteilungsagentur beachten, die sämtliche Kapitalwünsche und Investitionsrechnungen prüfen muß. Das verur-

sacht nicht nur direkte Kosten, sondern auch erhebliche indirekte, z.B. durch langwierige Antrags- und Bewilligungsverfahren dort, wo rasches unternehmerisches Reagieren auf Marktchancen angezeigt wäre. Wurde endlich das Kapital zugeteilt, so ist dessen wirtschaftliche Verwendung in der Unternehmung nur schwer zu prüfen: Eine von der Kapitalzuteilungsagentur finanzierte Investition muß nämlich nicht tatsächlich eine bestimmte Mindestrentabilität erwirtschaften, aus der heraus Ansprüche der Kapitalgeber befriedigt werden, sondern lediglich eine buchmäßige Rentabilität, da ja (außer Tilgungen) keine realen Zahlungen an die Agentur zu leisten sind. Daß hier durch geeignete Kostenzurechnungen und Bewertungen nahezu jede Buchrentabilität eines Investitionsprojekts „ermittelt" werden kann, dürfte kaum zu leugnen sein.

Im politischen Bereich hat das Modell der Kapitalzuteilung auf der Basis von Verrechnungspreisen bislang noch keine Resonanz gefunden.

3.2.3 *Marktgesteuerte „Erfolgsbeteiligungswirtschaft".* Auf gesamtwirtschaftlicher Ebene ist die Erfolgsbeteiligungswirtschaft eine marktwirtschaftliche Alternative zur Zinswirtschaft. In ihr wird der fest vereinbarte Zins abgelöst durch ein System von Gewinn- und Verlustbeteiligungen zwischen Kapitalgebern und Unternehmern. Zentrale Bedeutung kommt dabei auf einzelwirtschaftlicher Ebene den *islamischen Banken* zu, die einerseits Unternehmungen Finanzierungsmittel nicht mehr als verzinsliche Kredite, sondern gegen Beteiligung am unternehmerischen Erfolg (Gewinn, aber auch Verlust) zur Verfügung stellen und die andererseits ihren Einlegern keine Zinsen mehr zahlen, sondern sie am Gewinn beteiligen. Die Zusammenarbeit von Banken und Unternehmern und das gemeinsame Tragen des unternehmerischen Risikos bestimmen das Leitbild islamischer Banken, die sowohl von der theoretischen Literatur als auch im politischen Raum als „Erfolgsbeteiligungsbanken" aufgefaßt werden.[33] Von den wenigen Befürwortern planwirtschaftlicher Lösungen abgesehen, ist die marktgesteuerte Erfolgsbeteiligungswirtschaft das von moslemischen Ökonomen und Politikern allgemein akzeptierte Ideal für die Ordnung des Geld- und Kreditwesens in einer islamischen Wirtschaft (zu dem man allerdings – wie von moslemischer Seite selbst herausgestellt wird – gesamtwirtschaftlich nicht so ohne weiteres übergehen kann, solange wichtige Voraussetzungen für das Funktionieren des Systems wie z.B. eine allgemein eingeführte ordentliche Buchführung noch nicht gegeben sind).

Man erläutert das Ideal der Erfolgsbeteiligungswirtschaft in der Regel so, daß man zunächst die Geschäftstätigkeiten konventioneller Banken darstellt und prüft, inwieweit dabei jeweils Zinsen verlangt oder gezahlt werden, um dann „islamische“ Alternativen auf Erfolgsbeteiligungsbasis vorzuschlagen. Besonderes Augenmerk wird dem Aktivgeschäft (Unternehmungsfinanzierung) gewidmet.

- *Langfristige* Unternehmungsfinanzierung durch Beteiligungskapital (Eigenkapital) unterschiedlicher Art (z.B. durch Aktien, stille Teilhaberschaft usw.) ist auch in der Zinswirtschaft durchaus bekannt und gebräuchlich, so daß die „islamische Alternative“, die auf ähnliche Formen der Kapitalüberlassung zurückgreift, hier nicht besonders erläutert werden muß.
- Deutlichere Unterschiede ergeben sich vor allem in der *kurzfristigen* Unternehmungsfinanzierung, die in konventionellen Banken durchweg auf der Zins- und nicht auf einer Erfolgsbeteiligungsbasis erfolgt. Die „islamische Alternative“ hat hier einen innovativen Charakter. Man glaubt, daß die meisten bekannten kurzfristigen Finanzierungsarten wie Kontokorrent- und Überziehungskredite oder kurzfristige Darlehen ohne große (theoretische) Schwierigkeiten mit Hilfe der Methode der „Nutzungsziffern“ umgestellt werden können: Die Beträge sämtlicher von einer Unternehmung genutzten Finanzierungsmittel

(sowohl langfristiges Beteiligungskapital als auch kurzfristige Kredite) werden mit der jeweiligen Nutzungsdauer während des Geschäftsjahres (oder einer kürzeren Abrechnungsperiode) multipliziert; man addiert dann sämtliche so als Produkt aus Betrag und Zeit ermittelten Nutzungsziffern und teilt den Periodengewinn im Verhältnis dieser Ziffern und unter Beachtung der jeweils vereinbarten Erfolgsbeteiligungssätze auf die verschiedenen Kapital- und Kreditgeber auf. Das wird noch an einem Zahlenbeispiel verdeutlicht.

Gewisse Probleme ergeben sich bei der „Islamisierung“ eines sehr wichtigen Finanzierungsmittels, des Wechsels und seiner Diskontierung. Der pakistanische Rat für islamische Ideologie (Council of Islamic Ideology) schlägt folgendes Verfahren vor: Der Aussteller eines Wechsels, der diesen vor Fälligkeit von einer Bank ausgezahlt (diskontiert) haben möchte, muß mit der Bank zwei getrennte Vereinbarungen treffen: In der ersten beauftragt er die Bank, den Wechselbetrag am Fälligkeitstag vom Bezogenen einzuziehen; für diese Dienstleistung erhebt die Bank eine Gebühr, die vom Wechselbetrag, nicht aber von der (Rest-)Laufzeit des Wechsels abhängen darf und die im voraus zu zahlen ist. Mit der zweiten Vereinbarung gewährt die Bank dem Aussteller einen zinslosen Kredit in Höhe des Wechselbetrages. Sobald der Wechsel eingezogen ist, wird der Kredit getilgt; sollte der Wechsel jedoch platzen, ist der Aussteller für die Rückzahlung des Kredits an die Bank verantwortlich.

An einem *Zahlenbeispiel,* das hier nur leicht verändert wiedergegeben wird, veranschaulicht der Rat für islamische Ideologie die Funktionsweise des reinen Erfolgsbeteiligungssystems für die Industriefinanzierung (die im Vergleich mit der Finanzierung anderer Sektoren wie Handel oder Landwirtschaft am ehesten problematisch sein dürfte). Betrachtet wird eine Weberei X, die von der Bank Y die folgenden Mittel erhalten hat:

		Mio. Rupien
1	*Finanzierung von Anlagevermögen*	
1.1	Darlehen für Renovierungen, hypothekarisch gesichert	2,00
1.2	Mittel aus der Übernahme neu zu emittierender Aktien, bereitgestellt für 100 Tage	2,00
1.3	Durch staatliche Bürgschaft gesicherte Vorauszahlungen zum Import zusätzlicher Maschinen für 100 Tage	2,00
2	*Finanzierung des Umlaufvermögens*	
2.1	Kontokorrentkredit zur Beschaffung von Rohstoffen, voll in Anspruch genommen für 180 Tage	35,00
2.2	Täglich fälliger Kredit, voll ausgeschöpft für 150 Tage	5,00
2.3	Genehmigte Kontoüberziehung für 100 Tage	1,00
2.4	Akkreditive für den Kauf von Baumwolle im Inland, für 30 Tage genutzt	5,00
2.5	Akkreditive für den Import von Fasern aus dem Ausland, für 52 Tage genutzt	2,50

Neben den von der Bank Y bereitgestellten Mitteln wurden von der Weberei X im betrachteten Geschäftsjahr auch noch folgende weitere Mittel eingesetzt:

		Mio. Rupien
3	*Langfristige Mittel*	
3.1	Eingezahltes Kapital	20,00
3.2	Reserven	2,00
3.3	Fremdwährungsmittel Dritter	2,70
3.4	Ausgabe von erfolgsbeteiligten Schuldverschreibungen	6,40
4	*Kurzfristige Mittel*	
4.1	Schuldscheine mit einer Laufzeit von 90 Tagen	3,70
4.2	Lieferantenkredite, 30 Tage	21,50
4.3	Sonstige Verbindlichkeiten, 90 Tage	1,60
4.4	Rückstellung für Steuerzahlung, 90 Tage	0,80

Die Nutzungsziffern errechnen sich wie folgt:

Mittel von Bank Y

1.1	365×2	730
1.2	100×2	200
1.3	100×2	200
Summe 1		1.130

Mittel der Weberei X und anderer Gläubiger

3.1	365×20,0	7.300
3.2	365× 2,0	730
3.3	365× 2,7	986
3.4	365× 6,4	2.336
Summe 3		11.352

Mittel von Bank Y

2.1	180×35	6.300
2.2	150× 5	750
2.3	100× 1	100
2.4	30× 5	150
2.5	52× 2,5	130
Summe 2		7.430
Summe Y (1+2)		8.560

Mittel der Weberei X und anderer Gläubiger

4.1	90× 3,7	333
4.2	30×21,5	645
4.3	90× 1,6	144
4.4	90× 0,8	72
Summe 4		1.194
Summe X (3+4)		12.546

Die Summe aller Nutzungsziffern beträgt (Summe 1+2+3+4 = Summe X+Y) 21.106; von dieser Gesamtnutzung entfallen auf Finanzierungsmittel,

- die Bank Y bereitgestellt hat
  - für das Anlagevermögen (Summe 1): 5,35%,
  - für das Umlaufvermögen (Summe 2): 35,20%,
- die aus anderen Quellen stammen: 59,56%.

Angenommen, die Weberei X habe einen *Gewinn* von 7 Mio. Rupien erzielt und zwischen ihr und der Bank Y sei ein Gewinnanteilssatz vereinbart worden

- bei Mitteln für das Anlagevermögen von 50%,
- bei Mitteln für das Umlaufvermögen von 65%.

Die Bank erhält danach 50% (65%) des Gewinns, der gemäß dem Anteil an der Gesamtnutzung von Finanzierungsmitteln auf die von ihr bereitgestellten Mittel für das Anlagevermögen (Umlaufvermögen) entfällt. Das sind

- beim Anlagevermögen:
  7 x 0,0535 x 0,50 = 0,19 Mio. Rupien,
- beim Umlaufvermögen:
  7 x 0,3520 x 0,65 = 1,60 Mio. Rupien,

insgesamt also 1,79 Mio. Rupien. Der Rest von 5,21 Mio. Rupien muß von der Weberei weiter verteilt werden an jene der übrigen Gläubiger, die auch einen Anspruch auf Gewinnbeteiligung haben.

Hätte die Weberei einen *Verlust* von 7 Mio. Rupien erwirtschaftet, so hätte dieser (nur) von denjenigen getragen werden müssen, die Mittel auf Erfolgsbeteiligungsbasis bereitgestellt haben, und zwar entsprechend der jeweiligen Anteile an der Gesamtnutzung erfolgsbeteiligter Finanzierungsmittel. Dieser Anteil beträgt für die Bank Y 40,55%, folglich hätte sie 2,83 Mio. Rupien Verlust zu tragen. (Dabei ist allerdings unterstellt, daß sämtliche genutzten Finanzierungsmittel auch erfolgsbeteiligt sind, was so sicher weder für Lieferantenkredite noch im Hinblick auf die Rückstellungen für Steuerzahlungen gelten kann.)

Von solchen kleineren Fragwürdigkeiten des Zahlenbeispiels des Rates für islamische Ideologie abgesehen, wirft das Beispiel aber zwei grundsätzliche *Fragen* auf, zu denen Antworten noch nicht gegeben wurden.

- Die Nutzungsziffern-Methode hat zur Folge, daß bei unveränderten Gewinnen bzw. Gewinnerwartungen der auf den einzelnen Kapitalgeber entfallende Teil des Gewinns abnimmt, wenn zusätzliche Finanzmittel in Anspruch genommen werden. Wie würde sich das auf die Verhandlungen über den Gewinnbeteiligungssatz auswirken? Werden die großen Kapitalgeber Mitspracherecht bei der Inanspruchnahme zusätzlicher erfolgsbeteiligter Mittel verlangen (was vor allem dann sehr problematisch erscheint, wenn es sich etwa um kurzfristige Mittel zur Überbrückung unvorhergesehener Liquiditätsengpässe handelt)? Oder würden die Kapitalgeber die Nutzungsziffern-Methode überhaupt ablehnen und direkt einen Anteil am Gewinn vereinbaren wollen mit der Folge, daß jeder neu hinzukommende Kapitalgeber seinen Gewinnanteil nicht auf Kosten aller bisherigen (Eigen- und Fremd-) Kapitalgeber erhält, sondern dieser zusätzliche Gewinnanteil voll zu Lasten der Eigenkapitalgeber geht?

- Im Verlustfall kann es zu folgender merkwürdigen Konstellation kommen: Eine Bank hatte der Unternehmung Anfang des Jahres ein kurzfristiges Darlehen mit einer Laufzeit von drei Monaten auf Erfolgsbeteiligungsbasis gewährt. Der Darlehensbetrag wurde pünktlich zurückgezahlt, aber am Jahresende stellt sich heraus, daß die Unternehmung Verluste erwirtschaftet hat. Müßte die Bank dann entsprechend ihrem Anteil an den im Jahresverlauf genutzten Erfolgsbeteiligungsfinanzierungen einen Betrag zur teilweisen Deckung des Verlustes an die Unternehmung zahlen? Welche Bank wird unter dieser Voraussetzung aber bereit sein, kurzfristige Mittel zur Verfügung zu stellen? Wie stark bindet diese Regelung die Unternehmung an jene Bank, die bereits langfristiges Kapital auf Erfolgsbeteiligungsbasis gegeben hat? Welche Konsequenzen ergäben sich für einen Wettbewerb zwischen islamischen Banken usw.?

Das sind Fragen, über die wohl im einzelnen noch nicht diskutiert wurde, die aber in einer überzeugenden Darstellung der Funktionsfähigkeit einer Erfolgsbeteiligungswirtschaft nicht übergangen werden dürften. Fraglich scheint auch, ob die Behandlung von Problemen der staatlichen Bankenaufsicht und der Geldpolitik – Themen, denen man derzeit in der politischen Diskussion zunehmende Aufmerksamkeit widmet – durch den Rat akzeptable Ergebnisse erbracht hat; darauf kann hier allerdings nicht näher eingegangen werden. Das scheint auch solange durchaus verzichtbar, wie der Rat selbst sich klar gegen eine rasche und allgemeine Einführung des Erfolgsbeteiligungssystems in Pakistan ausspricht, allerdings nicht wegen konzeptioneller Bedenken, sondern weil die gegenwärtigen Verhältnisse in

Pakistans Wirtschaft und Unternehmerschaft nicht so sind, daß gewisse Mindestanforderungen für einen Wechsel zum allgemeinen Erfolgsbeteiligungssystem erfüllt wären.
Um ein Erfolgsbeteiligungssystem allgemein einzuführen, wäre es unabdingbar, daß alle Unternehmungen, die von Banken oder anderen Finanzinstituten Mittel erhalten, eine ordentliche Buchführung besitzen und die Bücher auch ehrlich geführt werden. Tatsächlich sieht es aber in Pakistan – und wohl auch in vielen anderen Ländern der moslemischen Welt – so aus, daß die meisten Unternehmer entweder überhaupt keine Bücher führen oder für verschiedene Zwecke verschiedene Buchführungen haben. Und selbst bei denjenigen, die eine von Wirtschaftsprüfern testierte Buchführung vorweisen können, ist es weitverbreitete Praxis, Gewinne zu niedrig und Verluste höher auszuweisen oder Buchverluste zu „produzieren“; dazu werden Bewertungsspielräume extensiv genutzt, den Aufsichtsratsmitgliedern, die meist Verwandte der Unternehmer bzw. Kapitaleigner sind, exzessive Vergütungen gezahlt usw. Heute würden diese fragwürdigen Praktiken hauptsächlich angewandt, um Steuern zu sparen. Die Geschäftsleute stünden auf dem Standpunkt, daß sie wegen der weitverbreiteten Korruption in der Steuerverwaltung praktisch gezwungen seien, unterschiedliche Bücher zu führen. Solange sich an dieser Geschäftsmoral nichts ändert, stehe zu befürchten, daß die Einführung eines Erfolgsbeteiligungssystems die Zustände noch verschlimmern würde. Aus diesen Gründen diskutiert der Rat in seinem Gutachten andere Möglichkeiten, die statt des Erfolgsbeteiligungssystems unter den gegebenen Bedingungen geeignet sein könnten, Geschäfte und Verträge auf der Basis fester Zinsen durch andere Konstruktionen, die den Anforderungen des islamischen Rechts entsprächen, zu ersetzen. Darauf wird im Zusammenhang mit der Geschäftstätigkeit islamischer Banken noch zurückzukommen sein (S. 254ff).

3.3 *Islamisches Bankwesen*[34]

Über eine Neuorientierung des Bankwesens wurde in den Ländern der moslemischen Welt schon seit Ende der vierziger Jahre nachgedacht und geschrieben. In den siebziger Jahren wurde die Idee der islamischen Banken zu einem wichtigen Thema bei den Beratungen der sich neu konstituierenden Gremien und Institutionen der internationalen Moslemgemeinschaft. Seit Mitte der siebziger Jahre entstand dann auf einzelwirtschaftlicher Ebene eine Reihe von islamischen Banken, deren Zahl in den achtziger Jahren stark ansteigen dürfte. Erste praktische Erfahrungen mit diesem Banktyp sammelte man Mitte der sechziger Jahre in einem Experiment in Ägypten, das bemerkenswerterweise unabhängig von der theoretischen Diskussion um zinslose Geschäftsbanken als entwicklungspolitisches Projekt entworfen und realisiert wurde und bei dem die Zinslosigkeit kein primäres Anliegen war, sondern lediglich eine – allerdings wesentliche – Nebenbedingung.

3.3.1 *Das Sparkassenprojekt von Mit-Ghamr.* Das entwicklungspolitische Experiment der zinslosen Sparkassen in Mit-Ghamr hat für die weitere Ausarbeitung und Verbreitung der Idee islamischer Banken erhebliche und andauernde Bedeutung gehabt.

a) *Entwicklungspolitische Ausrichtung.* In einem Entwicklungsland wie Ägypten müßte der für die Industrialisierung und wirtschaftliche Entwicklung notwendige *Kapitalbildungsprozeß* vom wirtschaftlich dominanten Agrarsektor getragen werden. Das setzt jedoch eine Spartätigkeit der Landbevölkerung voraus, bei der die nicht sofort konsumierten Einkommensteile nicht in Horte fließen (z.B. in Gestalt von Schmuck, Edelmetallen oder Münzen, die man z.T. als Rücklage für Notfälle vergräbt), sondern produktiver Verwendung zugeführt werden. In der Sammlung der Ersparnisse der Landbevölkerung und ihrer produktiven Verwendung insbesondere im Industriesektor läge eine zentrale entwicklungspolitische Aufgabe der Banken. In Ägypten konnte der Bankensektor dieser Aufgabe allerdings nicht gerecht werden:

- Ein erstes Problem war das Verhalten der Landbevölkerung bei Finanzangelegenheiten: Während die Landbevölkerung einerseits praktisch nicht spart, sondern allenfalls hortet, trifft man andererseits auf die Bereitschaft, sich zur Finanzierung eines verschwenderischen „Repräsentativkonsums" zu besonderen Anlässen (z.B. großen Familienfesten) bei lokalen Geldverleihern zu beträchtlichen, nicht selten zu Wucherzinsen hoch zu verschulden.
- Ein zweites Problem war der Charakter der bestehenden Banken: Sie waren nationalisierte, in die Entwicklungsplanung der sozialistischen Nasser-Regierung einbezogene Institutionen, und in ihrer Konzeption bildeten Zinsgeschäfte die Grundlage. Das Mißtrauen der Landbevölkerung gegenüber der Regierungspolitik generell, die Entwicklungsplanung „von oben" und der starke Einfluß der islamischen Weltanschauung, die das Zinsnehmen verbietet, führten dazu, daß die „konventionellen" Banken von der Masse der Landbevölkerung nicht angenommen wurden und somit der Kapitalbildungs- und -umlenkungsprozeß nicht zureichend funktionierte.

Aus entwicklungspolitischer Sicht stellte sich daher das Problem, daß ein Bankensystem, das von der Landbevölkerung akzeptiert würde, nicht per Dekret „von oben" verordnet werden konnte, sondern nur der umgekehrte Weg erfolgversprechend schien, nämlich zuerst das *Vertrauen* der Landbevölkerung zu gewinnen, um dann durch Errichtung neuer Banken auf lokaler Ebene allmählich ein entwicklungsförderndes Bankensystem „von unten" heranwachsen zu lassen. Würde man das Vertrauen gewinnen, könnten später die neuen Banken mit Maßnahmen zur Spar- und Krediterziehung der Landbevölkerung beginnen, um den Kapitalbildungsprozeß in Gang zu setzen und aufrechtzuerhalten. Das war die Hauptzielrichtung der Initiatoren des ägyptischen Experiments, aber ihnen war von Anfang an klar, daß alle vertrauensschaffenden Maßnahmen nur dann Erfolg haben könnten, wenn die Geschäftsprinzipien der Banken nicht im Widerspruch standen zu dem von der stark im Islam verwurzelten Landbevölkerung durchweg akzeptierten Zinsverbot. Dem trug man bei der Konzeption der „zinslosen Sparkassen“ Rechnung.

b) *Aufbau und Struktur der Sparkassen.* „Der phantastische Plan, Fellachen in Sparer zu verwandeln, wurde Ende der fünfziger Jahre in den Seminaren und Hörsälen der Kölner Universität geboren. Dank der Initiative einer Gruppe junger ägyptischer Wirtschaftswissenschaftler blieb es nicht bei theoretischen Diskussionen. Die Realisierung des Projekts ist vor allem Dr. Ahmed Elnaggar zu danken, der als ‚spiritus rector‘ unermüdlich tätig war.“[35]
Nachdem El-Naggar die Billigung und eine teilweise Unterstützung der Regierung für sein Projekt erhalten hatte, bemühte er sich in einer dreimonatigen Vorbereitungsphase mit nur 20 Mitarbeitern in der für das Experiment ausgewählten Stadt Mit-Ghamr (48.000 Einwohner) im Nil-Delta in zahllosen Veranstaltungen und Einzelgesprächen um Kontakt zur Bevölkerung und warb um ihr Vertrauen. Die erste Sparkasse wurde offiziell am 25. Juli 1963 eröffnet; bis zum faktischen Ende des Projekts 1967 folgten dieser ersten acht weitere Sparkassen, teilweise mit Zweigstellen und Filialen. Erwähnenswert ist, daß aufgrund eines Abkommens vom 12. Dezember 1963 zwischen der deutschen und der ägyptischen Regierung über die „Entwicklung eines kommunalen Sparkassenwesens in Ägypten“ die Bundesrepublik technische Ausrüstungsgegenstände schickte, die Kosten für die Ausbildung von 20 Sparkassenfachkräften in Deutschland übernahm und eine dreiköpfige Expertendelegation zur Beratung und Unterstützung entsandte, welche allerdings zu sehr im „konventionellen“ deutschen Sparkas-

sendenken verhaftet war und blieb, um für das zinslose ägyptische Projekt tatsächlich hilfreich zu sein.
Um einerseits den verschiedenen Sparmotiven wie Sicherheit und Vorsorge oder Einkommen und Kapitalzuwachs, andererseits aber auch dem Zinsverbot gerecht zu werden, ging man bei den Sparkassen intern von einer Unterteilung in drei „Geschäftsbereiche" – Fonds genannt – aus; es gab
- den Spar- und Kreditfonds,
- den Investitionsfonds,
- den Sozialfonds.

aa) Der *Spar- und Kreditfonds* sollte sowohl das Sicherheitsbedürfnis der Sparer befriedigen als auch Kleinbauern und kleinen Gewerbetreibenden die Möglichkeit eröffnen, Material und Gerätschaften, die sie zur Erhaltung oder Verbesserung ihrer Leistungsfähigkeit benötigten, mit Hilfe eines Kredits zu erwerben. Daher erhielten die Sparer, die mit einer (sehr geringen) Mindesteinlage von fünf Piastern (weniger als 50 Pfennig) ein Sparkonto eröffnen konnten, für ihre Einlagen weder Zinsen noch eine andere finanzielle Vergütung; sie erwarben vielmehr zwei besondere Rechte:
- zum einen das Recht, bei unvorhergesehenen persönlichen Notlagen vorrangige Unterstützung aus Mitteln des Sozialfonds zu erhalten;
- zum anderen das Recht, später einen zinslosen (Klein-) Kredit zu bekommen.

Voraussetzung für die Gewährung eines zinslosen (oder besser „unentgeltlichen") Kredits, bei dem lediglich der geliehene Betrag zurückgezahlt werden mußte, war neben der Kreditwürdigkeit (normalerweise in Form von Sicherheiten oder Bürgschaften) die produktive Verwendung der erhaltenen Mittel, d.h. sie sollten für Zwecke verwendet werden, die eine geldliche Rendite abwerfen, aus der der Kreditbetrag zurückgezahlt werden kann.

bb) Der *Investitionsfonds* wandte sich an die ertragsorientierten Sparer. Sie konnten „Investitionseinlagen" von minde-

stens einem ägyptischen Pfund (knapp 10 DM) tätigen. Die Gelder des Investitionsfonds, die normalerweise nur zum Jahresende mit einer einmonatigen Frist zu kündigen waren, legte die Sparkasse in Form von *Beteiligungen* an gewinnversprechenden Unternehmen oder Projekten im Gemeindebereich an. Am Erfolg dieser Beteiligungen, d.h. am Gewinn, aber gegebenenfalls auch am Verlust, waren wiederum die Investitionseinlagen (in Abhängigkeit von ihrer Höhe und Dauer) beteiligt. Die Anlage von Investitionsfondsmitteln auf Gewinnbeteiligungsbasis oder in eigenen gewinnbringenden Transaktionen, z.B. dem Import von Waren, hätte zur wichtigsten Ertragsquelle der Sparkassen werden müssen, da ihnen ansonsten zwar noch einige Einnahmen aus Dienstleistungsgebühren zuflossen, das übliche Kreditgeschäft mit Zinserträgen jedoch versagt war.
In Mit-Ghamr gelang zwar die Mobilisierung von Sparern auch in den bis dahin von konventionellen Banken nicht erreichten Bevölkerungsteilen in beachtlichem Umfang. Aber in den vier Jahren des insoweit erfolgreichen Experiments konnte eine investive Verwendung dieser mobilisierten Gelder in ertragreichen Beteiligungen nicht in annähernd ausreichendem Maße gesichert werden, so daß ein ständiges Problem der Sparkassen die Überliquidität war. Sie hatten zwar den Zugang zu bisher nicht sparenden Bevölkerungsschichten geschafft und deren Einbeziehung in den Kapitalbildungsprozeß erreicht, aber die meisten Sparkassen, die sich einer in diesem Ausmaß wohl unerwarteten Gunst der Sparer „erfreuten", verfügten nicht über ausreichend qualifiziertes Personal zur Beurteilung und Abwicklung von Beteiligungsprojekten. Diesen Problemen wollte man mit einer zentralen Investitionsgesellschaft begegnen, aber die Gesellschaft wurde erst Ende 1966 gegründet, nur wenige Monate vor dem faktischen Ende des Projekts.

cc) Der *Sozialfonds* diente der Verwaltung der freiwillig an die Sparkassen gezahlten Zakāt-Mittel. Diese Mittel wurden auf separaten Konten geführt und der internen Satzung der Sparkassen gemäß verwendet zur Gewährung finanzieller Unterstützung ohne Gegenleistung an Arme und Bedürftige, die gemäß den Gesetzen des Islam Anspruch auf Zakāt-Gelder haben, zur Gewährung finanzieller Unterstützung in Form von Geschenken oder Darlehen an Sparer, die in unvorhergesehene Schwierigkeiten geraten sind, und zur Unterstützung sozialer Einrichtungen, die dem Gemeinwohl der Gemeindemitglieder dienen.

c) *Das Ende des Experiments.* Es ist unbestreitbar, daß in der Anfangsphase des Sparkassenexperiments längst nicht alle wirtschaftlichen und Management-Probleme gelöst werden konnten. Dennoch waren es nicht ökonomische Gründe, sondern vielmehr Rivalitäten auf politischer Ebene, die im Mai 1967 dem Experiment ein faktisches Ende setzten. El-Naggars Gegenspieler war Abdul Hamid el Sarag, persönlicher Vertrauter Nassers (der das Experiment ursprünglich gebilligt hatte), Präsident der General Egyptian Organization for Insurance und mit der Beobachtung des Sparkassenprojekts beauftragt.
„Der Erfolg Elnaggars löste Unbehagen, Mißtrauen und schließlich Mißstimmung aus. Der Kampf um die Unabhängigkeit wurde hinter den Kulissen entschieden ... Es war ... zweifelsfrei, daß der Sparkassenleitung die Führung entwunden werden sollte ... Die Krisentage Ende Mai 1967 vor Ausbruch des Juni-Krieges boten sich als geradezu ideal an."
El-Naggars Gegner Sarag interpretierte eine seiner Äußerungen in einem Gespräch am 27. Mai 1967 als Rücktrittserklärung, und El-Naggar „konnte dann am nächsten Tag nur noch in einer Notiz Sarags von seinem eigenen Rücktritt Kenntnis nehmen".[36]
Die General Egyptian Organization for Insurance übernahm die Sparkassen, und Sarag bestimmte den neuen Kurs nach seinen Vorstellungen. „Alle aus Einsicht in die Mentalität und Tradition geborenen ‚Neuerungen' wurden abge-

schafft."[37] Insbesondere wurden die Mehrheit der Investitionsprojekte liquidiert, der Sozialfonds abgeschafft, und die Investitionseinlagen wurden in Depositen mit 4 v.H. Zinsen umgewandelt. „Diese Maßnahmen führten zwangsläufig dazu, daß die Sparkasse nicht mehr als lediglich eine normale europäisch-amerikanische Sparsammelstelle geworden ist. Nach einer gewissen Zeit zeigte sich, daß die ‚General Egyptian Organization for Insurance' nicht in der Lage war, das Sparkassensystem mit dem früher erzielten Erfolg weiterhin zu führen. Die Nationalbank ... übernahm das Projekt. Sie hat es weitgehend in ihr System eingegliedert ... Die Beamten wurden zum bevorzugten Kundenstamm; ihnen wurden nahezu 90% der Kredite gewährt. Die gesamte Einrichtung wurde also zu einer Beamten-Spar- und -Darlehnsbank umgewandelt."[38] Das endgültige Ende kam mit der Errichtung der Nasser Social Bank auf der Grundlage eines am 30. September 1971 in Kraft getretenen Gesetzes.

3.3.2 *Die Nasser Social Bank*. Die Nasser Social Bank war eines der ersten realisierten Projekte der sog. Korrektur-Revolution vom 15. Mai 1971, in der Sadat seine innenpolitischen Gegner entmachtete und wirtschaftlich einen Liberalisierungsprozeß einleitete. Bei der Nasser Social Bank wurde zwar wieder die Zinslosigkeit zum konstitutiven Element erhoben – dies bestimmt ausdrücklich der Artikel 3 des Gründungsdekrets –, aber an die Stelle einer großen Zahl selbständiger kommunaler Sparkassen trat eine einzige nationale Bank mit einem Netz abhängiger Filialen. Zweck der zinslosen Nasser Social Bank war und ist „die Unterstützung der Einbeziehung weiterer Bevölkerungskreise in das System der Sozialversicherung. Sie hat folgende Aufgaben: (1) Allmähliche Entwicklung eines Renten- und Sozialversicherungssystems unter besonderer Berücksichtigung genossenschaftlicher Einrichtungen für bisher nicht versicherte Personen, (2) Gewährung von Krediten für ägyptische Staatsangehörige, (3) Annahme und Investition von Einlagen, insbesondere Spareinlagen, (4) Anlage des Organisationsvermögens in öffentlichen und privaten Projekten, (5) Gewährung von Beihilfen an bedürftige ägyptische Staatsangehörige."[39] Als islamische Bank verwaltet die Nasser Social Bank auch freiwillig an sie gezahlte Zakāt-Mittel.

In einer Art Selbstdarstellung werden u.a. die folgenden Zahlen genannt, die sicherlich hinreichend verläßlich sind, um Größenordnungen anzudeuten:

- Seit 1971 hat die Bank rund 2 Mio. Menschen (insbesondere Staatsbediensteten, kleinen Handwerkern, Rentnern und Studenten) zinslose Darlehen (etwa im Krankheitsfalle oder zur Finanzierung der Ausbildung) von insgesamt 108,7 Mio. LE gewährt. Der durchschnittliche Darlehensbetrag liegt damit bei rund 50 LE. Heute werden im Jahr für rund 20 Mio. LE zinslose Darlehen gewährt.[40]
- Zum 30. Juni 1980 beliefen sich die privaten Spar- und Investitionseinlagen auf 99,8 Mio. LE, deren Erträge im ersten Halbjahr 1980 10 v.H. betrugen. Der größte Teil dieser Depositen soll im Rahmen nationaler Entwicklungsprogramme, insbesondere in den Bereichen der Nahrungsmittel(selbst)versorgung, des Wohnungsbaus und des Tourismus, verwendet werden.
- Das Kapital der Bank ist von 1 Mio. LE 1971 auf 10 Mio. LE 1980 gestiegen, das Vermögen von 4,5 Mio. LE 1972 auf 231 Mio. 1980.

Obwohl die Nasser Social Bank ganz dem ägyptischen Staat gehört und eine wichtige Rolle im Sozialversicherungssystem des Landes spielt, unterscheidet sie sich in der Gesamt-Größenordnung (Kapital, Vermögen) kaum von den übrigen durchweg privaten islamischen Banken; sie nimmt lediglich eine mittlere Position ein.

3.3.3 *Politische Entwicklungen auf internationaler Ebene.* Die Experimente in Ägypten blieben nicht ohne Beachtung und Resonanz in der übrigen moslemischen Welt. Auf internationaler politischer Ebene trugen die Ägypter selbst nicht unerheblich zur Verbreitung des Konzepts islamischer Banken bei.

a) *Die „Ägyptische Studie über islamische Banken“.* Bei der zweiten islamischen Außenministerkonferenz vom 26. bis 28. Dezember 1970 in Karachi hatten sowohl die pakistanische wie die ägyptische Delegation Vorschläge unterbreitet, eine Studie über Möglichkeiten zur Errichtung islamischer Banken auszuarbeiten. Die Konferenz beauftragte Ägypten, eine solche umfassende Studie zu erstellen und in sechs Monaten dem Generalsekretär der Konferenz vorzulegen. Dieser sollte sie an die Mitgliedsstaaten weiterleiten, Kommentare dazu sammeln und die Vorlage bei der nächsten Außenministerkonferenz vorbereiten.
So entstand unter der Regie des ägyptischen Wirtschaftsministeriums eine erste Fassung der Studie, die bei einem Expertentreffen mit Teilnehmern aus 18 moslemischen Staaten (Ägypten, Saudi-Arabien, Libyen, Jordanien, Sudan, Marokko, Algerien, A.R. Jemen, Iran, Afghanistan, Pakistan, Indonesien, Malaysia, Türkei, Guinea, Senegal, Somalia und Mali) vom 7. bis 9. Februar 1972 in Kairo diskutiert wurde. Das Ergebnis dieser Beratungen stand dann als „Ägyptische Studie über islamische Banken“ („A Study presented by the Arab Republic of Egypt on The Institution of an Islamic Bank – Economics and Islamic Doctrine“) auf der Tagesordnung der historisch bedeutsamen dritten islamischen Außenministerkonferenz vom 29. Februar bis 4. März 1972 in Jeddah, auf der auch die Charta der Islamischen Konferenz beschlossen wurde.
Die Studie erklärt zunächst grundsätzlich die Funktionsweise islamischer Banken, wobei man ganz eindeutig davon ausgeht, daß im Aktivgeschäft die verzinslichen Kredite durch Finanzierungen auf der Basis der Erfolgsbeteiligung abgelöst werden sollen. Bei der Umsetzung der Konzeption in die Praxis wird ein dreistufiges Verfahren vorgeschlagen:

- In der ersten Stufe sollte eine der Islamischen Konferenz zugeordnete Beratungsinstitution für Fragen islamischer Wirtschaft und islamischer Banken eingerichtet werden, die vor allem bei Bankgründungen Hilfestellung leisten und Ausbildungsaufgaben übernehmen soll. Diese Beratungsinstitution könnte später zu einer Internationalen Vereinigung islamischer Banken umgestaltet werden.
- In der zweiten Stufe sollte eine internationale islamische Bank errichtet werden, die vor allem einerseits die Zinseinkünfte der moslemischen Länder aus der nicht-moslemischen Welt sowie einen internationalen Zakāt-Fonds verwalten, andererseits den Zahlungsverkehr zwischen den moslemischen Ländern abwickeln und den Handel finanzieren sollte. Auf nationaler Ebene sollen zunächst zentrale Organisationen in den Hauptstädten für die spätere Gründung lokaler Banken geschaffen werden.
- In der dritten Stufe geht es einerseits um die Gründung islamischer Banken, deren Aufgabenstellung und Strukturierung stark an die zinslosen Sparkassen erinnern; andererseits sollen den Dachorganisationen auf nationaler Ebene sowie der internationalen islamischen Bank Institutionen angegliedert werden, die Investitions- und Entwicklungsprogramme durchführen.

Anklänge an das Sparkassenmodell lassen sich nicht nur damit erklären, daß darüber Materialien und Erfahrungsberichte verfügbar waren, sondern sicher auch damit, daß der Initiator der Sparkassen, El-Naggar, wesentlich an der „Ägyptischen Studie“ mitgearbeitet hatte.

Die tatsächliche spätere Entwicklung hielt sich nur bedingt an den Stufenplan der „Ägyptischen Studie“: Die Beratungsinstitution (in Gestalt des Internationalen Verbandes islamischer Banken) wurde erst gegründet (1977), als bereits die Islamische Entwicklungsbank sowie einige islamische Geschäftsbanken existierten, während bislang nirgendwo auf nationaler Ebene eine Zentrale für die spätere Gründung einer Mehrzahl lokaler Banken errichtet wurde. Dennoch wird man sagen können, daß die „Ägyptische Studie" entscheidende Impulse für die weitere Ausbreitung und Umsetzung der Idee islamischer Banken gegeben hat und viele darin enthaltene Vorschläge – wenn auch nicht in der vorgesehenen Abfolge oder buchstabengetreu – realisiert wurden.

b) *Die Islamische Entwicklungsbank.* Zwar wurde zunächst keine eigenständige Institution für islamisches Bankwesen von der Islamischen Konferenz gegründet, aber es stand dort die Hauptabteilung für Wirtschaft, Finanzen und Entwicklung des Generalsekretariats der Idee islamischer Banken sehr aufgeschlossen gegenüber. Man ermunterte die moslemischen Länder einerseits, nationale islamische Banken zu errichten, andererseits Stellungnahmen zur Frage einer internationalen islamischen Bank abzugeben.
Die vierte islamische Außenministerkonferenz im März 1973 in Bengasi beschloß dann, konkrete Schritte zur Gründung einer solchen Bank einzuleiten. Der Generalsekretär Tunku Abdul Rahman, der sich auch persönlich für die Idee der islamischen Banken engagierte, konnte König Faisal von Saudi-Arabien für dieses Projekt gewinnen. Neben eigener ideeller und materieller Hilfe schlug dieser die Kontaktaufnahme mit den Ölländern vor, die vor allem zur Finanzierung der internationalen Entwicklungsbank beitragen sollten. Am 21. Juli 1973 kam es zu einem entsprechenden Treffen von Vertretern der Ölstaaten im Generalsekretariat der Islamischen Konferenz in Jeddah.
Dem folgte eine Absichtserklärung der ersten Konferenz der Finanzminister islamischer Länder am 18. Dezember 1973 in Jeddah über die Errichtung einer internationalen islamischen Bank. Es wurde ein Vorbereitungskomitee unter Vorsitz von Tunku Abdul Rahman eingesetzt, das den Entwurf eines Vertrages über die Gründung der Islamischen Entwicklungsbank (Islamic Development Bank) sowie einen Satzungs- und Geschäftsordnungsentwurf erarbeitete. Bei

einem Treffen von Experten aus den Mitgliedsstaaten der Islamischen Konferenz am 14. Mai 1974 in Jeddah wurde der Vertragsentwurf diskutiert und zur Vorlage bei der Finanzministerkonferenz im August überarbeitet. Die Kosten der Arbeiten des Vorbereitungskomitees übernahm Malaysia (allerdings unter der Voraussetzung, daß diese Beträge später auf den zu leistenden Beitrag zum Kapital der Bank angerechnet würden).
Die Konferenz der Finanzminister islamischer Länder in Jeddah billigte und verabschiedete am 10. August 1974 den Vertrag über die Islamische Entwicklungsbank. Der Vertrag trat am 23. April 1975 in Kraft; nach einer weiteren Vorbereitungszeit, in der u.a. die erste Rate des gezeichneten Eigenkapitals der Bank von den Mitgliedsländern eingezahlt wurde, fand am 26. Juli 1975 in Riyad das Eröffnungstreffen des Gouverneursrates statt. Dort verabschiedete man die Satzung der Bank, die Geschäftsordnung des Gouverneursrates und die Regeln für die Wahl der geschäftsführenden Direktoren, wählte das Direktorium und einen Präsidenten und legte den offiziellen Eröffnungstermin der Bank auf den 20. Oktober 1975 fest.
Aus Artikel 1 der Satzung folgt, daß die Islamische Entwicklungsbank ihre Geschäfte in Übereinstimmung mit dem islamischen Recht betreiben muß. Die Bereitstellung von längerfristigem Eigenkapital ist dazu die „klassische" Methode, nach der bis 1980 rund 37 v.H. der Projektfinanzierungen seit Gründung der Bank abgewickelt wurden (die allerdings nur gut 26 v.H. der gesamten Finanzierungsoperationen der Bank ausmachten, knapp 74 v.H. waren Außenhandelsfinanzierungen). Neue Finanzierungsarten wie Leasing und Erfolgsbeteiligungsfinanzierung (profit-sharing) wurden bislang erst bei 12 bzw. 1 von 95 Projekten angewandt. Bei diesen Finanzierungen werden die Zahlungen an die Bank nicht nach Marktzinsen berechnet, sondern auf der Grundlage des erwarteten Finanzüberschusses (cash flow) oder der Rentabilität des Projekts. Bei Darlehensfinanzie-

rungen (insbesondere im Außenhandel) erhebt die Bank eine Bearbeitungsgebühr, die sich am Verwaltungsaufwand für solche Darlehen orientiert.
Die Islamische Entwicklungsbank ist auch um eine Zusammenarbeit mit den nationalen islamischen Banken bemüht, z.B. durch

- Beteiligungen am Eigenkapital dieser Banken (z.B. hält die Islamische Entwicklungsbank gut 10 v.H. des Kapitals der Bahrain Islamic Bank);
- gemeinsame Durchführung und Finanzierung von Projekten;
- gegenseitige Überlassung nicht benötigter Mittel (1980 machte eine nationale islamische Bank bei der Islamischen Entwicklungsbank eine Einlage von 15 Mio. US-Dollar, für die sie keine sinnvollen eigenen Verwendungsmöglichkeiten hatte);
- Zusammenarbeit in den Bereichen Forschung und Ausbildung.

Die Islamische Entwicklungsbank engagiert sich auch bei der Verbreitung der Idee des islamischen Bankwesens und arbeitet in verschiedenen Institutionen und Gremien mit, so z.B. in einer Gruppe von Experten, die für das vierte Treffen der Gouverneure der Zentralbanken moslemischer Staaten 1981 einen Bericht über die Förderung, Regulierung und Überwachung islamischer Banken ausarbeiteten.

c) *Der Internationale Verband islamischer Banken.* Die Islamische Entwicklungsbank hatte am 21. August 1977 Vertreter der nationalen islamischen Banken zu einem Treffen eingeladen, um über Möglichkeiten und Wege zu einer engeren Zusammenarbeit zu beraten. Die nationalen islamischen Banken (vier existierten bereits, drei weitere waren in der Gründungsphase) unterzeichneten eine Vereinbarung über die Errichtung des Internationalen Verbandes islamischer Banken (International Association of Islamic Banks), dem auch später gegründete Banken beitraten. Der

Verband sollte moslemischen Ländern, die islamische Banken errichten wollten, technische Hilfe leisten und Beratung durch Experten anbieten, daneben aber auch die Zusammenarbeit zwischen den nationalen islamischen Banken fördern, die Aus- und Fortbildung von Bankpersonal übernehmen, andere Beratungsleistungen erbringen und die gemeinsamen Interessen der islamischen Banken vertreten. Einige Beispiele für konkrete Aktivitäten des Verbandes:

- Für die Faisal Islamic Bank (Sudan) wurde ein wissenschaftlich fundiertes Personalauswahlverfahren entwikkelt und eingesetzt und die Ausbildung der ersten Gruppe des Bankpersonals durchgeführt. Eine ähnliche Personalauswahl führte man auch für die Faisal Islamic Bank of Egypt durch.
- Für die noch in der Gründungsphase stehende islamische Bank in Katar bereitete der Verband das zur Gründung erforderliche Gesetz und das Gründungsdekret vor.
- Mit verantwortlichen Regierungsstellen in Mauretanien, Malaysia und Nigeria wurde über die Errichtung islamischer Banken gesprochen.

Zum Präsidenten des Verbandes wurde der saudische Prinz Mohammed Al Faisal Al Saoud gewählt. Prinz Mohammed ist auch auf privatwirtschaftlicher Ebene bei einigen islamischen Banken und Investmentgesellschaften engagiert, sowohl als Kapitalgeber als auch als Vorsitzender des Vorstands bzw. Aufsichtsrates. Generalsekretär des Verbandes ist El-Naggar. Hauptsitz des Verbandes ist Jeddah, ein großer Teil der Geschäfte wird jedoch von Kairo aus geführt. Die Arbeit des Verbandes wurde auf internationaler Ebene positiv aufgenommen, so etwa von der neunten islamischen Außenministerkonferenz im April 1978 in Dakar oder der zehnten Konferenz im Mai 1979 in Fès, die den Verband drängte, seine Aktivitäten über die gesamte islamische Gemeinschaft auszudehnen, um jedem interessierten Land die für die Errichtung einer eigenen islamischen Bank notwendigen Informationen und Hilfestellungen zu geben.

Die elfte islamische Außenministerkonferenz im Mai 1980 in Islamabad sprach sich in gleichem Sinne aus.
Da bei diesem Anwachsen internationaler Beratungstätigkeit eine wohl vom Generalsekretär stets betonte Aufgabe zu kurz zu kommen drohte – nämlich die Aus- und Fortbildung des Personals islamischer Banken –, beschloß das Management des Verbandes am 15. Dezember 1979, diese Aufgabe aus dem Verband auszugliedern und sie zusammen mit einer anwendungsorientierten, d.h. auf die Bedürfnisse islamischer Banken abgestellten Forschung einem eigenständigen Institut zu übertragen.

d) *Das Internationale Institut für islamische Banken und Wirtschaft.* Das Internationale Institut für islamische Banken und Wirtschaft (International Institute of Islamic Banking and Economics) wurde am 27. März 1981 gegründet; sein Sitz ist Lefkosa (Nikosia) im türkischen Teil Zyperns. Das Institut soll Aufgaben der angewandten Forschung im Bereich des islamischen Bankwesens und vor allem die Aus- und Fortbildung von Personal für bereits existierende und demnächst zu errichtende islamische Banken übernehmen. Zu den Gründern des Instituts gehören neben 21 Einzelpersonen vier islamische Organisationen und Institutionen (die International Association of Islamic Banks, das International Symposium of Muslim Youth, die King Faisal Foundation, das Arab Bureau of Education for the Gulf States) und 12 Universitäten moslemischer Länder (Al-Azhar University, Ägypten; Islamic University Islamabad, Pakistan; Imam Mohamed Bin Saoud University, Saudi-Arabien; United Arab Emirates University, Arabische Emirate; Malaya University, Malaysia; National University Malaysia; King Abdul Aziz University, Saudi-Arabien; King Faisal University, Saudi-Arabien; Istanbul University, Türkei; Um-Durman University, Sudan; Quaid-i-Azzam University, Pakistan; Qatar University, Katar) sowie die Inter-Islamic University Corporation; mit Beobachterstatus werden in der

Gründungsvereinbarung genannt: das Supreme Religious Council of Saudi Arabia, das Islamic Secretariat, das Islamic Council of Europe, die International Association of Arab Islamic Schools, das Islamic Scientific Research Centre Istanbul und die türkische Zentralbank.
Rechtlich und finanziell soll das Institut selbständig und unabhängig sein. Der erste, für fünf Jahre ernannte und mit der Geschäftsführung beauftragte Generalsekretär des Instituts ist El-Naggar. Die erste Veranstaltung des Instituts war ein dreiwöchiger Kurs vom 29. August bis 16. September 1981 in Kairo, in dem zahlreiche Themen zur Theorie und Praxis islamischer Banken behandelt wurden. An dem Kurs nahmen rund 70 Moslems aus Bangladesch, Indien, Indonesien, Kenia, Malaysia, Nigeria, Pakistan, Saudi-Arabien, Sudan, Tansania, Türkei, den Vereinigten Arabischen Emiraten und Zypern teil, die zum größten Teil von jenen Universitäten und Institutionen benannt bzw. entsandt waren, die zu den Gründern des Instituts zählen. Aber auch einige Geschäfts- und Zentralbanken hatten Teilnehmer geschickt, was das auch in der moslemischen Welt allgemein ansteigende Bedürfnis nach umfassender Information über das islamische Bankwesen dokumentierte.

e) *Zentralbankkontrolle und islamische Banken.* Für die islamischen Banken interessieren sich zunehmend die Zentralbanken und Währungsbehörden der moslemischen Staaten.
Beim dritten *Treffen der Gouverneure der Zentralbanken und Währungsbehörden der Mitgliedsstaaten der Islamischen Konferenz* am 1. und 2. September 1980 in Riyad gab Prinz Mohammed Al Faisal Al Saoud als Vorsitzender des Internationalen Verbandes islamischer Banken in einer Art Rechenschaftsbericht einen Überblick über die Umsetzung der Idee islamischer Banken in die Praxis. Gleichzeitig wurden zwei von der Islamic Investment Company Ltd. für den Verband erstellte Broschüren vorgelegt, die einerseits ein

Modell einer islamischen Bank beschreiben und andererseits den Entwurf eines Muster-Gesetzes über die Errichtung, den Betrieb und die Regulierung und Kontrolle islamischer Banken beinhalten, das von den nationalen Parlamenten nach gewissen länderspezifischen Modifikationen und Präzisierungen übernommen werden könnte.
Die Zentralbankgouverneure gaben in einer Resolution ihrer Überzeugung Ausdruck, daß einerseits zweifellos die Errichtung islamischer Banken zu begrüßen sei, andererseits müßten aber auch diese wie alle anderen Banken seriöse und solide Geschäftsgrundsätze befolgen, wozu konventionellen Banken von den Währungsbehörden gewisse einzuhaltende Deckungs- und Finanzierungsregeln vorgegeben werden und sie einer Bankenaufsicht unterliegen. Diese Regelungen sind auf islamische Banken nur bedingt anwendbar und sollten daher entsprechend umformuliert werden. Mit diesen Fragen beschäftigte sich ein 16köpfiges Expertenkomitee, dem Vertreter der Zentralbanken von Jordanien, Pakistan, Sudan, Malaysia und den Vereinigten Arabischen Emiraten, der saudiarabischen Währungsbehörde (SAMA, Saudi Arabian Monetary Agency), der Islamischen Entwicklungsbank, des Internationalen Verbandes islamischer Banken sowie des Generalsekretariats der Islamischen Konferenz angehörten.
Man traf sich am 30. und 31. Dezember 1980 im Hauptquartier der SAMA in Riyad und diskutierte ein von der SAMA vorgelegtes Arbeitspapier über „Regulierung und Kontrolle islamischer Banken" („Regulation and Supervision of Islamic Banks"). Daraus entwickelte man dann den Bericht des Expertenkomitees über die „Förderung, Regulierung und Kontrolle islamischer Banken" („Report of the Experts Committee on the Promotion, Regulation and Supervision of Islamic Banks"), der beim vierten Treffen der Zentralbankgouverneure 1981 in Khartum von diesen in einer Resolution bestätigt und den einzelnen Mitgliedsstaaten zur Anpassung an die jeweiligen Verhältnisse im Lande empfoh-

len wurde. Beispiele für die in dem Bericht angesprochenen Fragen sind:

- Islamische Banken haben keinen Zugang zum Geldmarkt (da dort Zinsen verlangt werden), was nicht nur ein genereller Wettbewerbsnachteil gegenüber konventionellen Banken ist, sondern auch bei Liquiditätsengpässen der islamischen Banken zum ernsten Problem werden kann. Hier sind geeignete Vorkehrungen zu treffen, daß die Zentralbanken auch islamischen Banken im Bedarfsfalle Liquidität (gegen eine geeignete Form des Entgelts) überlassen können.
- Es sollten in den Zentralbanken besondere Kontrollabteilungen für islamische Banken eingerichtet werden, die deren Geschäftstätigkeit und insbesondere „neue" Finanzierungsmethoden beobachten und überwachen.
- Die steuerliche Behandlung von Beteiligungserträgen, die die Bank an ihre Einleger weiterleitet, sollte der Behandlung der Zinserträge von Einlegern konventioneller Banken angeglichen werden (z.B. Befreiung von der Einkommensteuer, die oft gewährt wird). Früher bereits diskutierte man über das Problem, daß bei den Unternehmungen Kreditzinsen steuerlich abzugsfähig sind, Zahlungen an islamische Banken bei einer Erfolgsbeteiligungsfinanzierung jedoch nicht.
- Man hält es für wünschenswert, den Einfluß einzelner privater Kapitaleigner auf die Geschäftspolitik islamischer Banken zu begrenzen. Dazu sollen Höchstgrenzen für den Besitz von Anteilen und/oder beim Stimmrecht eines einzelnen Privaten vorgeschrieben werden; ein verstärktes staatliches Engagement wird umgekehrt befürwortet.
- Islamische Banken dürfen nicht unterkapitalisiert sein; es sind ein Mindestkapital und der Aufbau von Reserven vorzuschreiben. Zum Schutz der Einleger können bestimmte Relationen zwischen Kapital und Reserven einerseits und Aktiva, d.h. insbesondere gewährten Beteili-

gungsfinanzierungen, andererseits vorgegeben werden. Es ist auch daran gedacht, zu bestimmen, daß die Einlagen das Kapital und die Reserven nur um einen festzusetzenden Prozentsatz übersteigen dürfen. Ähnliches kommt im Hinblick auf Verbindlichkeiten in Betracht.

- Es sind Mindestreservevorschriften zu erlassen und Begrenzungen für die maximale Höhe einzelner Beteiligungsengagements festzulegen. Außerdem wird vorgeschlagen, klarzustellen, daß islamische Banken nur die Geschäfte anderer finanzieren, aber nicht auf eigene Rechnung z.B. Handelsgeschäfte betreiben sollen.

Es bleibt abzuwarten, in welcher Weise die Zentralbanken in den einzelnen Ländern diesen Empfehlungen folgen werden. In Ägypten wurde ein wichtiger Schritt zur stärkeren Kontrolle islamischer Banken vollzogen, als man deren Sonderstatus widerrief und die Nasser Social Bank aus der Zuständigkeit und Kontrolle des Sozialministeriums und die Faisal Islamic Bank of Egypt aus der des Ministeriums für religiöse Angelegenheiten herausnahm und der Bankenaufsicht durch die Zentralbank unterstellte.

3.3.4 *Islamische Banken und Investmentgesellschaften.* Neben der Nasser Social Bank und der Islamischen Entwicklungsbank, deren Kapital vom Staat bzw. von Staaten aufgebracht wurde und die beide nicht primär erwerbswirtschaftliche Zielsetzungen verfolgen, wurde seit 1975 auch eine Reihe von islamischen „Geschäftsbanken“ und Investmentgesellschaften gegründet, bei denen private Kapitalgeber überwiegen und die erwerbswirtschaftlich ausgerichtet sind.

a) *Chronologie und Größenordnungen.* Von islamischen Banken nimmt man oft an, daß sie über beachtliche Finanzvolumina aus den Ölüberschüssen verfügen. Ein Blick auf die Bilanzsummen der Banken macht rasch deutlich, daß davon zumindest in der Vergangenheit nicht die Rede sein konnte.

- Mit einem Dekret des Herrschers von Dubai vom 12. März 1975 wurde fünf Privatleuten die Gründung der *Dubai Islamic Bank* gestattet. Das genehmigte Kapital betrug rund 13 Mio. US-Dollar, die Bilanzsumme zum 31. Dezember 1980 278 Mio. US-Dollar. 1979 wurde von der Dubai Islamic Bank die *Arab Islamic Insurance Company* gegründet, die Versicherungsgeschäfte abschließen soll, die mit islamischem Recht in Einklang stehen.
- Am 23. März 1977 erging das Dekret des Emirs von Kuweit, mit dem das *Kuwait Finance House* mit einem genehmigten Kapital von rund 36 Mio. US-Dollar gegründet wurde; 51 v.H. des Kapitals wurde von Privatpersonen gehalten, 49 v. H. von drei kuweitischen Ministerien. Zum 31. Dezember 1980 waren 9 Mio. US-Dollar eingezahlt, die Bilanzsumme betrug knapp 620 Mio. US-Dollar. Damit ist das Kuwait Finance House die größte erwerbswirtschaftliche islamische Bank; die Islamische Entwicklungsbank weist zum 8. November 1980 eine Bilanzsumme von 1,2 Mrd. US-Dollar aus. In der Rangliste der 100 größten arabischen Geschäftsbanken war das Kuwait Finance House als einzige islamische Bank 1980 auf Platz 68 (1979: Platz 94) vertreten.
- Die *Faisal Islamic Bank (Sudan)* wurde am 18. August 1977 als private Gemeinschaftsunternehmung mit 40 v.H. sudanesischem, 40 v.H. saudiarabischem und 20 v.H. Kapital aus anderen islamischen Ländern gegründet. Vom genehmigten Kapital von 20 Mio. US-Dollar waren am 31. Dezember 1980 9 Mio. eingezahlt bei einer Bilanzsumme von 135 Mio. US-Dollar. Als 100prozentige Tochtergesellschaften mit einem Kapital von jeweils 250.000 US-Dollar wurden 1979 eine Versicherungs- und eine Handelsgesellschaft gegründet: *The Islamic Insurance Company* und *The Islamic Company for Trade and Services.*
- Die *Faisal Islamic Bank of Egypt,* am 27. August 1977 gegründet, ist eine analoge Konstruktion mit 51 v.H.

ägyptischem, 49 v.H. saudiarabischem Kapital von genehmigten 40 Mio. und am 8. November 1980 eingezahlten 19 Mio. US-Dollar bei einer Bilanzsumme von 200 Mio. US-Dollar.

- Am 12. Juni 1978 wurde in Sharjah (Vereinigte Arabische Emirate) die *Islamic Investment Company of the Gulf* als 100prozentige Tochter der ein Jahr zuvor am 1. Juni 1977 auf den Bahamas registrierten *Islamic Investment Company Ltd.* gegründet. Letztere ist eine Consulting- und Holdinggesellschaft mit einem Kapital von 2 Mio., erstere die das Investmentgeschäft betreibende Unternehmung mit einem Kapital von 11 Mio. US-Dollar. Für das Management besonderer Projekte im europäischen Ausland wurde im März 1980 die *Shari'a Investment Services S.A.* in Genf als 100prozentige Tochter der Islamic Investment Company Ltd. gegründet. Außerdem wurde im ersten Halbjahr 1980 zwischen der Islamic Investment Company of the Gulf und der *Banca della Svizzera Italiana* in Genf ein Kooperationsvertrag geschlossen, wonach Kunden der Islamic Investment Company of the Gulf bei der bereits seit 1873 bestehenden Schweizer Bank „islamische“ Kontokorrent- und Investmentkonten einrichten können. Für welche Art von Kunden diese Konten gedacht sind, offenbaren ganz deutlich die vorgesehenen Mindesteinlagen. Konnte man in Mit-Ghamr noch mit 5 Piastern (ca. 50 Pfennig) ein Sparkonto und mit einem ägyptischen Pfund (ca. 10 DM) ein Investitionskonto eröffnen, muß die Anfangseinlage für islamische Kontokorrentkonten mindestens 20.000, für Investmentkonten 500.000 US-Dollar betragen, und der Kontostand darf im Durchschnitt nicht unter 10.000 bzw. 250.000 US-Dollar sinken.
- Das Gesetz über die Errichtung der *Jordan Islamic Bank* datiert vom 1. April 1978. Am 31. Dezember 1980 war vom genehmigten Kapital von 13 Mio. US-Dollar die Hälfte eingezahlt, die Bilanzsumme betrug 49 Mio. US-Dollar.

- Bei der am 3. März 1979 gegründeten *Bahrain Islamic Bank* sind am genehmigten Kapital von 61 Mio. US-Dollar die schon am Kuwait Finance House beteiligten drei kuweitischen Ministerien mit 17,4 v.H., bahreinische öffentliche Institutionen mit 10,4 v.H., bahreinische Privatpersonen mit 37,7 v.H., die Islamische Entwicklungsbank mit 13,0 v.H., die Dubai Islamic Bank mit 4,4 v.H. und das Kuwait Finance House mit 8,7 v.H. beteiligt. Das am 8. November 1980 eingezahlte Kapital beläuft sich auf 15 Mio., die Bilanzsumme auf 30 Mio. US-Dollar.
- An der 1980 gegründeten *Bahrain Islamic Investment Company* haben sich die Dubai Islamic Bank mit 15 v.H., das Kuwait Finance House und die Bahrain Islamic Bank mit je 20 v.H., öffentliche Institutionen in Kuweit mit 14 v.H. und in Bahrein mit 31 v.H. beteiligt; eingezahlt wurden 13 Mio. US-Dollar.
- Schließlich ist noch die Gründung der *Islamic International Bank for Investment and Development* in Ägypten am 13. November 1980 zu erwähnen; genehmigtes Kapital 12 Mio. US-Dollar.

Diese Aufstellung zeigt, daß die bisher bestehenden islamischen Banken relativ junge und kleine Unternehmungen sind: Die meisten schlossen 1980 erst ihr erstes oder zweites „normales" Geschäftsjahr ab, und die Bilanzsummen zusammen erreichen nicht einmal 2 Mrd. US-Dollar; im Vergleich dazu liegen die Ölüberschüsse der OPEC 1980 bei ca. 100 Mrd. US-Dollar, die ganz offenkundig bislang an den islamischen Banken vorbeifließen. Verläßliche Zahlen zur Geschäftstätigkeit der Islamic-Investment-Company-Gruppe liegen allerdings nicht vor.

Auf den ersten Blick aus diesem Rahmen fallend ist ein Projekt, das Mitte 1981 in Genf der Öffentlichkeit vorgestellt wurde: die Errichtung einer Holdinggesellschaft *Dar al-Maal al-Islami (DMI)* – Managementgesellschaft in Genf, Muttergesellschaft aus Steuergründen in Nassau/Bahamas – mit einem vorgesehenen Kapital von 1 Mrd. US-Dollar. 250

Mio. sollten in nicht öffentlicher Zeichnung (in Anteilen von mindestens 1 Mio. und höchstens 5 Mio. US-Dollar) aufgebracht werden, und seit Herbst 1981 wird in Zeitungsanzeigen zur öffentlichen Zeichnung eines weiteren Teilbetrages von 200 Mio. US-Dollar (in Anteilen von 100 US-Dollar bis 1 Mio. US-Dollar) aufgefordert. Die Islamic-Investment-Company-Gruppe soll in DMI eingebracht werden. In der mittelfristigen Planung bis 1985/86 und unter der Voraussetzung, daß die 1 Mrd. US-Dollar zusammenkommt, strebt DMI *Beteiligungen* an neu zu errichtenden insgesamt 26 Investmentgesellschaften, 24 islamischen Banken, 21 Versicherungsunternehmungen und 6 anderen Gesellschaften an. Für die Errichtung islamischer Banken, teilweise auch für Investment- und Versicherungsgesellschaften sollen DMI bereits Genehmigungen aus Malaysia, Sri Lanka, der Türkei, Pakistan, Nigeria, Guinea und Brunei vorliegen.

So eindrucksvoll ein Kapital von 1 Mrd. US-Dollar auf den ersten Blick ist, aufgeteilt auf die 77 vorgesehenen Beteiligungen blieben nach den Plänen für die islamischen Banken im Durchschnitt doch nur DMI-Kapitalbeteiligungen von 10 Mio. US-Dollar übrig, woraus sich für die einzelnen Banken vielleicht ein Gesamtkapital von 20 bis 40 Mio. US-Dollar ergibt, was wiederum in der Größenordnung des Kapitals der bereits existierenden Banken liegt. Man sollte also die wirtschaftliche Potenz des DMI-Komplexes nicht überschätzen, muß andererseits aber beachten, daß politisch nicht unbedeutende Persönlichkeiten die Aufrufe zur Zeichnung von DMI-Kapitalanteilen unterstützt haben und teilweise auch für DMI tätig sind: Beim ersten Treffen des Aufsichtsrates am 8. August 1981 in Genf wurden Prinz Mohammed Al Faisal Al Saoud zum Vorsitzenden und der pakistanische Präsidentenberater Moazzam Ali sowie der ehemalige sudanesische Premierminister Sadig el Mahdi zu stellvertretenden Vorsitzenden gewählt.

Der Vollständigkeit halber sind noch einige Unternehmungen zu erwähnen, die ihre Aktivitäten auf die ca. 1,5 Mio.

Moslems konzentriert haben, die in Großbritannien leben. Dort entstanden als Investmentgesellschaften das *First Interest-Free Finance Consortium* und die *Al-Rajhi Company for Islamic Investment* sowie als neueste Gründungen die *Islamic Finance House Public Limited Company,* deren Kapital (eingezahlt: 450.000 US-Dollar) von der 1978 gegründeten Holdinggesellschaft Islamic Banking Systems in Luxemburg gehalten wird, und die *Islamic Investment Company of the UK,* deren Kapital zu 51 v.H. von DMI kommen soll.

b) *Geschäftstätigkeit.* Es dürfte unstrittig sein, daß das Leitbild islamischer Banken das Erfolgsbeteiligungsprinzip zur Grundlage aller Geschäftstätigkeit machen will. Ebenso unstrittig ist aber auch, daß es nach islamischem Recht keine besonders definierte Institution „Bank" gibt, die etwa nur auf Erfolgsbeteiligungsgeschäfte festgelegt wäre. Vielmehr können islamische Banken durchaus auch auf andere Vertragstypen bei der Verwendung ihrer eigenen und von Einlegern stammenden Mittel zurückgreifen.

Es gibt einen gewissen Konflikt zwischen der oben (S. 91f) wiedergegebenen Ansicht, daß das islamische Recht keine völlige Freiheit der Vertragsgestaltung kennt, und einer Auffassung, die man z.B. auch in der „Ägyptischen Studie über islamische Banken" finden kann, wonach die im islamischen Recht bekannten Vertragstypen nicht abschließend und endgültig seien, sondern neue Vertragsarten „erfunden" werden können, wenn dies das sich ständig fortentwickelnde Wirtschaftsleben erforderlich machen sollte. Daß es hier noch nicht zu größeren Kontroversen gekommen ist, dürfte daran liegen, daß einerseits die „traditionellen" Vertragskonstruktionen eine nicht zu geringe Anpassungsfähigkeit besitzen – das kann am Beispiel der Modaraba-Gesellschaften gezeigt werden –, andererseits aber die islamischen Banken auch bemüht sind, ihre Aktivitäten auf die Grundlage der im islamischen Recht bekannten Vertragstypen zu stellen. Das ist bislang einigermaßen gelungen;

neuerdings jedoch werden von in westlichen Ländern arbeitenden moslemischen Finanzberatern Finanzierungsformen wie das Leasing (eine Art Mietkauf) verstärkt propagiert, die nicht mehr ohne weiteres auf im islamischen Recht vorfindbare Grundstrukturen zurückgeführt werden können, so daß man in Zukunft Gutachten hochrangiger islamischer Rechtsexperten zu Möglichkeiten und Grenzen gewisser „Modernisierungen" islamischer Rechtsfiguren erwarten kann. Dadurch würden von „höherer" Stelle die Ansichten der Rechtsexperten bestätigt oder verworfen, die in den islamischen Banken die in allen Statuten verankerten „islamischen Aufsichtsorgane" besetzen, d.h. Kontrollinstanzen, die die Vereinbarkeit der Geschäftstätigkeit der Banken mit dem islamischen Recht sicherstellen sollen.
Ungeachtet solcher methodischer Grundsatzfragen soll die Abb. 5 einen systematischen Überblick über die bei islamischen Banken anzutreffenden Geschäftstätigkeiten geben (wobei nicht notwendig bei jeder Bank alle Typen anzutreffen sein müssen). Die folgende Erläuterung sollte im Zusammenhang mit den Hinweisen zum islamischen Gesellschafts- und Vertragsrecht (vgl. S. 91ff) gesehen werden.

aa) *Die Musharaka* (mushāraka) genannte Partnerschaft mit Erfolgsbeteiligung ist formal eine „Gesellschaft mit begrenzter Haftung". Bank und Unternehmer setzen bei einem bestimmten Projekt gemeinsam Kapital ein, oder die Bank stellt einer bereits existierenden Unternehmung Finanzierungsmittel gegen Beteiligung am Erfolg bereit. Der Gewinnanteil, den die Bank erhält, kann als Prozentsatz zwischen den Partnern frei vereinbart werden, Verluste sind im Verhältnis der Kapitalanteile zu tragen. Grundsätzlich steht der Bank ein Mitspracherecht in der Geschäftsführung des betreffenden Projekts bzw. der entsprechenden Unternehmung zu, auf dessen Wahrnehmung sie allerdings verzichten kann. Beim Normalfall der Musharaka-Partnerschaft mit *konstanter Beteiligungsquote* vereinbaren die Partner, daß

Abb. 5: Geschäftstätigkeiten islamischer Banken im Überblick

Geschäftstätigkeiten islamischer Banken					
Geschäfte mit Partnern					auf eigene Rechnung
Bereitstellung von Finanzmitteln			Bereitstellung von Waren/Anlagen	Dienstleistungen	
Partnerschaften mit Erfolgsbeteiligung		zinslose Darlehen	Kauf/Verkauf		
Musharaka	Modaraba				
– konstante Beteiligung – abnehmende Beteiligung		Überziehungen, kompensatorische Einlagen	Murabaha (doppeltes Kaufgeschäft mit festem Gewinnaufschlag), Ratenkauf, Mietkauf, Leasing	Kontoführung, Vermögensverwaltung, Akkreditive	(Außen-) Handel, Immobilien, Devisengeschäfte

das Verhältnis der Kapitalanteile in dem gemeinsamen Projekt bzw. in der Unternehmung bis zum Ende des Projekts oder bis zu einem bestimmten Termin unverändert bleiben soll. Als neuere Variante wird aber auch eine Musharaka-Partnerschaft mit *abnehmender Beteiligungsquote* der Bank angeboten; dabei einigt man sich nicht nur über den Gewinnanteilssatz für die Bank, sondern vereinbart auch, daß der jeweils auf den Partner entfallende Gewinnanteil ganz oder teilweise der Bank abgetreten werden soll, so daß durch diese Rückzahlung der überlassenen Finanzierungsmittel aus Gewinnen im Zeitablauf die Beteiligungsquote der Bank abnimmt.

bb) Im Gegensatz zur Musharaka- gibt es bei der *Modaraba*-Partnerschaft (muḍāraba) eine klare Trennung zwischen Kapitalbereitstellung und Geschäftsführung: Die Kapitalgeber eines Projektes sind von der Geschäftsführung ausgeschlossen, und umgekehrt bringt der Geschäftsführer kein eigenes Kapital in das Projekt ein. Kapitalgeber und Geschäftsführer teilen nach einem zwischen ihnen auszuhandelnden Satz den Gewinn untereinander auf, während im Verlustfall der Geschäftsführer zwar keinen Lohn für seine Arbeit bezieht, aber darüber hinaus nichts zuschießen muß, weil die Verluste allein von den Kapitalgebern getragen werden (allerdings nur maximal bis zur Höhe der Einlage, wenn auch hier das Prinzip der Haftungsbegrenzung Anwendung findet).
Modaraba-Verträge werden in der Literatur ausführlichst behandelt, wobei man allerdings fast immer davon ausgeht, daß die Bank die Rolle des Kapitalgebers (Rabb al-Māl) übernimmt und ein ihr von einem potentiellen Geschäftsführer (Muḍārib) nahegebrachtes Projekt finanziert. Diese Rollenverteilung dürfte den Verhältnissen in Arabien zu Zeiten des Propheten durchaus entsprochen haben: Reiche Kaufleute rüsteten mit ihrem Geld Handelskarawanen aus, deren Führung bewährten Männern übertragen wurde, die

für ihre Mühen nach erfolgreichem Abschluß der Expedition mit einem Anteil am Handelsgewinn entlohnt wurden; wurde jedoch die Karawane überfallen und ausgeplündert, so ging der Karawanenführer – wenn er mit dem Leben davonkam – leer aus, während der Verlust der Handelswaren von den Kaufleuten getragen wurde. Die heutige Rollenverteilung ist allerdings aus einer Reihe von Gründen eine ganz andere:

- Selbst wenn heute noch im alten Stil Karawanen ausgerüstet und überfallen würden, wäre fraglich, ob der Karawanenführer bereit wäre, ohne ein garantiertes Mindestgehalt die Expedition zu leiten. Ob dann aber noch von einem Modaraba-Vertrag gesprochen werden könnte, erscheint zweifelhaft. Wenn ja, dann wäre der Begriff sehr ausgeweitet und inhaltsleer geworden. Dann könnte auch jede GmbH mit ihrem Geschäftsführer eine „Modaraba-Partnerschaft" vereinbaren, sofern der Geschäftsführer nicht auch Gesellschafter ist.
- Wenn man den Modaraba-Begriff nicht so aufweichen will, aber die Bank allein in der Rolle des Kapitalgebers sehen möchte, dann scheint noch am ehesten der mittellose Erfinder mit einer umwerfenden Idee dazu zu passen, um die Rolle des (allein) Geschäftsführenden zu übernehmen. Aber solche genialen Einzelgänger sind heute wohl auch selten.
- Bliebe noch der Mann mit dem untrüglichen Blick für Marktlücken und -chancen, der zur Finanzierung gewinnträchtiger Handelsgeschäfte die Bank aufsucht. Ob man dann dort einen Modaraba-Vertrag oder nicht viel eher einen speziell für Handelsgeschäfte entwickelten (noch zu besprechenden) Murabaha-Vertrag abschließt, ist zumindest zweifelhaft.

Zusammengenommen scheint es heute kaum noch jene Konstellationen zu geben, die Modaraba-Verträge mit der Bank als Kapitalgeber attraktiv, sinnvoll oder gar zwingend erscheinen lassen.

Ein Blick auf die Tätigkeiten der islamischen Banken und vor

allem der Investmentgesellschaften macht rasch deutlich, daß bei heutigen Modaraba-Verträgen die Rollen gegenüber früheren Zeiten vertauscht sind und diese Verträge heute nicht im Aktiv-, sondern im Passivgeschäft eine größere Rolle spielen. Die Banken treten nicht mehr als Kapitalgeber (Rabb al-Māl) auf, sondern als Projektmanager (Muḍārib). Kapitalgeber ist heute das Anlegerpublikum, dem islamische Banken und vor allem Investmentgesellschaften, für die dies die wichtigste Form der Mittelbeschaffung sein dürfte, *Modaraba-Zertifikate* verkaufen. Dabei kann es sich um allgemeine oder spezielle Modaraba-Zertifikate handeln; bei den allgemeinen kann die Bank die Mittel in beliebige, ihr profitabel erscheinende Projekte investieren, während die speziellen Zertifikate nur die Anlage in dem speziellen Projekt gestatten, für das die Zertifikate aufgelegt wurden. Modaraba-Zertifikate haben einen festen Nennwert von z.B. 100 oder 1000 US-Dollar und eine feste Laufzeit, die in der Regel ein Jahr und mehr beträgt. Formal bilden die Zertifikate einer bestimmten Emission das Kapital eines selbständigen „Modaraba-Projekts“, das bis zu dem in den Zertifikaten festgelegten Termin besteht und dann liquidiert werden soll, wobei im Erfolgsfalle der Nennwert des Zertifikats und der darauf anfallende Gewinnanteil ausgezahlt werden.
Es ist nicht auszuschließen, daß die Zertifikate während ihrer Laufzeit wie Aktien an einer *Börse* gehandelt werden; man hofft sogar, daß sich ein solcher Markt für Zertifikate bilden würde, der Kernstück eines künftigen „islamischen Finanzmarktes“ werden könnte. Die konkrete Ausgestaltung von Modaraba-Zertifikaten läßt sich besonderen Umständen sehr leicht und relativ problemlos anpassen, so daß die Zertifikate zu einem sehr flexiblen Instrument der Mittelbeschaffung werden könnten und dadurch nicht nur für die Investmentgesellschaften, sondern auch für die islamischen Banken attraktiv sein dürften, die bislang noch überwiegend ihren anlagesuchenden Kunden Spar- und Investitionskonten mit Erfolgsbeteiligungen anbieten.

cc) *Zinslose Bankkredite* sollen vor allem der Überbrückung kurzfristiger Liquiditätsengpässe dienen (oder bei langfristigen Finanzierungen einen in jedem Fall vom Darlehensnehmer zurückzuzahlenden großen „Sockelbetrag" darstellen, der mit einer Restfinanzierung auf Erfolgsbeteiligungsbasis gekoppelt wird). Um Mißbräuchen durch die Kreditnehmer vorzubeugen und im Durchschnitt die Liquidität der Bank nicht überzustrapazieren, wurde die Methode der „kompensatorischen Einlage" vorgeschlagen: Ein Unternehmer erhält z.B. einen kurzfristigen Kredit von 1000 DM für 10 Tage nur, wenn er zuvor oder später eine kompensatorische Einlage etwa von 100 DM während 100 Tagen leistet.

dd) Statt einer Unternehmung die für die Beschaffung von maschinellen Anlagen, Handelswaren usw. notwendigen Finanzmittel durch Musharaka- oder Modaraba-Partnerschaften zu überlassen, können die islamischen Banken den Unternehmungen diese *Güter* auch *direkt bereitstellen*. Dazu erwirbt die Bank zunächst selbst die Güter und veräußert sie dann wiederum an die Unternehmung. Bei Anlagegütern sind dazu gebräuchliche Vertragskonstruktionen *Kauf auf Ratenzahlung, Mietkauf* und *Leasing;* bei der Handels-, insbesondere Außenhandelsfinanzierung wendet man vor allem ein *Murabaha* genanntes „doppeltes Kaufgeschäft mit Gewinnaufschlag" an: Dabei bittet z.B. ein Händler seine Bank, für ihn genau spezifizierte Handelswaren zu kaufen, die er seinerseits wieder von der Bank zu einem Preis zu kaufen verspricht, der nicht nur den Wareneinstandspreis der Bank sowie deren Kosten deckt, sondern auch einen zuvor fest vereinbarten Gewinnaufschlag für die Bank einschließt. Die Zahlung kann dabei in einer Summe oder in Raten erfolgen. Gegen Murabaha-Verträge wurden allerdings verschiedene *Bedenken* vorgebracht. Formale Bedenken äußerte z.B. der islamische Rechtsberater der Faisal Islamic Bank (Sudan), der die Frage diskutierte, ob nach islamischem Recht das Versprechen des Unternehmers, von der Bank die für ihn

gekaufte Ware seinerseits zu kaufen, ein beide Seiten bindender Vertrag ist oder nicht. Eine Konferenz islamischer Banken 1979 in Dubai hielt die Abmachung für beiderseitig bindend, wobei man sich primär auf die malikitische Rechtsschule berufen konnte. Dagegen vertritt der sudanesische Rechtsberater die Auffassung, daß das Versprechen zum Verkauf der Ware von der Bank an den Händler nur für die Bank, nicht aber für den Händler bindend sei. Wenn der Händler es wünscht, muß ihm die Bank die Ware zu den abgesprochenen Bedingungen verkaufen, dagegen sei er seinerseits nicht verpflichtet, die Ware tatsächlich von der Bank zu kaufen. Wäre der Händler dazu verpflichtet, so hätte man einen Vertrag über den Verkauf eines Gegenstandes abgeschlossen, an dem der Verkäufer noch kein Eigentum hat. Solche Verträge sind nach islamischem Recht aber unzulässig. Ob solche Überlegungen den ökonomischen Realitäten hinreichend gerecht werden, mag dahingestellt bleiben. Welcher Händler könnte es sich schon ohne Not und Verlust der Kreditwürdigkeit erlauben, ein gegebenes Kaufversprechen für Waren, die eine Bank in seinem Auftrag zu von ihm akzeptierten Konditionen erworben hat, nicht einzuhalten?
Eine mehr ökonomische Kritik kommt vom pakistanischen Rat für islamische Ideologie, der diese „Bai Muajjal" (Bayʿ muʿadjjal) oder „mark up" genannte Vertragskonstruktion nicht in größerem Umfang und undifferenziert angewandt wissen möchte, weil sie eine Hintertür für Geschäfte auf Zinsbasis öffnen würde. Darum sollten doppelte Kaufgeschäfte mit festem Gewinnaufschlag nur in wenigen unverzichtbaren Fällen getätigt werden. Außerdem wäre der Gewinnaufschlag streng zu überwachen und zu regulieren, um Willkür und die Rückkehr des abzuschaffenden Zinses in neuem Gewand zu vermeiden.

ee) Die übrigen Geschäftstätigkeiten der Bank, die auf „Partner" bzw. Kunden gerichtet sind, lassen sich wohl unter dem Sammelbegriff *Dienstleistungen* zusammenfassen. Dazu gehören etwa die Kontoführung, die Abwicklung des Zahlungsverkehrs einschließlich Scheckeinzug und Kreditierung von Wechseln gegen Gebühr, nicht gegen Diskont (vgl. S. 225f), die Vermögensverwaltung, die Übernahme von Bürgschaften und Abgabe von Garantieerklärungen, das Ausstellen von Akkreditiven sowie der An- und Verkauf von Devisen im Kundenauftrag.

ff) Schließlich führen islamische Banken auch *Geschäfte auf eigene Rechnung,* also ohne fremden Partner, durch. Das können eigene Handels-, insbesondere Importgeschäfte sein, eigene Devisen- und Warentransaktionen (auf Kassabasis) und Immobiliengeschäfte. Außerdem gehört hierher auch die Gründung 100prozentiger Tochtergesellschaften, insbesondere außerhalb des Finanzsektors. Es sei daran erinnert, daß (bankuntypische) Geschäfte auf eigene Rechnung in dem Bericht zur „Förderung, Regulierung und Kontrolle islamischer Banken", der von den Gouverneuren der Zentralbanken und Währungsbehörden islamischer Länder bei ihrem Treffen 1981 in Khartoum gebilligt wurde, abgelehnt werden (vgl. S. 249).

c) *Konflikt zwischen Ideologie und Praxis.* Versucht man einmal anhand der Geschäftsberichte der islamischen Banken herauszubekommen, welche Geschäftstypen dominieren, so findet man dazu zwar keine direkten Aussagen, aber zumindest bei einigen Banken kann man aus den Angaben darüber, welchen Beitrag einzelne Ertragsquellen zum Gesamtergebnis geleistet haben, einige bemerkenswerte Konsequenzen ableiten.

- Bei der *Faisal Islamic Bank (Sudan)* stammen gut 20 v.H. der Erträge aus Dienstleistungen und deutlich mehr als 20 v.H. aus Devisengeschäften. Modaraba-Partnerschaften brachten nicht einmal 2 v.H., Musharaka-Partnerschaften aber gut 50 v.H. Dabei muß man allerdings beachten, daß der überwiegende Teil der Musharaka-Partnerschaften der kurzfristigen Handelsfinanzierung diente und in gewisser Weise Ersatz für die vom Rechtsexperten der Bank nicht gern gesehenen Murabaha-Verträge war. Eine über kurzfristige Transaktionen hinausgehende Finanzierung etwa von Industrieprojekten auf Musharaka-Basis scheint nicht oder nur minimal stattzufinden.

- Bei der *Faisal Islamic Bank of Egypt* stammt gut ein Drittel der Erträge aus Dienstleistungen, der Rest aus Musharaka- und Modaraba-Partnerschaften und Murabaha-Geschäften; eine genauere Differenzierung ist nicht möglich, aber da auch bei dieser Bank die Handelsfinanzierung dominiert, dürfte ein größerer Teil dieser Erträge aus den doppelten Kaufgeschäften mit Gewinnaufschlag resultieren.
- Das *Kuwait Finance House* erzielte jeweils knapp 10 v.H. seiner Erträge aus Dienstleistungen und aus der Vermietung von Objekten bzw. Ratenzahlungsverkäufen. Gut 80 v.H. brachte der Handel mit Immobilien und Immobilien-Zertifikaten. Erträge aus Musharaka-, Modaraba- oder Murabaha-Verträgen sind in der Gewinn- und Verlustrechnung überhaupt nicht angegeben.
- Die Angaben der *Bahrain Islamic Bank* sind sehr vage. Lediglich die Erträge aus Dienstleistungen – gut 1 v.H. – werden klar bezeichnet; knapp 40 v.H. stammen aus „Investitionen" und 60 v.H. aus dem „Verkauf von Investitionen". Da zwischen der Bahrain Islamic Bank und dem Kuwait Finance House Verflechtungen bestehen und im Geschäftsbericht der bahreinischen Bank die gleichen Begriffe wie in dem der kuweitischen, jedoch ohne weitere Präzisierungen, verwendet werden, liegt die Vermutung nahe, daß auch hier vor allem Immobiliengeschäfte betrieben wurden.

Faßt man diese Beobachtungen zusammen, so kann man die These aufstellen, daß islamische Banken in der *Praxis* vor allem in der kurzfristigen Handels-, insbesondere *Außen-*

handelsfinanzierung und im *Immobiliengeschäft* engagiert sind – beides Bereiche, in denen Musharaka- und Modaraba-Partnerschaften keine entscheidende Rolle spielen.
Der *Widerspruch zwischen Ideologie und Praxis* ist offenkundig: An die Stelle der Zinsgeschäfte treten nicht, wie in der Ideologie propagiert, Partnerschaften mit Beteiligungen am unternehmerischen Gewinn und vor allem auch Verlust; vielmehr dominieren Vertragstypen, bei denen die Banken einen sicheren (eigenen) Gewinn aus doppelten Kauf- oder Ratenzahlungs- und Mietgeschäften erzielen können. Von einer Beteiligung am unternehmerischen Risiko kann kaum die Rede sein. Die zu beobachtende Diskrepanz zwischen Ideologie und Praxis ist Ausdruck eines einzelwirtschaftlich rationalen Verhaltens der islamischen Banken. Denn eine „ideologiegerechte" Konzentration auf Musharaka- und Modaraba-Partnerschaften würde die Banken mit derzeit kaum lösbaren Problemen konfrontieren.
Das erste wäre das *Kontrollproblem*. So sprach sich (wie schon oben, S. 229f, erwähnt) beispielsweise der pakistanische Rat für islamische Ideologie in seinem Bericht über Möglichkeiten zur Beseitigung des Zinses zwar klar für das Ideal einer „Erfolgsbeteiligungswirtschaft" als Ersatz für die „Zinswirtschaft" aus; gleichzeitig aber machte er nachdrückliche Bedenken geltend, ob ein solches System unter den gegenwärtigen Bedingungen erfolgreich eingeführt werden könnte. Eine unabdingbare Voraussetzung wäre nämlich, daß alle Unternehmer, die Kapital auf Erfolgsbeteiligungsbasis erhalten, eine ordentliche Buchführung besitzen und die Bücher auch ehrlich führen. In Pakistan jedoch würden die meisten Unternehmer entweder überhaupt keine Bücher führen oder die Buchführungen als Reaktion auf die weitverbreitete Korruption in der Steuerverwaltung manipulieren. Solange sich an dieser Geschäftsmoral nichts ändere, könne ein Übergang zum Erfolgsbeteiligungssystem die Zustände nur verschlimmern. Als praktikable Alternative für die (formale) Beseitigung des Zinses empfiehlt der Rat u.a.

solche Finanzierungsmethoden, wie sie von den islamischen Banken angewandt werden (Murabaha-Geschäfte, Raten- und Mietkauf, Leasing).
Das zweite ist das *Personalproblem.* Mit einer ordentlichen Buchführung kann nur nachträglich der angefallene Gewinn (oder Verlust), an dem die Bank teilhat, festgestellt werden. Viel wichtiger für die Bank ist es aber, im voraus den erwarteten Gewinn abzuschätzen. Dazu muß sie unternehmerische Investitionsplanungen beurteilen und Marktchancen prüfen. Sie kann sich nicht wie eine „konventionelle" Bank mit der Prüfung von Kreditsicherheiten begnügen. Das setzt unternehmerisch denkendes Bankpersonal voraus, das über besondere Marktkenntnisse verfügt. Das dürfte ein entscheidender Engpaßfaktor für die islamischen Banken sein; wer wirklich über unternehmerisches Gespür für Marktchancen verfügt, wird sicherlich auch noch Alternativen zu einer Tätigkeit als Angestellter einer islamischen Bank haben (oder sich danach umsehen).
Diese beiden mehr technischen Probleme verschärfen ein drittes, ökonomisches Problem, das *Rentabilitätsproblem.* Realistischerweise muß man davon ausgehen, daß islamische Banken mit zinsnehmenden Banken im Aktivgeschäft konkurrieren. Ein Investor wird im einfachsten Fall nur dann eine „Erfolgsbeteiligungsfinanzierung" einer konventionellen Kreditfinanzierung mit Zinszahlungen vorziehen, wenn die Gewinnabführungen an die Bank die Zinszahlungen nicht übersteigen (von steuerlichen Problemen abgesehen). Die vom Marktzins und vom Kapitalbedarf abhängigen Zinszahlungen können als gegeben betrachtet werden. Bei einem bestimmten erwarteten Gewinn begrenzt dies den Anteil, den die islamische Bank für sich in Verhandlungen durchsetzen könnte (den Gewinnbeteiligungssatz), nach oben. Je höher der erwartete Gewinn, umso niedriger der durchsetzbare Gewinnbeteiligungssatz. Dieser Satz wird im voraus vereinbart und gilt dann später unabhängig davon, ob der erwartete Gewinn tatsächlich erreicht wird oder nicht.

Bleibt der tatsächliche hinter dem bei Festlegung des Gewinnanteilssatzes erwarteten Gewinn zurück, bedeutet das einen (relativen) Vorteil für den Investor, denn er zahlt der islamischen Bank weniger, als der einer konventionellen Bank an Zinsen zahlen müßte oder der islamischen, wenn diese von den niedrigeren realisierten Gewinnen bei den Verhandlungen über den Gewinnanteilssatz ausgegangen wäre. Darin liegt ein Anreiz für den Investor, die islamische Bank bei den Verhandlungen hinsichtlich des zu erwartenden Gewinns so optimistisch wie möglich zu stimmen, um dadurch den zu vereinbarenden Gewinnanteilssatz zu drükken. Dagegen muß sich die Bank durch geeignetes Personal u.ä. zu schützen suchen.
Selbst wenn ihr dies gelingen würde, bliebe das Problem, daß die Erträge der islamischen Bank (bei Konzentration auf Musharaka- und Modaraba-Partnerschaften) nur dann auf mittlere Sicht höher sind als die Zinserträge einer konventionellen Bank, wenn die von den Partnern realisierten Gewinne im Durchschnitt über den von der Bank und insbesondere von den Investoren selbst erwarteten Gewinnen liegen, also ständig „windfall profits" entstehen. Dies wäre zwar möglich, aber auf Dauer nicht sehr wahrscheinlich. Viel überzeugender könnte man umgekehrt argumentieren, daß auf mittlere Sicht mehr Gewinnerwartungen (vor allem der Bank) enttäuscht als übertroffen werden, weil diese infolge des Einflusses der Investoren auf die Erwartungsbildung kaum in der Mitte, sondern viel eher am optimistischen Ende einer Bandbreite denkbarer Gewinne liegen werden.
Das Rentabilitätsproblem der islamischen Bank liegt dann im Vergleich zur zinsnehmenden Bank darin, daß die aus den Erfolgsbeteiligungsfinanzierungen fließenden Erträge geringer, dagegen die (Personal-)Kosten höher sein werden.

3.3.5 *Islamisierung des Bankwesens in Pakistan.* Während die im vorstehenden Abschnitt behandelten Banken und Investmentgesellschaften fast alle aufgrund privater Initiativen entstanden sind, verfolgt man in Pakistan eine Strategie der Islamisierung des Bankwesens „von oben", d.h. durch Verordnungen und Anweisungen der Regierung, die auf Veränderungen im nationalisierten Banksektor abzielen.

a) *Erklärungen, Gutachten, Maßnahmen.* Schon knapp drei Monate nach der Machtübernahme von General Mohammed Zia-ul-Haq beauftragte dieser am 29. September 1977 den Rat für islamische Ideologie, einen Entwurf für eine zinslose Wirtschaft zu erstellen. Zu seiner Unterstützung berief der Rat (dessen 8 bis 12 Mitglieder, die vor allem Richter und islamische Rechtsgelehrte sind, vom Präsidenten ernannt werden) im November 1977 ein 15köpfiges Beratungsgremium, dem Wirtschaftswissenschaftler und Vertreter der Banken einschließlich der Zentralbank angehörten.
Dieses Beratungsgremium, das sich in einem Gutachten auch mit der Einführung von Zakāt und Ushr befaßt hatte, legte 1978 einen Zwischenbericht über die Beseitigung des Zinses vor, in dem als erster Schritt vorgeschlagen wurde, daß künftig drei „Spezialbanken", nämlich die Investmentgesellschaft *National Investment (Unit) Trust,* die Kapitalbeteiligungs- und Investmentgesellschaft *Investment Corporation of Pakistan* und die Baufinanzierungsgesellschaft *House Building Finance Corporation,* ihre Geschäfte zinslos abwickeln sollten. Diese Anregung wurde vom Präsidenten aufgenommen, der entsprechende Maßnahmen in einer Rede am 2. Dezember 1978 ankündigte und dieses in einer Rede am 10. Februar 1979 präzisierte: Die Zinslosigkeit sollte bei diesen Instituten zum 1. Juli 1979 eingeführt werden (was auch bei den Investmentgesellschaften termingerecht geschah, während die Bausparkasse im August folgte), und für die vollständige Beseitigung des Zinses setzte Zia-ul-Haq einen Zeitraum von drei Jahren fest (was sich als zu kurz erwies).
Im Februar 1980 leitete das Beratergremium seinen endgülti-

gen Bericht dem Rat für islamische Ideologie zu, der ihn diskutierte und in seiner endgültigen Fassung bei einer Sitzung am 15. Juni 1980 verabschiedete. Dieser sehr umfassende „Bericht über die Beseitigung des Zinses“[41] diskutiert im Detail Möglichkeiten und Grenzen, wie einerseits bestimmten Finanzierungsbedürfnissen verschiedener Branchen und Sektoren entsprochen werden könnte, ohne auf verzinsliche Kredite zurückgreifen zu müssen, und wie andererseits bestehende Banken und Finanzinstitutionen auf zinslose Geschäfte umgestellt werden können. Man findet auch Abschnitte über die Geldpolitik der Zentralbank und Verschuldungsmöglichkeiten des Staates in einem zinslosen System. Es werden schließlich konkrete Vorschläge gemacht, wie schrittweise innerhalb der vorgegebenen drei Jahre der Zins beseitigt bzw. ersetzt werden könnte.

Festzuhalten bleibt mindestens zweierlei: Erstens hat sich der Rat für islamische Ideologie ganz klar für das Ideal der Erfolgsbeteiligungs- als Alternative zur Zinswirtschaft ausgesprochen; er plädiert aber wegen der noch nicht gegebenen Voraussetzungen (insbesondere keine zuverlässige Buchführung) zunächst für eine „zweitbeste“ Lösung, die auch und in nicht geringem Maße jene Finanzierungsformen wie doppelte Kaufgeschäfte mit Gewinnaufschlag, Mietkauf und Leasing einschließt, die auch von den islamischen Banken angewandt werden, aber zum erwähnten Konflikt mit der Ideologie führen. Zweitens hat sich der Rat klar gegen die Errichtung einer zinslosen Modell-Bank in Konkurrenz zu den auf Zinsbasis weiterarbeitenden konventionellen Banken ausgesprochen, weil er fürchtet, daß sich dann auf die zinslose Bank die unterdurchschnittlich rentablen und/oder überdurchschnittlich risikobehafteten Projekte konzentrieren würden und so diese Modell-Bank scheitern müßte; außerdem opponiert der Rat mit Nachdruck gegen Vorschläge, in den konventionellen Banken zinslose Abteilungen einzurichten und es den Einlegern zu überlassen, ob sie diesen auf Erfolgsbeteiligungsbasis ihre Mittel anvertrauen

oder lieber (wie bisher) den konventionellen Abteilungen auf Zinsbasis. Der Rat befürchtet, daß das zu einer Verewigung des Zinssystems führen würde und die Bemühungen um die Einführung eines zinslosen Systems unterlaufen könnte.
Offenbar haben nicht alle Mitglieder des Beratergremiums die Positionen geteilt, die in dem Bericht des Rates für islamische Ideologie niedergelegt sind. Drei Mitglieder des Beratergremiums gehörten nämlich auch einem vierköpfigen „Komitee für Islamisierung" an, das im April 1980 vom Minister für Finanzen, Planung und Wirtschaft berufen wurde und schon nach wenig mehr als einem Monat im Mai 1980 einen Bericht zum „Ablauf islamischer Wirtschaftsreform" veröffentlichte.[42] Dieser Bericht wendet sich gegen den Versuch, kurzfristig Maßnahmen einzuleiten, die den Zins beseitigen sollen. Solange das „kapitalistische System" existiere, sei es weder sinnvoll noch möglich, den Zins abzuschaffen. Die „Systemüberwindung" ist das erklärte längerfristige Ziel: Massive Vermögensumverteilung und staatliche Wirtschaftsplanung bis hin zur Bestimmung der „legitimen" Zusammensetzung des Konsumgüterbündels sind einige Grundpositionen. Einen erkennbaren Einfluß auf die bereits begonnene Islamisierungsstrategie der Regierung scheint dieses „Gegengutachten" allerdings nicht gehabt zu haben, auch wenn einer seiner Urheber Staatssekretär im Finanzministerium war. Die weiteren Maßnahmen jedenfalls, die der Finanzminister Anfang Juli 1980 in seiner Haushaltsrede nannte, sind nicht auf die „Überwindung des kapitalistischen Systems" abgestellt, sondern setzen den eingeschlagenen Weg der schrittweisen Eliminierung des Zinses aus dem gegebenen „kapitalistischen" System konsequent fort:

- Als weitere Gesellschaft wurde die auf die Finanzierung von Kleingewerbe ausgerichtete *Small Business Finance Corporation* in den Kreis jener Institutionen aufgenommen, die ihre Finanzierungsgeschäfte ohne Zins abwickeln.

- Eine neue Verordnung soll die Gründung und den Betrieb von Modaraba-Gesellschaften (vergleichbar mit Investmentgesellschaften) regeln: die *Modaraba Companies and Modaraba (Floatation and Control) Ordinance, 1980*.
- Vom 1. Januar 1981 an sollen an allen fünf *nationalisierten Banken* besondere Abteilungen eingerichtet werden, die zinslose, aber erfolgsbeteiligte Einlagen entgegennehmen.

Mit der termingerecht durchgeführten Errichtung der zinslosen Abteilungen setzte sich die Regierung über die Ablehnung im Bericht des Rates für islamische Ideologie hinweg. Eher im Sinne des Rates dürfte der Erlaß der Modaraba-Verordnung sein (obwohl diese nicht ausdrücklich vom Rat vorgeschlagen wurde). Die Anfang 1980 gegründete Kapitalbeteiligungsgesellschaft *Bankers Equity Limited* wurde im Juni 1981 als erste Modaraba-Gesellschaft registriert, die am 30. Juli 1981 ihr erstes Modaraba-Projekt (Bau eines Wohn- und Geschäftskomplexes) vorstellte.
Um die schrittweise Ablösung des Zinses durch Erfolgsbeteiligungsmodelle hat es in Pakistan umfangreiche Diskussionen gegeben, an denen sich nicht nur Theoretiker, sondern auch und in erheblichem Umfang Bankpraktiker beteiligt haben. Im Rahmen dieser Einführung können die unterschiedlichen Positionen allerdings nicht mehr im einzelnen behandelt werden, und auch der detailreiche Bericht des Rates für islamische Ideologie würde eine ausführlichere Behandlung verdienen. Zur Abrundung des Bildes und zum besseren Verständnis sind allerdings noch einige Informationen über die auf Zinslosigkeit umgestellte Geschäftstätigkeit der erwähnten Banken und Finanzierungsinstitute nachzutragen.

b) *Zinslosigkeit bei Spezialbanken.* Im Gegensatz zur breiten Angebotspalette der normalen Geschäftsbanken konzentrieren sich die Spezialbanken (wozu hier auch Investmentgesellschaften gerechnet werden) nur auf jeweils bestimmte Finanzierungsgeschäfte oder/und Kundengruppen.

aa) *National Investment (Unit) Trust (NIT)*. NIT wurde 1962 errichtet, um vor allem kleine private Ersparnisse zu mobilisieren, zu bündeln und für produktive Investitionen im Unternehmenssektor zu nutzen. Zu diesem Zweck wurden die „NIT-Papiere“ (NIT Units) geschaffen: Diese Papiere kann man in Stückelungen von 5, 10, 50, 100, 200, . . . 5000 Einheiten kaufen und verkaufen zu einem Preis, der wöchentlich entsprechend dem Wert der Aktiva der Investmentgesellschaft NIT festgestellt wird. NIT-Papiere können jederzeit verkauft werden, und der Staat garantiert einen Mindestrückkaufwert. NIT schüttet Dividenden für diese Papiere aus; faktisch allerdings haben die NIT-Papiere teilweise den Charakter von festverzinslichen Wertpapieren angenommen, seit 1973 der Staat eine Mindestdividende garantiert. Die tatsächlich ausgeschüttete Dividende liegt zwar über der Mindestdividende, aber ohne größere Staatszuschüsse könnte NIT wohl nicht einmal die Mindestdividende ausschütten. NIT-Dividenden sind bis zu einer Höchstgrenze beim Empfänger steuerfrei. 1978/79 konnten netto 13,7 Mio. Einheiten im Werte von 162,1 Mio. Rupien verkauft werden; NIT-Papiere werden von ungefähr 80.000 Personen gehalten, die meisten aus niedrigeren und mittleren Einkommensgruppen.

NIT hatte ungefähr 1 Mrd. Rupien mobilisiert und in Anteilspapieren und Schuldverschreibungen von ca. 250 Unternehmungen angelegt. Zinserträge flossen NIT nach Berechnungen der Beratergruppe des Rates für islamische Ideologie aus folgenden Quellen zu (Zahlen bezogen auf den 30. Juni 1977):

- Schuldverschreibungen des Staates: Diese machten weniger als 3 v.H. des gesamten Wertpapierbestands von NIT aus; der Rat empfahl, diese festverzinslichen Papiere an Geschäftsbanken oder die Zentralbank zu verkaufen und dafür Aktien zu erwerben.
- Schuldverschreibungen privater Unternehmungen: Diese machten knapp 20 v.H. der Wertpapiere aus; sie sollten an

Geschäftsbanken verkauft oder von den Unternehmungen in „erfolgsbeteiligte Schuldverschreibungen“ *(Participation Term Certificates)* umgewandelt werden.

- Bankaktien: Etwa 3 v.H. des Wertpapierbestands, die an die Regierung verkauft werden sollten.
- Termineinlagen bei Banken: Diese dienen der Liquiditätsvorsorge; sie sollten aufgelöst und für die freien Mittel börsengängige Aktien gekauft werden.

Insgesamt bleibt damit für die Anlagepolitik von NIT unter dem Gebot der Zinslosigkeit nur noch ein Weg, nämlich der Kauf börsengängiger Anteilspapiere. Dieser Weg wurde auch beschritten, und während früher rund 30 v.H. der Erträge Zinsen waren, sind es jetzt ausschließlich Dividenden. Am Ende des ersten zinslosen Jahres (30. Juni 1980) betrug der Börsenwert der von NIT gehaltenen Aktien ca. 950 Mio. Rupien, was rund 14,5 v.H. des gesamten eingezahlten Kapitals der an der Börse (in Karachi) registrierten Unternehmungen ausmachte. Damit dürfte NIT der größte Halter von Anteilspapieren sein.

Der Netto-Verkauf von NIT-Papieren stieg 1979/80 um 12 v.H. auf 181,8 Mio. Rupien an, der Gesamtwert der abgesetzten Papiere lag bei 1,2 Mrd. Rupien. Trotz dieses Mobilisierungserfolges konnte NIT seine Erträge nicht steigern – womit auch die Beratergruppe des Rates für islamische Ideologie gerechnet hatte –, sondern mußte erhebliche Subventionen in Anspruch nehmen, um die Dividende zu zahlen: von 1,30 Rupien Dividende pro Einheit hatte NIT nur 1,06 Rupien erwirtschaftet, 0,24 Rupien kamen vom Staat. Zur Ertragsverbesserung wurden verschiedene andere Formen der Mittelverwendung (außer dem Erwerb von Aktien) diskutiert, z.B. Leasing von Industrieanlagen, Immobilien- und Warengeschäfte.

bb) *Investment Corporation of Pakistan (ICP)*. Die Investmentgesellschaft ICP wurde 1966 mit dem Ziel errichtet, den pakistanischen Kapitalmarkt zu fördern und die Grundlagen für die Vermittlung von Beteiligungskapital zu verbessern. Dazu

- ist ICP im Emissionsgeschäft, d.h. beim Verkauf neuer Aktien und der Placierung von Schuldverschreibungen tätig,
- bietet ICP Kapitalanlegern Investmentfonds an,
- versucht ICP, den Aktienmarkt durch entsprechende Marktoperationen zu stabilisieren.

Vor der Islamisierung kamen über die Hälfte der Erträge von ICP aus verzinslichen Anlagen oder Zinsgeschäften. Grundsätzlich schlug die Beratergruppe des Rates für islamische Ideologie zur Beseitigung des Zinses die schon bei NIT erwähnten Methoden vor (Verkauf verzinslicher Wertpapiere oder Umwandlung in erfolgsbeteiligte).

Seit der Gründung bis zum 30. Juni 1980 hat ICP im Emissionsgeschäft Konsortien für 52 Emissionen von Aktien und Schuldverschreibungen über insgesamt 4,6 Mrd. Rupien organisiert, wobei ICP selbst mit 0,9 Mrd. Rupien engagiert war. Der Einfluß von ICP auf die Börse in Karachi war beachtlich: Die für die verschiedenen Investmentfonds getätigten Umsätze erreichten 1979/80 19 v.H. des Gesamtumsatzes der Börse. Dem anlagesuchenden Publikum bietet ICP zwei Arten von Kapitalanlagen an:

- In Investmentfonds *(Mutual Funds)* werden die Mittel kleinerer Kapitalanleger gepoolt und in gewinnversprechenden Anteilspapieren angelegt. Bis zum 30. Juni 1980 wurden insgesamt zwölf solcher Fonds mit einem Gesamtkapital von 130 Mio. Rupien aufgelegt. Ein Spezialfonds ist der Fonds für öffentliche Unternehmungen *(State Enterprise Mutual Fund),* der vor allem Mittel von im Ausland lebenden Pakistanern mobilisieren und in Anteilspapieren öffentlicher Unternehmungen anlegen soll. Anfang 1980 waren 280 Mio. Rupien dieses Fonds zur Zeichnung angeboten worden, die auch abgesetzt wurden. Seit dem 1. Juli 1979 sind diese Investmentfonds zinsfrei.

- Beim Kapitalanlage-Schema *(Investors' Scheme)* kann man ein Investitionskonto eröffnen, bei dem die eigenen Mittel zusammen mit einem von ICP als Kredit gegebenen Betrag von ICP diversifiziert und sicherheitsorientiert in börsennotierten Anteilswerten angelegt werden. Am 30. Juni 1980 verfügten knapp 10.000 Konteninhaber über einen Betrag von 188 Mio. Rupien, woran der Kreditanteil von ICP etwa ein Drittel betrug. Vom 1. Oktober 1980 an wurde dieses Kapitalanlage-Schema auf Zinslosigkeit umgestellt. Die neuen Regelungen sehen vor, daß die Kapitalanleger und ICP gemeinsam Mittel im Verhältnis 40 zu 60 aufbringen; die aus der Anlage fließenden Gewinne werden im umgekehrten Verhältnis 60 (Kapitalanleger) zu 40 (ICP) aufgeteilt, Verluste dagegen werden im Verhältnis der Kapitalanteile – 40 zu 60 – getragen.

Im Darlehensbereich bereitete ICP den Übergang zur Zinslosigkeit durch Entwicklung einer „erfolgsbeteiligten Schuldverschreibung" *(Participation Term Certificate, PTC)* vor. Auch der Rat für islamische Ideologie hatte in seinem Bericht diesen neuen Wertpapiertyp vorgeschlagen.

cc) *House Building Finance Corporation (HBFC)*. Das in der Vergangenheit von der Baufinanzierungsgesellschaft HBFC angewandte System verzinslicher Baudarlehen sollte nach Vorschlägen der Beratergruppe des Rates für islamische Ideologie ersetzt werden durch ein Finanzierungsmodell, das den Musharaka-Partnerschaften mit abnehmender Beteiligungsquote der Bank entspricht: Bank und Bauherr vereinbaren, ein Haus zu errichten, das zunächst gemeinsames Eigentum beider wird; Bank und Bauherr bringen gemeinsam das benötigte Kapital auf. Man ermittelt den Mietertragswert des Hauses (der in gewissen Zeitabständen – etwa alle drei Jahre – neu berechnet wird) und legt in Abhängigkeit vom Kapitalanteil der Bank den Anteil des Ertragswerts fest, den die Bank erhalten soll und der in regelmäßigen Raten zu zahlen ist. Außerdem wird ein

Tilgungsplan aufgestellt, und die regelmäßigen Tilgungszahlungen verringern ständig den Kapitalanteil der Bank. Mit Zahlung der letzten Rate geht das Haus in das alleinige Eigentum des Bauherrn über. Dieses System der „(Miet-) Einkommens-Beteiligung“ (income sharing) wurde zum 1. August 1979 eingeführt. Vertreter der HBFC weisen darauf hin, daß die Belastungen der Bauherren (oder Hauskäufer) durch dieses System gegenüber dem früheren Zinssystem erheblich zurückgegangen seien. Konzeptionell zwingend erscheint dieser Entlastungseffekt allerdings nicht; vielmehr dürften dahinter vor allem wohnungsbaupolitische Zielsetzungen stehen.
Mitte 1981 wurde dieses Finanzierungsmodell auch von den fünf nationalisierten Geschäftsbanken übernommen, die allerdings 75 v.H. des Mietertrages gegenüber nur 50 v.H. bei HBFC beanspruchen. Die Mittel, die für Baufinanzierungen zur Verfügung stehen, wurden vom Nationalen Kreditrat (National Credit Consultative Council) für das Haushaltsjahr 1981/82 bei den Banken auf 200 Mio. Rupien und bei HBFC auf 1,2 Mrd. Rupien festgesetzt.

dd) *Small Business Finance Corporation (SBFC)*. Die SBFC wurde 1972 gegründet, um kleinen Gewerbetreibenden – Händler, Kleinindustrielle, Handwerker, Fuhrunternehmer, Eigner von Fischkuttern usw. – Finanzierungsmittel (gegen Zinszahlungen) verfügbar zu machen, auch bei Errichtung eines Betriebes. Vom 1. Juli 1980 an wurde der Geschäftsbetrieb auf Zinslosigkeit umgestellt. Angewandt werden zwei Finanzierungsmethoden (auch miteinander kombiniert):

- zum einen Bereitstellung benötigter Anlagegegenstände durch Mietkauf oder Leasing und von Handelswaren durch Murabaha-Kaufgeschäfte (Baj Muajjal);
- zum anderen Finanzierung auf Erfolgsbeteiligungsbasis, wobei man allerdings folgende Zusatzabsprache trifft: Aufgrund der vom Kunden präsentierten Kalkulationen und unter Berücksichtigung üblicher Gewinne in dem

betreffenden Gewerbebereich gibt SBFC eine „Normal-Dividende" als Produkt aus erwartetem Gewinn und zu vereinbarendem Gewinnanteilssatz vor, die der Kunde mindestens an die Bank zahlen können müßte. Solange dieser tatsächlich die „Normal-Rendite" erwirtschaftet und einen entsprechenden Gewinnanteil an die Bank zahlt, verzichtet diese auf einen Einblick in die Geschäftsbücher. Sinken die Erträge jedoch oder bleiben sie hinter dem Branchendurchschnitt stark zurück, so daß die tatsächliche die Normal-Dividende unterschreitet, kann die Bank Rechenschaft verlangen und wird die Geschäftsführung ihres Partners überprüfen.

In den ersten Monaten schien das System zufriedenstellend zu funktionieren, d.h. die fälligen Raten wurden durchweg pünktlich bezahlt, und die abgeführten Dividenden unterschritten die Normalsätze nicht. Allerdings ist wohl auch die Zahl der Kunden von SBFC sehr klein und darum eine sorgfältige Befassung mit dem Einzelfall möglich. Am eingezahlten Kapital von (nur) 70 Mio. Rupien sind die Zentralregierung mit 30 Mio., die Zentralbank mit 9,6 Mio. und die nationalisierten Geschäftsbanken mit 30,4 Mio. Rupien beteiligt.

ee) *Bankers Equity (BE)*. BE wurde Anfang 1980 als eine Art Kapitalbeteiligungsgesellschaft gegründet und Mitte 1981 in die erste „Modaraba-Gesellschaft" nach der Modaraba-Verordnung von 1980 „umgewandelt". Als solche managt sie „Modaraba-Projekte", für die sie das Kapital durch Ausgabe von „Modaraba-Zertifikaten" beschafft. Für ihre Geschäftsführungstätigkeit erhält BE 10 v.H. des Gewinns aus dem Modaraba-Projekt, 90 v.H. werden an die Zertifikatsinhaber weitergeleitet. Nach der Modaraba-Verordnung ist zu unterscheiden zwischen

- allgemeinen Modarabas, deren Mittel von der Modaraba-Gesellschaft in frei von ihr zu wählenden Projekten, z.B. zum Erwerb von Wertpapieren, verwendet werden, und

- spezifischen Modarabas, die für genau definierte Projekte eingerichtet werden.

Modarabas können entweder zeitlich befristet sein oder eine unbestimmte Laufzeit haben.

Das erste Modaraba-Projekt, für das BE Zertifikate aufgelegt hat, ist ein Bauvorhaben in Karachi. Die Baukosten für den Komplex von Luxusappartements, die verkauft werden, und Geschäftsräumen werden mit 32 Mio. Rupien veranschlagt. Von diesem Kapital wird etwa die Hälfte von BE und der Rest von ICP, NIT, der Pak-Kuwait Investment Company und der Pak-Libya Holding Company aufgebracht. 1,5 Mio. Modaraba-Zertifikate wurden am 31. August 1981 zunächst den im Ausland lebenden Pakistanern und am 7. September 1981 dem Publikum in Pakistan zur Zeichnung angeboten. Die Laufzeit der Zertifikate ist auf den 18. März 1983 begrenzt; zu diesem Termin sollen Kapital und anteilige Gewinne an die Zertifikatsinhaber ausgezahlt werden.

c) *PLS-System bei Geschäftsbanken.* Vom 1. Januar 1981 an haben Einleger die Möglichkeit, bei allen fünf nationalisierten Geschäftsbanken Gelder auf „Gewinn- und Verlustbeteiligungs-Konten“ *(Profit and Loss Sharing Accounts, PLS Accounts)* einzuzahlen.

Diese PLS-Einlagen dürfen von der Bank für folgende Zwecke verwendet werden:

- Finanzierung von Warengeschäften der Zentral- und Provinzregierungen und ihrer Agenturen, bei denen die Erträge aus einem festen Gewinnaufschlag (mark-up) stammen;
- Außenhandelsfinanzierung (ohne Wechseldiskont auf Zinsbasis) und Devisenkassageschäfte;
- Erwerb von erfolgsbeteiligten Wertpapieren, insbesondere von von NIT, ICP und BE ausgegebenen Papieren und Zertifikaten;
- Finanzierung der HBFC.

Die Gewinnanteile, die auf die PLS-Einlagen für das erste Halbjahr bis zum 30. Juni 1981 entfielen, betrugen je nach Bank

- bei Spareinlagen 8,5 bis 9 v.H.,
- bei Termineinlagen mit einer Laufzeit von
  - 6 Monaten: 10,75 bis 11,50 v.H.,
  - 1 Jahr: 12,00 bis 12,75 v.H.,
  - 2 Jahren: 12,50 bis 13,25 v.H.,
  - 3 Jahren: 13,50 bis 14,25 v.H.,
  - 4 Jahren: 14,00 bis 14,75 v.H.,
  - 5 Jahren und mehr: 14,50 bis 15,25 v.H.

Während der ersten sechs Monate sollen ca. 3 Mrd. Rupien auf PLS-Konten eingezahlt worden sein.

AUSBLICK

Es dürfte heute unbestritten sein, daß der Islam in den Ländern der moslemischen Welt eine ernstzunehmende politische Kraft darstellt. Welche Konsequenzen sich aus der „Re-Islamisierung" für die Wirtschaft und Wirtschaftspolitik ergeben (können), sollte in diesem Buch für einige zentrale Bereiche aufgezeigt werden. Eine thematische Beschränkung war notwendig, Vollständigkeit im Rahmen einer ersten Einführung nicht erreichbar; so wurden z.B. die Diskussionen um eine Forschungs- und Technologiepolitik für die moslemische Welt ebenso ausgeklammert wie die konzeptionellen und praktischen Bemühungen um islamische Versicherungsunternehmungen. Was dargestellt werden konnte, waren die derzeit in der islamischen Ökonomik am intensivsten bearbeiteten Themen sowie der Hauptstrom der unternehmerischen und politischen Aktivitäten.
Will man vor diesem Hintergrund eine Prognose über die Zukunft der islamischen Ökonomik stellen, so scheint einerseits klar zu sein, daß die theoretische Diskussion weitergehen wird, neue Themen und Fragestellungen einbezogen werden und die „islamische Wirtschaftstheorie" an analytischer Qualität gewinnen dürfte. Es ist auch nicht unwahrscheinlich, daß sich nach der zumindest teilweisen „Öffnung" der moslemischen Autoren für kritische Anregungen westlicher Ökonomen und der inzwischen leichteren Zugänglichkeit von Material und Schriften zur islamischen Ökonomik bei uns auch westliche Wirtschaftswissenschaftler an der Diskussion beteiligen werden.

Schwieriger ist es andererseits abzuschätzen, welche Fortschritte bei der praktischen Umsetzung der islamischen Ökonomik erzielt werden können. Daß andere moslemische Staaten dem Beispiel Pakistans bei der Einführung von Zakāt folgen würden, ist derzeit nicht zu sehen; andererseits ist mit Sicherheit mit zahlreichen Neugründungen islamischer Banken in allen Teilen der moslemischen Welt zu rechnen. Die bereits existierenden in den arabischen Staaten haben gezeigt, daß man tatsächlich Bankgeschäfte ohne Zinsen abwickeln kann und zinslose Banken durchaus rentabel arbeiten können. Daß die Praxis der bestehenden islamischen Banken allerdings die Erwartungen der Verfechter einer Erfolgsbeteiligungswirtschaft enttäuscht haben dürfte, weil der Darlehenszins nicht durch Gewinn- und Verlustbeteiligungen abgelöst wurde, steht auf einem anderen Blatt – ebenso die Frage, ob auf mittlere Sicht die islamischen Banken rentabel bleiben könnten, wenn sich der Wettbewerb im Banksektor intensivieren würde.
Ob die wachsende Zahl gleichzeitig auch eine wachsende wirtschaftliche Bedeutung der islamischen Banken auf nationaler und/oder internationaler Ebene signalisieren wird, ist fraglich. Noch spielen die islamischen Banken von ihrer finanziellen Potenz her nur eine Außenseiterrolle. Das könnte sich auf längere Sicht vielleicht ändern, wenn die für die Placierung von Öleinnahmen zuständigen Stellen der arabisch-islamischen Länder den islamischen Banken nennenswerte Mittel zur weiteren Anlage überlassen würden. Das setzt jedoch u.a. voraus, daß diese Stellen den islamischen Banken eine sichere und vor allem ertragreiche Verwendung der Mittel zutrauen oder/und diesen sowohl gegenüber ausländischen als auch anderen heimischen Banken politisch eine Präferenz einräumen. In diesem Fall wäre es auch denkbar, daß islamische Banken eine größere Rolle bei Kapitaltransfers zwischen islamischen Ländern spielen und so einen Beitrag zur Förderung der wirtschaftlichen Kooperation und Integration der moslemischen Welt leisten

können. Kapitaltransfers können allerdings auch ohne Beteiligung von (islamischen und anderen) Banken erfolgen, und es spricht einiges dafür, daß es in absehbarer Zeit gewisse Erleichterungen und Vereinheitlichungen bei den Regelungen für grenzüberschreitende Direktinvestitionen in der moslemischen Welt geben kann.

Ob und wie auch immer eine Umsetzung von Vorschlägen der islamischen Wirtschaftslehre in unternehmerische und politische Praxis erfolgen wird – nicht nur aus rein wissenschaftlichem Interesse sollte die weitere Entwicklung verfolgt werden, sondern beispielsweise auch der außen-, außenwirtschafts- und entwicklungspolitischen Implikationen wegen. Es wäre sicherlich gut, wenn in Zukunft die systematische Sammlung, Aufbereitung und Auswertung von Material zur Theorie und Praxis der islamischen Wirtschaft zur ständigen Aufgabe einer öffentlich oder privat getragenen, sachkompetenten Institution würde, wobei Material und Arbeitsergebnisse öffentlich zugänglich sein sollten. Bislang gibt es auf nicht-moslemischer Seite wohl noch keine entsprechende institutionelle Regelung.

ANMERKUNGEN

Leser, die sich intensiver mit der Originalliteratur beschäftigen wollen, seien verwiesen auf die ausführlichen Literaturangaben im Aufsatz des Verfassers: Islamische Ökonomik – Inhalte, Entwicklungen und Probleme, in: Zeitschrift für Wirtschaftspolitik (Wirtschaftspolitische Chronik), 30. Jg., Heft 3, Köln 1981, S. 245–300. Eine noch umfangreichere Literaturzusammenstellung mit ca. 800 Titeln erscheint als selbständige Veröffentlichung: Literature on Islamic Economics in English and German / Literatur zur islamischen Ökonomik in Englisch und Deutsch, Köln (Al-Kitab Verlag) 1982.

1. KAPITEL

[1] Der Originaltext lautete an den veränderten Stellen wie folgt: „Passender Bibeltext vor jeder Sitzung ... An jedem Tag, an dem eine Plenarsitzung des Bundestages stattfindet, wird ... eine ‚christliche Morgenfeier' abgehalten ... Eingeleitet wird die christliche Morgenfeier um 8.32 Uhr mit einem dreiminütigen Geläut, das per Tonbandaufnahme in sämtliche Räume und Räumlichkeiten des Deutschen Bundestages, auch in die 27 Nebengebäude, übertragen wird. Es handelt sich hierbei um das Geläut des Kölner Doms, der Münchner Liebfrauenkirche und des Straßburger Münsters, das sich im Abstand von einem halben Jahr abwechselt. Um 8.35 Uhr treffen die interessierten Gläubigen – dies können neben den Abgeordneten auch Mitarbeiter des Bundestages oder Bundesrates sein – ein ... Bei ihrem Eintreten befragt sie Karl-Heinz Schmitt, Platzmeister der Verwaltung des Bundestages und unter anderem für den Ablauf der Morgenfeier verantwortlich, ob sie den Bibeltext vorlesen und im Anschluß daran eine kleine Textbesprechung vornehmen wollen ... Die Interpretationen zu den einzelnen Bibeltexten haben einen durchaus der Umgebung angepaßten Inhalt" (Ewald Rose: Passender Bibeltext vor jeder Sitzung, in: Das Parlament, 31. Jg., Nr. 38 [19. September], Bonn 1981, S. 12).

[2] Detlev Khalid: Die politische Rolle des Islam im Vorderen Orient. Aktueller Informationsdienst Moderner Orient, Sondernummer 4, Hamburg (Deutsches Orient-Institut) 1978, S. 131.
[3] Ebd., S. 136.
[4] Fathy Batah: Beziehungen zwischen Religion, Wirtschaft und Gesellschaft, erörtert am Beispiel Ägypten. Dissertation, Mainz o. J. (1976), S. 164.
[5] H. Jörg Thieme: Wirtschaftssysteme, in: Dieter Bender u.a.: Vahlens Kompendium der Wirtschaftstheorie und Wirtschaftspolitik, Bd. 1, München (F. Vahlen) 1980, S. 1–47, hier S. 10f.
[6] Uwe Simson: Wirtschaftliche und kulturelle Beziehungen zu Gesellschaften im Zeichen der Reislamisierung, in: Orient, Bd. 21, Opladen 1980, S. 570–576, hier S. 572.
[7] Vgl. Maxime Rodinson: Islam et Capitalisme, Paris (Editions du Seuil) 1966; deutsch: Islam und Kapitalismus, Frankfurt (Suhrkamp) 1971.
[8] M. Rodinson, Islam und Kapitalismus, a.a.O., S. 13.
[9] Ebd., S. 18.
[10] Ebd., S. 242.
[11] Bassam Tibi: Die iranische Revolution und die Re-Islamisierung im Lichte des Nord-Süd-Konflikts, in: Aus Politik und Zeitgeschichte (Beilage zur Wochenzeitung „Das Parlament"), Nr. B 14/81 (14. April), Bonn 1981, S. 12–26, hier S. 24.
[12] Ebd., S. 22f.
[13] Vgl. Hazrat Mirza Bashiruddin Mahmud Ahmad: Der wirtschaftliche Aufbau der islamischen Gesellschaftsordnung, o.O. (Verlag Der Islam), o.J.
[14] „Der iranische Beitrag zu diesem Thema [islamische Wirtschaftslehre] bleibt begrenzt: Statt ausgebildeten Wirtschaftswissenschaftlern haben sich eher moslemische Theologen und politische Aktivisten in einigen wenigen Büchern, Aufsätzen und aufgezeichneten Reden zu diesem Gegenstand geäußert" (Homayoun Katouzian: Shi'ah und moderne islamische Wirtschaftslehre, in: Religion und Politik im Iran – mardom nameh, Jahrbuch zur Geschichte und Gesellschaft des Mittleren Orients, hrsg. vom Berliner Institut für Vergleichende Sozialforschung, Frankfurt [Syndikat] 1981, S. 137–162, hier S. 137).
[15] Vgl. Detlev Khalid: Die politische Rolle des Islam ..., a.a.O., S. 6–8.
[16] Ebd., S. 7.
[17] Ebd., S. 6f.
[18] Ebd., S. 7.
[19] Was den faktischen Teil der kritisierten Charakterisierung der Position der Schriftgelehrten angeht, so ergeben sich Zweifel an der

Richtigkeit, wenn man einmal vergleicht, was demgegenüber über sie (unter dem Stichwort „Ulema") in einem Lexikon geschrieben wurde: „In einer Doppelrolle begrenzten sie einerseits die Macht des Herrschers durch das religiöse Recht..., während sie andererseits zu unentbehrlichen Stützen des Staates in allen islamischen Reichen wurden. Glaubenskonflikte waren unvermeidbar, sie schufen den Typ des idealistischen Privatgelehrten, der, um sich nicht zu beschmutzen, staatliche Ämter scheute und daher lange als glaubensstrenges Korrektiv zur Mehrheit wirkte, die als Richter, Mufti oder Lehrer... im Dienste von Staat und Gesellschaft abhängig geworden war" (Klaus Kreiser, Werner Diem, Hans-Georg Majer [Hrsg.]: Lexikon der Islamischen Welt, Bd. 3, Stuttgart u.a. [W. Kohlhammer] 1974, S. 155f).

[20] Vgl. Ghaus Ansari: Modernisation versus Westernisation – An Islamic Viewpoint, in: Islam and a New International Economic Order – The Social Dimension, Geneva (International Institute for Labour Studies) 1980, S. 25–37, hier S. 28.

[21] Vgl. Hicham Djait: From Reformism to Islamic Revolution, in: Islam and a New International Economic Order, a.a.O., S. 39–45, hier S. 39f.

[22] Vgl. zum folgenden M. S. Abdullah: Islam-Organisationen, CIBEDO-Dokumentation 5, Köln (CIBEDO) 1979.

[23] Eckart Stetter: Regionale Gruppierungen und Organisationen, in: Udo Steinbach, Rolf Hofmeier, Mathias Schönborn (Hrsg.): Politisches Lexikon Nahost, München (C. H. Beck) 1979, S. 340–348, hier S. 347.

[24] M. S. Abdullah: Islam-Organisationen, a.a.O., S. 15.

[25] Abgedruckt in einem Sammelband mit einer Auswahl der bei der Konferenz vorgelegten Papiere; vgl. Khurshid Ahmad (Hrsg.): Studies in Islamic Economics, Leicester (The Islamic Foundation) 1980, S. 353–359.

[26] Die wichtigen Konferenzen, Seminare usw., die hier erwähnt wurden, fanden alle nach 1975 statt. Über die bis dahin erschienene Literatur zur islamischen Wirtschaftslehre informiert ein Überblicksaufsatz mit Bibliographie von Muhammad Nejatullah Siddiqi: Muslim Economic Thinking – A survey of contemporary literature, in: Khurshid Ahmad (Hrsg.): Studies in Islamic Economics, a.a.O., S. 191–315; auch als selbständiges Buch veröffentlicht: Leicester (The Islamic Foundation) 1981. Zur Ergänzung vgl. meine Zusammenstellung: Literature on Islamic Economics in English and German / Literatur zur islamischen Ökonomik in Englisch und Deutsch, Köln (Al-Kitab Verlag) 1982.

2. KAPITEL

[1] Joseph A. Schumpeter: Geschichte der ökonomischen Analyse, Göttingen (Vandenhoeck & Ruprecht) 1965, S. 90.
[2] Ebd., S. 91.
[3] Ebd., S. 114.
[4] Ebd., S. 148f.
[5] So der Titel der Rede Friedrich A. von Hayeks anläßlich der Verleihung des Nobel-Gedächtnispreises in Wirtschaftswissenschaften 1974; vgl. F. A. von Hayek: Die Anmaßung von Wissen, in: Ordo, Bd. 26, Stuttgart u.a. 1975, S. 12–21.
[6] Herbert Giersch: Allgemeine Wirtschaftspolitik, Bd. 1: Grundlagen, Wiesbaden (Gabler) 1961, S. 22.
[7] Friedrich A. Hayek: Die Verwertung des Wissens in der Gesellschaft, in: F. A. Hayek: Individualismus und wirtschaftliche Ordnung, 2. erw. Aufl., Salzburg (W. Neugebauer) 1976, S. 103–121, hier S. 103f.
[8] Vgl. James M. Buchanan: What Should Economists Do? Indianapolis (Liberty Press) 1979, bes. S. 39ff, 201ff.
[9] Vgl. Universal Islamic Declaration – Politisch-religiöse islamische Grundsatzerklärung. CIBEDO-Texte 4, Köln (CIBEDO) 1980; dem Text der Grundsatzerklärung ist eine Einleitung von Muhammad S. Abdullah und ein Vorwort der CIBEDO vorangestellt.
[10] Vorwort der CIBEDO zur Grundsatzerklärung, S. 1.
[11] Vgl. Ignaz Seipel: Die wirtschaftsethischen Lehren der Kirchenväter, Wien 1907, Neuauflage Graz (Akademische Druck- und Verlagsanstalt) 1972.
[12] „Es muß auffallen, welche geringe Rolle das wirtschaftliche Handeln des Menschen bzw. ökonomische Vorgänge und Einrichtungen in der evangelischen Ethik spielen. Erst in letzter Zeit beginnt sich dies zu ändern" (Heinz-Dietrich Wendland: Einführung in die Sozialethik, 2. erw. Aufl., Berlin–New York [de Gruyter] 1971).
[13] Joseph Kardinal Höffner: Christliche Gesellschaftslehre, 7. erw. Aufl., Kevelaer (Butzon & Bercker) 1978, S. 154.
[14] Grundsatzerklärung, Ziff. 2, S. 5.
[15] Ignaz Seipel: Die wirtschaftsethischen Lehren ..., a.a.O., S. 83.
[16] Grundsatzerklärung, Ziff. 4.2.1, S. 13.
[17] Ebd., Ziff. 4.2.2, S. 13.
[18] Ebd., Ziff. 4.2.5, S. 13; zu „Zakāt" vgl. S. 183ff.
[19] Ebd., Ziff. 4.2.7, S. 13.
[20] Ebd., Ziff. 2, S 5f.
[21] Ebd., Ziff. 4.2.4, S. 13.
[22] Ebd., Ziff. 2, S. 8.
[23] Ebd., Ziff. 4.2.3, S. 12.

[24] Zitiert bei Joseph Kardinal Höffner: Christliche Gesellschaftslehre, a.a.O., S. 192f.
[25] Vgl. dazu meinen Aufsatz: Die „islamische Wirtschaftslehre" – Politik zwischen Pragmatismus und Utopie, in: Orient, 22. Jg., Opladen 1981, S. 50–68.
[26] Grundsatzerklärung, Ziff. 4.2.8, S. 13.
[27] Ebd., Ziff. 4.2.8, S. 13.
[28] Ebd., Ziff. 4.2.9, S. 14.
[29] Vgl. dazu und zum folgenden Muhammad Nejatullah Siddiqi: The Economic Enterprise in Islam, Lahore (Islamic Publications) 1972.
[30] „If justice is the corner stone of society, benevolence is its beauty and perfection" (M. N. Siddiqi: The Economic Enterprise ..., a.a.O., S. 61f).
[31] Ignaz Seipel: Die wirtschaftsethischen Lehren ..., a.a.O., S. 247.
[32] Vgl. M. N. Siddiqi: The Economic Enterprise ..., a.a.O., S. 109f, 113.
[33] Oswald von Nell-Breuning: Soziallehre der Kirchen – Erläuterungen der lehramtlichen Dokumente, 2., erw. u. erg. Aufl., Wien (Europaverlag) 1978, S. 14, 15, 17, 27, 28.
[34] Grundsatzerklärung, Ziff. 2, S. 5, 6, 6f, 7, 9; Ziff. 4.2, S. 12.
[35] J. A. Schumpeter: Geschichte der ökonomischen Analyse, a.a.O., S. 113.
[36] Gustav Gundlach: Katholische Soziallehre, in: Staatslexikon, Bd. 4, 6. Aufl., Freiburg (Herder) 1959, Sp. 910–930, hier Sp. 915. Vgl. dazu auch Wilhelm Weber: Anfragen an die Soziallehre der Kirchen nach dem Konzil, in: Jahrbuch für Christliche Sozialwissenschaften, Bd. 13, Münster 1972, S 27–53, wiederabgedruckt in: Wilhelm Weber: Person in Gesellschaft, München–Paderborn–Wien (Schöningh) 1978, S. 38–63.
[37] Vgl. zum folgenden Adel-Theodor Khoury: Einführung in die Grundlagen des Islams, Graz–Wien–Köln (Styria) 1978, 2. Aufl. 1981 (Bd. 3 der Reihe „Islam und Westliche Welt"), sowie A.-Th. Khoury: Das islamische Rechtssystem – Grundlagen und Rechtsschulen. CIBEDO-Dokumentation 8, Köln (CIBEDO) 1980.
[38] A.-Th. Khoury: Das islamische Rechtssystem, a.a.O., S. 9.
[39] A.-Th. Khoury: Einführung ..., a.a.O., S. 125.
[40] Ebd., S. 128.
[41] Ebd., S. 129.
[42] A.-Th. Khoury: Das islamische Rechtssystem, a.a.O., S. 17.
[43] Vgl. Joseph Schacht: An Introduction to Islamic Law, Oxford u.a. (Oxford University Press) 1964, Nachdruck 1979, S. 70f.
[44] Vgl. M. A. Mannan: Islamic Economics – Theory and Practice, Lahore (Sh. Muhammad Ashraf) 1970, Nachdruck 1975, S. 103ff,

sowie Ziaul Haque: Landlord and Peasant in Early Islam – A Study of the Legal Doctrine of Muzara'a or Sharecropping, Islamabad (Islamic Research Institute) 1977.

[45] „Gott verordnet euch hinsichtlich eurer Kinder: Auf eines männlichen Geschlechts kommt bei der Erbteilung gleichviel wie auf zwei weiblichen Geschlechts. Wenn es ausschließlich Frauen sind, und zwar mehr als zwei, stehen ihnen zwei Drittel der Hinterlassenschaft zu; wenn es nur eine ist, die Hälfte. Und den beiden Eltern steht jedem ein Sechstel der Hinterlassenschaft zu, wenn der Erblasser Kinder hat. Wenn er jedoch kinderlos ist und seine Eltern ihn beerben, steht seiner Mutter ein Drittel zu. Und wenn er in diesem Fall auch noch Brüder hat, steht seiner Mutter ein Sechstel zu. Das alles nach Berücksichtigung einer etwa vom Erblasser getroffenen testamentarischen Verfügung oder einer von ihm hinterlassenen Schuld. – Ihr wißt nicht, wer von euren Vätern und Söhnen euch im Hinblick auf den Nutzen, den ihr von ihm habt, am nächsten steht. Das gilt als Verpflichtung von seiten Gottes. Gott weiß Bescheid und ist weise. Und von der Hinterlassenschaft eurer Gattinnen steht euch die Hälfte zu, falls sie kinderlos sind. Falls sie jedoch Kinder haben, steht euch ein Viertel zu. Auch dies nach Berücksichtigung einer etwa von ihnen getroffenen testamentarischen Verfügung oder einer von ihnen hinterlassenen Schuld. Und euren Gattinnen steht ein Viertel zu von dem, was ihr Männer hinterlaßt, falls ihr kinderlos seid. Falls ihr jedoch Kinder habt, ein Achtel. Auch dies nach Berücksichtigung einer etwa von euch getroffenen testamentarischen Verfügung oder einer von euch hinterlassenen Schuld. Und wenn ein Mann oder eine Frau von seitlicher Verwandtschaft beerbt wird und er bzw. sie einen (Halb-)bruder oder eine (Halb)schwester hat, steht jedem von den beiden ein Sechstel zu. Wenn es mehr als zwei sind, teilen sie sich in ein Drittel, und zwar nach Berücksichtigung einer etwa getroffenen testamentarischen Verfügung oder einer hinterlassenen Schuld. Dabei soll niemand schikaniert werden. Das gilt als Verordnung von seiten Gottes. Gott weiß Bescheid und ist mild" (zitiert nach: Der Koran. Übersetzung von Rudi Paret. Überarb. Taschenbuchausgabe, Stuttgart u.a. [Kohlhammer] 1979).

[46] Vgl. J. Schacht: An Introduction . . ., S. 144ff; Schacht bezieht sich auf ein Standardwerk der ḥanafitischen Rechtsschule aus dem 16. Jahrhundert.

[47] „Modaraba" ist in der englischen Literatur die inzwischen allgemein (und z.B. in Pakistan auch in Rechtsverordnungen) verwendete Schreibweise für den arabischen Ausdruck „muḍāraba".

3. KAPITEL

[1] Als typisches Beispiel der älteren Literatur kann gelten und wird im folgenden wiedergegeben Shaikh Mahmud Ahmad: Economics of Islam – A Comparative Study, 2., überarb. u. erw. Aufl., Lahore (Sh. Muhammad Ashraf) 1952, Nachdruck 1977 (1. Aufl. 1947). Vgl. ergänzend M. A. Mannan: Islamic Economics – Theory and Practice (A Comparative Study), Lahore (Sh. Muhammad Ashraf) 1970, Nachdruck 1975; Muhammad Muslehuddin: Economics and Islam, Lahore (Islamic Publications) 1974.

[2] Vgl. zum folgenden Nasim A. Jawed: Islamic Socialism – An Ideological Trend in Pakistan in the 1960s, in: The Muslim World, Vol. 65, Hartford 1975, S. 196–215, hier S. 201ff.

[3] Daß dem allerdings eine sehr fragwürdige Lesart des herangezogenen Koran-Verses zugrunde liegt, wird ersichtlich, wenn man ihn mit den in der deutschen Ausgabe vom Übersetzer (R. Paret) in Klammern hinzugefügten Hilfen zum besseren Verständnis liest: „Und daß dem Menschen (dereinst) nichts anderes zuteil wird als das, wonach er (in seinem Erdenleben) strebt."

[4] Einige zusätzliche Hinweise finden sich in der Kritik des retrospektiven Ansatzes zur Konzipierung einer islamischen Gesamtordnung (S. 119ff).

[5] Die gegenwärtig hohe Zahl von Arbeitslosen kann man nicht der Marktwirtschaft, sondern muß man der verfehlten Wirtschaftspolitik anlasten, die zunächst die Inflation zugelassen hat, deren Bekämpfung später „Stabilisierungsopfer" in Form von Arbeitslosigkeit verlangte. Inflation ist ohne eine Ausweitung der Geldmenge nicht möglich, die Steuerung der Geldmenge unterliegt jedoch nicht den Marktkräften, sondern ist in staatlicher Zuständigkeit.

[6] Vgl. Muhammad Ahmad Sakr: The Role of the State in the Economic System of Islam, in: Islam and a New International Economic Order, Geneva (International Institute for Labour Studies) 1980, S. 103–116, hier S. 103.

[7] Die folgenden Abschnitte fassen die von F. A. von Hayek an zahlreichen Stellen publizierten Gedankengänge zusammen. Allgemein sei etwa verwiesen auf sein dreibändiges Spätwerk „Law, Legislation and Liberty" (deutsch: Recht, Gesetzgebung und Freiheit, München–Landsberg [Verlag Moderne Industrie] 1980/1981). Die folgende Zusammenfassung lehnt sich allerdings an einen kürzeren Aufsatz an: The Moral Element in Free Enterprise, in: F. A. Hayek, Studies in Philosophy, Politics and Economics, London–Chicago–Toronto (University of Chicago Press) 1967, S. 229–236.

[8] Vgl. dazu ausführlicher mit Zitaten aus dem Werk von Hayeks

meinen Beitrag: Persönliche Freiheit und moderne Demokratie – F. A. von Hayeks Demokratiekritik und sein Reformvorschlag eines Zweikammersystems, Tübingen (J.C.B. Mohr) 1982.

[9] Von Hayeks Kritik an der „sozialen Gerechtigkeit" hat in den letzten Jahren an Deutlichkeit und Schärfe zugenommen. Vgl. neben dem zweiten Band von „Recht, Gesetzgebung und Freiheit" auch Friedrich A. von Hayek: Drei Vorlesungen über Demokratie, Gerechtigkeit und Sozialismus, Tübingen (J.C.B. Mohr) 1977.

[10] F. A. von Hayek: Drei Vorlesungen ..., a.a.O., S. 24f.

[11] Dieser Abschnitt basiert auf dem Buch von Ziauddin Sardar: The Future of Muslim Civilisation, London (Croom Helm) 1979.

[12] Vgl. etwa Asaf A.A. Fyzee: A Modern Approach to Islam, Bombay u.a. (Asia Publishing House) 1963, und Fazlur Rahman: Islam, London (Weidenfeld & Nicolson) 1966.

[13] Die hier als Beispiele für den modernistischen Ansatz zitierten Arbeiten von Fyzee und F. Rahman werden als pseudo-orientalistisch und nicht ernstzunehmend abqualifiziert, und es wird ihnen vorgeworfen, sie bezweckten nichts anderes, als anderen Orientalisten und sonstigen Mitgliedern ihrer Clique die Überlegenheit okzidentalen Denkens zu beweisen. Vgl. Z. Sardar: The Future ..., a.a.O., Fn. 5, S. 72f.

[14] Um dem Vorwurf einer „Überinterpretation" vorzubeugen, der entsprechende Originaltext: „There is unanimity among scholars that the Medina State founded by the Beloved Prophet after the migration from Mecca is the ideal society as far as Muslims are concerned. This was the closest one could get to a perfect society; and this is the goal we strive for. It is our model and our paradigm. Deviation from perfection, from the model, can only be a decline" (Z. Sardar: The Future ..., a.a.O., S. 49).

[15] Diese Abbildung wurde zusammengestellt nach Syed Nawab Haider Naqvi: Ethical Foundations of Islamic Economics, in: Islamic Studies, Vol. 17, Islamabad 1978, S. 105–136. Naqvi hat nach eigenen Worten seine Ansichten später in einigen Punkten revidiert. Darum wird im folgenden nicht mehr im einzelnen die Abbildung besprochen, sondern Naqvis Position so wiedergegeben, wie sie sich in seinem Buch findet: Ethics and Economics – An Islamic Synthesis, Leicester (The Islamic Foundation) 1981.

[16] Vgl. S.N.H. Naqvi: Ethics and Economics, a.a.O.

[17] Vgl. Monzer Kahf: The Islamic Economy, Plainfield (The Muslim Students' Association of the United States and Canada), o.J. (ca. 1978), S. 43–45.

[18] Vgl. etwa die Besprechung zu Naqvis Buch von M.'Umar Chapra in: The Muslim World Book Review, Vol. 2, Nr. 1, Leicester 1981, S. 21–26.

[19] Anzumerken ist, daß sich Naqvi von mir mißverstanden fühlt und sich besonders gegen die Charakterisierung seines Ansatzes als „egalitäre Wohlfahrtsdiktatur“ wendet. Zu meiner entsprechenden Buchbesprechung in „Orient“ (20. Jg., Opladen 1981, S. 314–316) will er demnächst dort eine Replik veröffentlichen (in Heft 2/1982).
[20] Vgl. M. 'Umar Chapra: The Economic System of Islam, Karachi (University of Karachi) 1971; auch als vierteiliger Aufsatz erschienen in: The Islamic Quarterly, Vol. 14, London 1970, S. 3–18, 91–96, 143–156, 237–253.
[21] Vgl. etwa Hans Besters: Neue Wirtschaftspolitik durch Angebotslenkung, Baden-Baden (Nomos) 1979.
[22] Wilhelm Weber: Wirtschaftsethik am Vorabend des Liberalismus, Münster (Aschendorff) 1959, S. 107.
[23] Ebd., S. 136f.

4. KAPITEL

[1] Vgl. etwa die Darstellung und kritische Würdigung bei Theodor Dams: Weltwirtschaft im Umbruch, Freiburg–Würzburg (Ploetz) 1978, S. 44ff.
[2] Ebd., S. 45f.
[3] El-Shagi El-Shagi: Weltwirtschaftliche Dissoziation zwischen Industrie- und Entwicklungsländern?, in: List Forum, Bd. 10, Düsseldorf 1979/80, S. 112–130, hier S. 130.
[4] Universal Islamic Declaration – Politisch-religiöse islamische Grundsatzerklärung. CIBEDO-Texte 4, Köln (CIDEBO) 1980, Ziff. 5.1–5.8, S. 15f (Textziffern weggelassen).
[5] Vgl. The Muslim World and the Future Economic Order, London (The Islamic Council of Europe) 1979.
[6] Am Bilanzstichtag 8. 11. 1980 war 1 ID = 2,49884 DM oder 1 ID = 1.27570 US-Dollar.
[7] M. S. Abdullah: Islam-Organisationen. CIBEDO-Dokumentation 5, Köln (CIBEDO) 1979, S. 21.
[8] Al-Nawawī: Vierzig Ḥadīthe, übersetzt von Ahmad von Denffer, Leicester (The Islamic Foundation) 1979, S. 18–20.
[9] Vgl. Nicolas P. Aghnides: Mohammedan Theories of Finance. Ph. D. Dissertation, Columbia University, New York 1916.
[10] W. Montgomery Watt / Alford T. Welch: Der Islam, Bd. I, Stuttgart (Kohlhammer) 1980, S. 303f.
[11] Vgl. ebd., S. 304.
[12] Ebd., S. 303.
[13] Ebd., S. 304f.
[14] Ebd., S. 305.

[15] Diese „freie" Interpretation zitiert und diskutiert Hasan Askan: Society and State in Islam – An Introduction, New Delhi (Islam and the Modern Age Society) 1978, S. 126.
[16] Vgl. Muslim Students' Association of the US and Canada: Poor Due. Islamic Correspondence Course, Unit 5B, Plainfield (MSA) 1974, S. 6.
[17] Zu diesen Zertifikaten und den ausgebenden Institutionen vgl. S. 266ff.
[18] Nicht benötigte Mittel eines Fonds sollen von unten nach oben weiter- bzw. zurückgegeben werden.
[19] Vgl. Mohammad Uzair: The Philosophical Content of the Budget, in: Pakistan Economist, Vol. 21, Nr. 30, Karachi 1981, S. 10–13, hier S. 12f, sowie Tufail Ahmad Khan: A Major Step towards Interest-Free Economy, in: Dawn Overseas, Vol. 5, Nr. 31, Karachi 1981, S. 1.
[20] Als Beispiele für die unterschiedlichen Sichtweisen wird im folgenden Bezug genommen auf Fazulur Rahman: Ribā and Interest, in: Islamic Studies, Vol. 3, Islamabad 1964, S. 1–43, und Ziaul Haque: Ribā, Interest and Profit, in: Pakistan Economist, Vol. 20, Nr. 21 und 22, Karachi 1980, S. 14–35 und 13–30.
[21] Joseph Schacht: Art. „Ribā", in: Enzyklopädie des Islam, Bd. III, Leiden–Leipzig (Brill/Harrassowitz) 1936, S. 1239–1242.
[22] Vgl. F. Rahman: Ribā and Interest, a.a.O., S. 6.
[23] Vgl. Z. Haque: Ribā, Interest and Profit, a.a.O., Nr. 21, S. 22.
[24] J. Schacht: Art. „Ribā", a.a.O., S. 1240.
[25] Vgl. F. Rahman: Ribā and Interest, a.a.O., S. 13.
[26] J. Schacht: Art. „Ribā", a.a.O., S. 1241.
[27] Vgl. die Andeutungen bei Z. Haque: Ribā, Interest and Profit, a.a.O., Nr. 22, S. 25ff, sowie Hassan al-Inani: The Cause of the Prohibition of Usury and its Relation to the Function of Money, o.O. (International Institute of Islamic Banking and Economics), o.J. (1981).
[28] J. Schacht: Art. „Ribā", a.a.O., S. 1242.
[29] Ebd., S. 1242.
[30] Ebd.
[31] Die Wiedergabe der Argumente moslemischer Autoren lehnt sich im folgenden an an den Abschnitt „Interest and its Abolition" bei Muhammad Nejatullah Siddiqi: Muslim Economic Thinking – A survey of contemporary literature, Leicester (The Islamic Foundation) 1981, S. 63–68. Verzichtet wurde hier auf die Behandlung der ebenfalls bei Siddiqi (S. 47–51) zusammengefaßten moslemischen Kritik an den Zinstheorien der westlichen Ökonomik.
[32] Vgl. M. Abdul Mannan: Allocative Efficiency, Decision and Welfare Criteria in an Interest-Free Islamic Economy. Paper for

Muslim Institute Course on Key Issues in Islamic Economics, August/September 1980, London (The Muslim Institute) 1980, bes. S. 16ff.

[33] Als typisches Beispiel für die theoretische Literatur vgl. das bereits in den sechziger Jahren entstandene Buch von Muhammad Nejatullah Siddiqi: Banking without Interest, Lahore (Islamic Publications) 1973, Nachdruck 1980. Die beiden wohl wichtigsten Berichte aus dem politischen Bereich sind: A Study Presented by the Arab Republic of Egypt on The Institution of an Islamic Bank, o.O. (Cairo), o.J. (1972), sowie: Report of The Council of Islamic Ideology on The Elimination of Interest from the Economy, Islamabad 1980.

[34] Teile dieses Abschnitts sind bereits erschienen in meinem Aufsatz: Ideologie und Praxis islamischer Banken, in: List Forum, Bd. 11, Nr. 4, Düsseldorf 1982, S. 233–250.

[35] Wolfgang Hohmeyer: Fellachen als Sparer. Dissertation, Köln 1969, S. 8f.

[36] W. Hohmeyer: Fellachen ..., a.a.O., S. 190–192.

[37] Ebd., S. 193.

[38] Ahmed El-Naggar: Zinslose Sparkassen – Ein Entwicklungsprojekt im Nil-Delta, Köln (Al-Kitab Verlag) 1981, S. 108.

[39] Art. 2 des Dekrets über die Errichtung der Nasser Social Bank, übersetzt in: A. El-Naggar: Zinslose Sparkassen, a.a.O., S. 173–175, hier S. 173f.

[40] 1 LE (ägyptisches Pfund) entsprach 1971 etwa 2,30 US-Dollar, 1981 1,43 US-Dollar.

[41] Vgl. Report of The Council of Islamic Ideology on The Elimination of Interest from the Economy, Islamabad 1980.

[42] Vgl. An Agenda for Islamic Economic Reform – The Report of the Committee on Islamization Appointed by the Finance Minister, Government of Pakistan, Islamabad (Pakistan Institute of Development Economics), Mai 1980.

Islam und westliche Welt

Hrsg. von M. Fitzgerald, A. Khoury, W. Wanzura

Band I
MOSLEMS UND CHRISTEN – PARTNER?
vergriffen

Band II
MENSCH, WELT, STAAT IM ISLAM
172 Seiten, kartoniert

Band III
EINFÜHRUNG IN DIE GRUNDLAGEN DES ISLAMS
2. Auflage, 272 Seiten, kartoniert

Band IV
RENAISSANCE DES ISLAMS
Weg zur Begegnung oder zur Konfrontation?
198 Seiten, kartoniert

Band V
GESCHICHTE DES ISLAMS IN DEUTSCHLAND
220 Seiten, kartoniert

Verlag Styria Graz Wien Köln